MAS, AFINAL O QUE É MARKETING?
UM ESTUDO SOBRE O MARKETING
NA HISTÓRIA, NA TEORIA E NA PRÁTICA

Editora Appris Ltda.
1.ª Edição - Copyright© 2023 da autora
Direitos de Edição Reservados à Editora Appris Ltda.

Nenhuma parte desta obra poderá ser utilizada indevidamente, sem estar de acordo com a Lei nº 9.610/98. Se incorreções forem encontradas, serão de exclusiva responsabilidade de seus organizadores. Foi realizado o Depósito Legal na Fundação Biblioteca Nacional, de acordo com as Leis nºs 10.994, de 14/12/2004, e 12.192, de 14/01/2010.

Catalogação na Fonte
Elaborado por: Josefina A. S. Guedes
Bibliotecária CRB 9/870

K181m 2023	Karam, Karine 　　Mas, afinal o que é marketing? um estudo sobre o marketing na história, na teoria e na prática / Karine Karam. – 1 ed. – Curitiba : Appris, 2023. 　　195 p. ; 23 cm. – (Ciências da comunicação). 　　Inclui referências. 　　ISBN 978-65-250-5344-8 　　1. Marketing. 2. Marketing – História. 3. Comunicação. I. Título. II. Série. 　　　　　　　　　　　　　　　　　　　　　　　　　　CDD – 302.23

Livro de acordo com a normalização técnica da ABNT

Appris
editora

Editora e Livraria Appris Ltda.
Av. Manoel Ribas, 2265 – Mercês
Curitiba/PR – CEP: 80810-002
Tel. (41) 3156 - 4731
www.editoraappris.com.br

Printed in Brazil
Impresso no Brasil

Karine Karam

MAS, AFINAL O QUE É MARKETING?
UM ESTUDO SOBRE O MARKETING NA HISTÓRIA, NA TEORIA E NA PRÁTICA

FICHA TÉCNICA

EDITORIAL	Augusto Coelho
	Sara C. de Andrade Coelho
COMITÊ EDITORIAL	Marli Caetano
	Andréa Barbosa Gouveia - UFPR
	Edmeire C. Pereira - UFPR
	Iraneide da Silva - UFC
	Jacques de Lima Ferreira - UP
SUPERVISOR DA PRODUÇÃO	Renata Cristina Lopes Miccelli
ASSESSORIA EDITORIAL	Jibril Keddeh
REVISÃO	Cristiana Leal
PRODUÇÃO EDITORIAL	Sabrina Costa
DIAGRAMAÇÃO	Jhonny Alves dos Reis
CAPA	Lívia Weyl

COMITÊ CIENTÍFICO DA COLEÇÃO CIÊNCIAS DA COMUNICAÇÃO

DIREÇÃO CIENTÍFICA Francisco de Assis (Fiam-Faam-SP-Brasil)

CONSULTORES

Ana Carolina Rocha Pessôa Temer
(UFG-GO-Brasil)

Antonio Hohlfeldt
(PUCRS-RS-Brasil)

Carlos Alberto Messeder Pereira
(UFRJ-RJ-Brasil)

Cicilia M. Krohling Peruzzo
(Umesp-SP-Brasil)

Janine Marques Passini Lucht
(ESPM-RS-Brasil)

Jorge A. González
(CEIICH-Unam-México)

Jorge Kanehide Ijuim
(Ufsc-SC-Brasil)

José Marques de Melo
(In Memoriam)

Juçara Brittes
(Ufop-MG-Brasil)

Isabel Ferin Cunha
(UC-Portugal)

Márcio Fernandes
(Unicentro-PR-Brasil)

Maria Aparecida Baccega
(ESPM-SP-Brasil)

Maria Ataíde Malcher
(UFPA-PA-Brasil)

Maria Berenice Machado
(UFRGS-RS-Brasil)

Maria das Graças Targino
(UFPI-PI-Brasil)

Maria Elisabete Antonioli
(ESPM-SP-Brasil)

Marialva Carlos Barbosa
(UFRJ-RJ-Brasil)

Osvando J. de Morais
(Unesp-SP-Brasil)

Pierre Leroux
(Iscea-UCO-França)

Rosa Maria Dalla Costa
(UFPR-PR-Brasil)

Sandra Reimão
(USP-SP-Brasil)

Sérgio Mattos
(UFRB-BA-Brasil)

Thomas Tufte
(RUC-Dinamarca)

Zélia Leal Adghirni
(UnB-DF-Brasil)

*Para minha mãe, Maria José, que sempre acreditou no poder
da educação na transformação das pessoas em seres humanos melhores.*

Para minha irmã, Mônica, que me inspirou a ser melhor em tudo o que eu fazia.

*Para meu marido, Felipe, que preencheu minha vida com um amor
que eu não conhecia e me ensinou a viver com leveza, coragem e bom humor.*

*Para meus filhos, Sofia e Gabriel, por terem despertado em mim um desejo incansável
de me superar para ser para eles um exemplo de determinação, honestidade e felicidade.*

*Para minha sogra, Janine, que está sempre por perto
me ajudando, me amparando e me motivando.*

*Para minha dinda sogra, Ingrid, que sempre atende
minhas ligações dizendo "oi amor, tudo bem, como posso te ajudar?".*

*Para minha doce Tiana, que cuida da minha casa,
da minha família e de mim com muito amor e carinho.*

AGRADECIMENTOS

Ao meu orientador, Prof. Dr. Everardo Rocha, que, anos antes do doutorado, mudou minha visão de mundo. Não poderia ser orientanda de mais ninguém.

À minha coorientadora, Prof.ª Dr.ª Ligia Lana, que me iluminou trazendo o melhor de mim na realização deste trabalho. Que encontro feliz conhecer você!

Ao departamento de Comunicação da PUC-Rio. Aos professores e funcionários que produzem um ambiente de ideias, projetos e reflexões. Um agradecimento especial à Marise pelo carinho, apoio e dedicação constantes.

À PUC-Rio, pelos auxílios concedidos, fundamentais para a realização da minha tese, que agora se transforma em livro.

Aos professores Dr.ª Cláudia Pereira, Dr. José Carlos Rodrigues e Dr.ª Tatiana Siciliano, pelas aulas inspiradoras e que despertaram em mim novos questionamentos sobre o mundo.

A todos os meus amigos da ESPM Rio, que me alimentam de conhecimento todos os dias, especialmente Eduardo França, Marcelo Guedes e Marcelo Boschi, e aos meus queridos alunos, que são a razão pela qual questionar vale a pena.

Aos meus filhos, Sofia e Gabriel, espero que este trabalho sirva de exemplo para vocês. Independentemente dos caminhos que escolherem, quero que entendam que dificuldades são essenciais para atingirmos grandes sonhos e que, apesar delas, não podemos perder o bom humor e a felicidade que existe em nós.

Ao Felipe, minha paixão, pelo amor constante, pelo colo nos momentos de dificuldade e pelos jantares deliciosos para que eu pudesse me distanciar das ideias e depois retornar com mais energia. Cada receita sua era uma dose essencial de um amor profundo, verdadeiro e combustível adicional para minha caminhada.

À minha irmã e melhor amiga, Monica, por cuidar dos meus filhos muitas vezes enquanto eu arejava com o Felipe e por ter me servido de direção e inspiração por toda minha vida.

À minha mãezinha, cuja doença deixou-a num mundo que é só dela. Minha mãe sempre me ensino a ir além. Por ela, eu fui mais longe, e, apesar de não estar mais por perto, é pura presença em mim.

À minha sócia e amiga, Daniela, que me complementa de uma forma assustadora. Sempre foi apoio e inspiração na minha caminhada.

A Maria Carolina Medeiros, Adriana Barsotti, Bianca Dramali e Marcelo Guedes por serem meus parceiros na discussão de novas ideias.

O impossível é só questão de opinião.
(Charlie Brown Jr)

PREFÁCIO

O livro *Mas, afinal o que é marketing? um estudo sobre o marketing na história, na teoria e na prática*, de Karine Karam, nos oferece uma contribuição importante para a compreensão do marketing, tanto nos aspectos relacionados à história e ao desenvolvimento da disciplina quanto em suas dimensões teóricas e desdobramentos práticos. Com um texto leve, conciso e dinâmico, porém sem perder sua característica essencial de ser o resultado de uma pesquisa e uma análise profunda, a autora amplia nosso conhecimento dos mecanismos que fundaram a disciplina e como suas teorias e práticas impactam nosso conhecimento sobre o consumo. *Mas, afinal o que é marketing? um estudo sobre o marketing na história, na teoria e na prática* é um trabalho essencial que desperta e amplia nosso saber sobre o fenômeno do consumo e sobre as formas por meio das quais o marketing pretende entendê-lo.

Everardo Rocha
Doutor e mestre em Antropologia Social pelo Museu Nacional da Universidade Federal do Rio de Janeiro. Mestre em Comunicação pela Escola de Comunicação da UFRJ e graduado em Comunicação Social pela PUC-Rio. Professor titular do Departamento de Comunicação Social

Em um mundo em tanta transformação, diversas ciências sofreram mudanças consideráveis. Um exemplo é a evolução do marketing ao longo das últimas décadas. Hoje em dia, sua relevância na elaboração de estratégias em qualquer organização é notória. Mas será que, mesmo com toda essa evolução, os interessados pelo tema entendem seu significado? Afinal, o que é marketing? Este livro apresenta uma "viagem" histórica e esclarecedora sobre o tema. Karine Karam, com toda a sua grande experiência executiva e acadêmica, leva o(a) leitor(a) a definitivamente conseguir entender o significado, a importância e a evolução do marketing.

Marcelo Guedes
Doutor em Administração pelo COPPEAD – UFRJ
Professor da ESPM Rio

O marketing é uma atividade técnica e tática, baseada em uma atuação profissional cada vez mais sofisticada. Sem pensamento, projeto e conceitos sólidos, não se tem um bom marketing.

Neste livro, Karine Karam propõe o desafio de defini-lo por meio das diferentes instâncias que o compõem: a teoria, a história e a prática. Resultado de uma pesquisa de doutorado, a autora não se esquiva dos desafios comuns da área e traz ao(à) leitor(a) a oportunidade de pensar sob novos ângulos a atuação do marketing na sociedade contemporânea.

Lígia Lana
Doutora em Comunicação Social pela UFMG,
com estágio sanduíche na EHESS, Paris-França

As inquietações de Karine Karam acerca da profissão que exerce há quase 30 anos permitem aos leitores se aventurar no universo do marketing desde suas raízes históricas até a teoria e a prática. Incomodada com a naturalização da palavra no mundo corporativo, a profissional se despiu de seu papel e vestiu o de pesquisadora com maestria, apresentando-nos uma verdadeira genealogia do marketing, levando-nos a passear pelas primeiras galerias de Paris até os dias atuais, preenchendo de múltiplos e enriquecedores sentido uma palavra que — agora percebemos — estava esvaziada.

Adriana Barsotti
Professora Adjunta no Departamento de Comunicação da UFF e do
Programa de Pós-Graduação em Mídia e Cotidiano (PPGMC-UFF)

Com a função de gerar valor para satisfazer as necessidades de um mercado-alvo, as estratégias de marketing tornaram-se essenciais para a existência de qualquer tipo de negócio. Chegou no Brasil na década de 50, momento em que o mercado brasileiro estava em pleno aquecimento, e, ao longo do tempo, o marketing foi ganhando a glamourização e, ao mesmo tempo, a popularização, emergindo diferentes definições e beirando a sua banalização, sendo também definido como algum tipo de truque para ludibriar consumidores. Quem nunca ouviu a expressão: "Isso é jogada de marketing?".

No livro, *Mas, afinal o que é marketing?*, da autora Karine Karam, é possível conhecer e refletir sobre a trajetória do marketing, seus desdobramentos e práticas. É uma leitura obrigatória para quem precisa e quer entender de mercado e compreender o quanto o marketing é estratégico.

Eduardo França
Coordenador da graduação de
Comunicação e Publicidade ESPM (Rio)

APRESENTAÇÃO

Proponho neste livro uma jornada para tentar entender o que é marketing em três momentos. O primeiro se dá por meio de uma apreciação histórica, analisando eventos que possam nos dar pistas de como surgiu o marketing como matriz de pensamento e, quem sabe, compreender a raiz do seu conceito. Em seguida, apresento entrevistas com professores da área que apontam autores e livros relevantes, que assumimos como objetos de estudo. A partir dessas indicações, analiso uma seleção de 12 livros na tentativa de entender o que era marketing para os autores do campo.

Por fim, proponho uma análise na prática, cujo objetivo é entender como as empresas estruturam a área de marketing e que papéis ele desempenha nas organizações. Objetivando entender na prática o significado de marketing, é desenvolvido um estudo de caso da Coca-Cola Brasil por meio de entrevistas com funcionários e ex-funcionários da empresa.

Depois desta triangulação — definições de marketing, história das práticas culturais e estudo de caso —, a pesquisa indica convergências e divergências entre o que é marketing em teorias, na história e na prática para, quem sabe, esboçar uma definição mais satisfatória.

SUMÁRIO

INTRODUÇÃO 19

CAPÍTULO 1
A COMUNICAÇÃO ANTES DO MARKETING 27
   1.1 NOVOS HÁBITOS, CONSUMO DE MASSA E MARKETING 29
   1.2 MÍDIA E PEDAGOGIAS DO CONSUMO 37
   1.3 A MATRIZ HISTÓRICA DOS 4 PS 50

CAPÍTULO 2
O CONCEITO DE MARKETING 63
   2.1 PANORAMA DAS DEFINIÇÕES DE MARKETING NOS LIVROS 63
   2.2 OS PRIMEIROS AUTORES E O SURGIMENTO DO CAMPO 72
   2.3 A VIRADA DO MILÊNIO E A CONVERGÊNCIA TEÓRICA 104

CAPÍTULO 3
COCA-COLA 117
   3.1 A PRÁTICA DO MARKETING NA COCA-COLA BRASIL 128
   3.2 AFINAL, O QUE É MARKETING? 133
   3.3 UM CONSTANTE PESQUISAR EM MARKETING 141
   3.4 MARKETING COMO DISCURSO 153

CONSIDERAÇÕES E POSSÍVEIS DESDOBRAMENTOS 173

REFERÊNCIAS 181

ROTEIRO DE PERGUNTAS PARA EMPRESAS 193

INTRODUÇÃO

Desde que comecei a trabalhar com marketing, há mais de 20 anos, minha maior dificuldade era dizer às pessoas em uma frase o que eu fazia. Por conta da minha curiosidade, procurei, nos autores do campo, explicações sobre o significado daquilo que vivia no meu dia a dia profissional e confesso que fiquei cada vez mais confusa com o que lia a respeito, já que não me conformava com a constatação de que marketing era complexo, difícil de definir e que ele estava em tudo.

Como sou formada em Estatística, assim que comecei a trabalhar, perguntava às pessoas o que era marketing e, a cada vez, recebia uma resposta diferente, como: "marketing constrói marcas fortes", "marketing é um pouco de tudo o que você experimenta ao consumir um produto", "marketing é uma experiência que se cria entre a marca e seus consumidores", "marketing é uma estratégia", e muitas outras.

De acordo com o Google, em que, atualmente, parecem estar depositadas todas as informações do mundo, marketing é: 1. "estratégia empresarial de otimização de lucros por meio da adequação da produção e oferta de mercadorias ou serviços às necessidades e preferências dos consumidores, recorrendo a pesquisas de mercado, design, campanhas publicitárias, atendimentos pós-venda etc." e 2. "o conjunto dessas atividades; composto de marketing".

Tornou-se natural dizer que marketing é muito difícil de explicar, e parece que as pessoas aceitaram esse pressuposto sem indagações, contra-argumentações ou desconfortos. Durante uma formatura de um curso de graduação em Publicidade com ênfase em Marketing, ouvi, no discurso da oradora da turma, que, após quatro anos de faculdade, ela ainda não conseguia explicar com clareza o que marketing fazia. A aluna não me pareceu preocupada, inconformada ou insatisfeita; ao contrário, demonstrou ser uma constatação inerente à profissão que escolheu trilhar.

Depois de todas as tentativas, ainda não me sentindo satisfeita, mesmo após 20 anos de experiência na área, então resolvi fazer dessa angústia meu objeto de pesquisa. Assim, proponho neste livro uma jornada para tentar entender o que é marketing em três momentos. O primeiro se dá mediante uma apreciação histórica, analisando eventos que possam nos dar pistas de como surgiu o marketing como matriz de pensamento para, quem sabe, compreender a raiz do seu conceito. Em seguida, são expostas entrevistas com professores na área de marketing que apontam autores e livros relevantes da área e que assumimos como objetos de estudo. A partir dessas indicações, analiso uma seleção de 12 livros na tentativa de entender o que era marketing para os autores do campo.

Por fim, proponho uma análise prática, cujo objetivo é entender como as empresas estruturam a área de marketing e que papéis ele desempenha nas organizações. Objetivando entender o significado de marketing, será desenvolvido um estudo de caso da Coca-Cola Brasil por meio de entrevistas com funcionários e ex-funcionários da empresa.

Depois desta triangulação — definições de marketing, história das práticas culturais e estudo de caso —, a pesquisa indica convergências e divergências entre o que é marketing em teorias, na história e na prática para, quem sabe, esboçar uma definição mais satisfatória.

Gostaria que algumas hipóteses desta pesquisa pudessem ser compartilhadas pelos interessados no assunto. Uma delas, apresentada no segundo capítulo, é de que a definição de marketing, ao longo dos seus anos de existência, foi se tornando muito ampla. Marketing se tornou tudo, e tudo é marketing, o que transforma a teorização nesse campo muito difícil. Algumas definições vão desde a produção até o pós-venda, o que aproxima o marketing do campo da administração. Vale dizer ainda que ele tem a função de articular-se entre a produção de conhecimento acadêmico, por meio das pesquisas, e o mercado, com função utilitária e prática. O marketing tornou-se pragmático demais, à medida que todo o conhecimento acumulado e produzido na área é aplicado nas empresas.

Por viver na fronteira entre dois mundos, universidades e empresas, e por sua dupla abordagem, prática e teórica, o marketing parece ter ido pelo viés utilitarista, mais do que outros campos de conhecimento. Tornou-se comum o intercâmbio entre profissionais de mercado e professores de universidades. Ralph Butler, por exemplo, um dos primeiros a utilizar o termo "marketing"[1]. Professor em Wisconsin, chegou a escrever um curso de métodos de marketing[2] e, depois, foi selecionado para trabalhar na Procter & Gamble. O caso de Butler é apenas um em meio a centenas de "homens de negócio", que migraram para as universidades, aportando sua experiência à disposição das instituições de ensino. O que

---

[1] MAYNARD, Harold H. Marketing courses prior to 1910. *Journal of Marketing*, Chicago, v. 5, n. 4, p. 382-384, abr. 1941.
[2] BARTELS, Robert. *The history of marketing thought*. 2. ed. Columbus: Grid, 1976.

foi fundamental para a geração de um conhecimento acumulativo, tanto na universidade quanto nas organizações, produzindo um pensamento que dialogava entre si.

Segundo Franck Cochoy, um único "homem de negócios" teve um papel determinante na fundação do marketing universitário: Arch Shaw. Além ser reconhecido como um historiador na área de marketing, ele trabalhava em duas empresas ao mesmo tempo, Shaw Walker Company e Kellogg Company.[3] Por conta disso, foi fundamental na transposição de experiências ao aplicar o conhecimento gerado na universidade na gestão de empresas.

Cochoy resume, de forma contundente, essa visão ao afirmar que marketing se ensina e, ao mesmo tempo, se propõe a ser ensinado. Os departamentos de Marketing entram nas empresas como o fazem na universidade, e os departamentos de pesquisa se desenvolvem nas instituições escolares, nas organizações produtivas e nos espaços intersticiais criados entre os dois. Logo, percebe-se que, desde sua concepção, o conhecimento gerado pelo marketing nas universidades foi, e continua sendo, rapidamente adotado como prática empresarial, o que talvez dificulte a produção de teoria sobre o campo.

Na abordagem histórica, no primeiro capítulo, o objetivo é apresentar como práticas relacionadas ao marketing surgiram até que se tornasse um campo de estudo. Mais importante do que a história já contada sobre a origem da palavra e sobre a constituição do campo, será mostrar sua genealogia, ou seja, as circunstâncias histórico-sociais que propiciaram seu aparecimento.

O propósito é localizar o surgimento do marketing aportando uma visão diferente daquela já explorada por outros autores, que o apontam como um campo próximo da administração. A hipótese é de que o marketing se aproxima da comunicação social; sua análise sociocultural da emergência sugere que ele, ao lado das práticas de comunicação, foi ferramenta essencial para o surgimento do consumo de massa.

Assim como a publicidade, o marketing serve ao objetivo de levar a produção ao consumo. Articular esses dois conceitos não é simples, porque muitas definições de marketing dizem que sua função parte do planejamento indo até o controle, portanto começa antes da produção e vai além do ato de vender. Segundo Grant McCracken, em uma sociedade de consumo, o significado cultural se move incessantemente de um ponto a outro. Na

---
[3] COCHOY, Franck. *Une histoire du marketing*: discipliner l'économie de marché. Paris: La Découvert, 1999.

trajetória normal, o significado cultural se move primeiro do mundo culturalmente constituído para os bens de consumo e, em seguida, dos bens de consumo para o consumidor individual. O autor aponta que existem diversos instrumentos responsáveis por esse movimento: a publicidade, o sistema de moda e quatro rituais de consumo (ritual de posse, ritual de troca, ritual de arrumação e ritual de despojamento).[4] Logo, enquanto a moda e a publicidade são instrumentos que transferem significado do mundo da produção para o consumo, o marketing se propõe a ser mais amplo. Além de servir ao propósito de levar significado da produção para o consumo, ele pode ainda ter tido um papel fundamental na formação do consumo de massa. O marketing parece desejar ouvir as demandas não atendidas do consumidor e direcionar a produção, sendo diferente da publicidade e da moda, na medida em que trafega nas duas direções: da produção para o consumo e do consumo para a produção. Significa dizer que, além de aportar significado aos bens para que sejam consumidos, estuda demandas não atendidas ou potenciais para orientar a produção na constituição dos bens que serão consumidos.

Para Roger S. Mason, o nascimento do marketing como disciplina surge a partir da sua separação da economia.[5] Por sua vez, o sociólogo francês Gérard Lagneau vincula o nascimento do marketing ao surgimento da publicidade.[6] Nesta pesquisa, de maneira geral, a proposta será analisá-lo como um campo mais amplo, investigando suas implicações culturais como estratégia de expansão do capitalismo industrial, contribuindo de forma contundente para criação do consumo de massa e a consolidação de novos modos de ser. Modos esses que se tornam fundamentais na modernidade, sendo peça essencial na construção da identidade do indivíduo moderno.

Ao fazer uma análise histórica e cronológica da produção em massa como *modus operandi*, traçaremos um paralelo entre capitalismo e Revolução Industrial, em que o que importa examinar é a expansão da produção de massa que gera uma demanda excedente — que, consequentemente, carece de um mercado consumidor para escoar essa produção. Para "inventar" o consumo, o marketing contribui como uma estratégia de formação de gosto, proporcionando uma série de técnicas de vendas e publicidade que foram fundamentais para a expansão e consolidação do consumo de massa.

---

[4] McCRACKEN, Grant. *Cultura e consumo*: novas abordagens ao caráter simbólico dos bens e das atividades de consumo. Rio de Janeiro: Mauad, 2003.

[5] MASON, Roger. Breakfast in Detroit: economics, marketing and consumer theory, 1930 to 1950. *Journal of Macromarketing*, Thousand Oaks, v. 18, n. 2, p. 145-152, 1998.

[6] LAGNEAU, Gérard. *A sociologia da publicidade*. São Paulo: Cultrix, 1981.

A invenção do consumo de massa remete ao planejamento apoiado em técnicas de comercialização. O marketing foi imperativo na formação desse consumo na medida em que contribuiu para que a sociedade aceitasse adotar um novo modo de ser. A partir dessa visão, o entendemos como sendo anterior ao consumo de massa, dado que foi a ferramenta que propiciou a aceitação social de novos costumes e práticas cotidianas.

Na última etapa, analisaremos como o marketing opera na Coca-Cola Brasil, discutindo seu papel na organização. O objetivo é entender quão amplo é o espectro de intervenção dele, se suas atribuições vão ao encontro da teoria descrita nos livros examinados ou se ainda se mantêm fiéis às raízes de sua constituição histórica.

Por fim, buscaremos uma síntese do conceito, colocando luz sobre o papel do marketing como uma estratégia de fomento ao consumo. A proposta é trazer foco a esse conceito para ajudar em uma reflexão teórica que não se limite a afirmar que "tudo é marketing". O caminho da pesquisa, ao discutir uma história das práticas culturais e discursivas do marketing, bem como sua aplicação hoje, amplia, pelo viés das ciências sociais, essa visão. O objetivo, entretanto, não é tornar ainda mais abrangente ou holística a definição, mas aprofundar suas raízes para associar marketing aos processos comunicativos e suas representações culturais, sociais e históricas.

Com relação à organização dos capítulos, no primeiro, utilizamos uma abordagem histórica, levantando referências, momentos e práticas culturais que possam revelar onde surgiu o marketing, não como um campo de estudo, mas como matriz de pensamento e estrutura ideológica do atual campo que se formou anos depois. Mediante uma apreciação história, são analisados alguns elementos para que, a partir de uma leitura cultural, seja possível identificar como o marketing se constituiu como um discurso e, por meio das narrativas que ele constrói, apontar elementos que sirvam como matrizes para um pensamento de marketing.

O primeiro capítulo contou com os preciosos trabalhos de Leo Charney e Vanessa R. Schwartz,[7] Everardo Rocha, Marina Frid e William Corbo[8] e Susan Strasser.[9] Na obra organizada por Leo Charney e Vanessa R. Schwartz,

---

[7] CHARNEY, Leo; SCHWARTZ, Vanessa (org.). O cinema e a invenção da vida moderna. 2. ed. São Paulo: Cosac Naify, 2004.

[8] ROCHA, Everardo et al. O paraíso do consumo: Émile Zola, a magia e os grandes magazines. Rio de Janeiro: Mauad X, 2016.

[9] STRASSER, Susan. Satisfaction guaranteed: The Making of the American Mass Market. Nova York: Pantheon Books, 1989.

três artigos foram seminais para a análise apresentada neste livro, são eles: "O cartaz na Paris do fim do século", de Marcus Verhagen[10], "Disseminações da modernidade: representação e desejo do consumidor nos primeiros catálogos de venda por correspondência", de Alexandra Keller[11], e "Uma nova era de compras: a promoção do prazer feminino no West End londrino 1909-1914", de Erika D. Rappaport.[12] O foco desses estudos era mostrar o cartaz, o catálogo e as lojas de departamento como mídias cuja função pedagógica era difundir uma nova filosofia de vida do mundo contemporâneo. Ao mesmo tempo que cumpre essa função, neste livro reinterpretaremos esses artigos com uma análise que reforça que essas mídias, além de serem pedagógicas, trazem evidências do início de práticas que podemos chamar de marketing. Apesar de, como campo, ter-se consolidado anos depois, há, nesse momento da história, indícios de práticas de marketing que podem revelar o surgimento da matriz de um pensamento para o campo.

Já no livro *O paraíso do consumo*, de Everardo Rocha, Marina Frid e William Corbo, a obra de Émile Zola, *Au Bonheur des Dames*, é fio condutor para investigar a emergência dos grandes magazines em meados do século XIX e sua contribuição definitiva para a expansão do sistema de consumo na modernidade.[13] Três temas são enfatizados: o lugar da mulher nesse processo; a transformação nas relações entre produção e consumo e as experiências da magia e do sagrado no espaço de compra. Ao explorar as ideias centrais dessa obra, analisaremos os diversos indícios da utilização de práticas de marketing na formação dos grandes magazines para impulsionar o consumo de massa.

Por fim, Susan Strasser, no livro *Satisfaction guaranteed: the making of the american mass market*, revela as raízes da sociedade de consumo dos Estados Unidos.[14] Na análise desse livro, examinaremos os eventos apontados como ferramentas que impulsionaram a transformação do consumo de uma prática artesanal para outra industrial e de massa. Classificando essas ferramentas, indicaremos se há ou não convergência com a teoria para constatar se esses instrumentos podem ser tratados como raízes do pensamento de marketing.

---

[10] VERHAGEN, Marcus. O cartaz na Paris fim de século: aquela arte volúvel e degenerada. *In*: CHARNEY; SCHWARTZ, 2004. p. 127-155.

[11] KELLER, Alexandra. Disseminações da modernidade: representação e desejo do consumidor nos primeiros catálogos de venda por correspondência. *In*: CHARNEY; SCHWARTZ, 2004. p. 185-213.

[12] RAPPAPORT, Erika. Uma nova era de compras: a promoção do prazer feminino no West End Londrino 1909-1914. *In*: CHARNEY; SCHWARTZ, 2004. p. 157-183.

[13] ROCHA *et al.*, 2016.

[14] STRASSER, 1989.

No segundo capítulo, os professores que ensinam a disciplina Marketing, em diferentes cursos de graduação e pós-graduação, explicam "o que é marketing" e quais autores tomam como base conceitual. Foram entrevistados nove professores, todos com doutorado em Marketing, para descobrir quais autores eles consideravam mais importantes no campo para tal conceituação.

Vinculados a instituições do Rio de Janeiro — Pontifícia Universidade Católica (PUC), Escola Superior de Propaganda e Marketing (ESPM), Fundação Getúlio Vargas (FGV), IBMEC, Universidade do Estado do Rio de Janeiro (Uerj) e Universidade Federal Fluminense (UFF) —, os professores elencaram autores que consideravam mais importantes da área. Buscamos, em seguida, as principais obras de cada um deles e, depois de ler todos os capítulos que continham uma definição ou conceito de marketing, consolidamos as ideias centrais de cada autor, explorando suas obras levantando seus aspectos principais, suas fragilidades e sua sustentação teórica sempre relacionando os autores entre si e assinalando suas congruências e dissonâncias.

Para completar a triangulação proposta neste estudo, depois de percorrer a história, no capítulo um, e a teoria, no capítulo dois, no último capítulo, será analisado o caso da Coca-Cola, uma empresa que se destaca no uso de práticas de marketing para entender como ele funciona na empresa, o que ela entende por marketing e quais aspectos de sua orientação nessa área vão ao encontro daquelas levantadas na teoria e na prática.

A análise da Coca-Cola se dá mediante um levantamento bibliográfico e documental, por meio de livros, artigos e material divulgado na imprensa, além de entrevistas, como já mencionado. As entrevistas aconteceram com dois executivos que trabalham atualmente na companhia e dois ex-funcionários para contrapor a visão de quem está envolvido com as práticas de marketing da empresa com uma perspectiva mais distanciada e com menos envolvimento. Elas ocorreram de forma presencial, foram gravadas com a autorização dos informantes e, em seguida, transcritas e analisadas.

Espero, com este estudo, colocar luz nos conceitos apresentados em marketing, provocando um pensamento mais crítico sobre a área e conduzindo a uma reflexão sobre o papel social do marketing, sua trajetória e seus dilemas que circulam entre teoria e prática, história e aplicação, discurso e princípios.

CAPÍTULO 1

A COMUNICAÇÃO ANTES DO MARKETING

Este capítulo utiliza uma abordagem histórica de pesquisa, em busca de referências, momentos e práticas culturais que possam revelar sentidos para as ideias que se originam na comunicação e que mais tarde vão sustentar o conceito de marketing. Por meio de uma apreciação história, serão analisados alguns eventos para que, a partir de uma leitura cultural, seja possível identificar como o marketing se constituiu como um discurso e, por meio das narrativas que ele constrói, apontar elementos que sirvam como matrizes para um pensamento de marketing.

Segundo Terblanche, apesar de se conhecerem práticas de marketing de produtos e de serviços desde antes de 7.000 a.C. (escambo, mercantilismo, alistamento em exércitos, entre outras), a palavra "marketing" se origina do latim "mercare", que faz alusão à prática de comércio de produtos na Roma Antiga.[15] Porém, foi nos Estados Unidos, nos anos 1940, que a prática se consolidou, graças à necessidade de se impulsionar as vendas. Até então, marketing era desnecessário já que tudo o que era produzido era vendido.

Tatiani Santos e demais autores[16] apontam que vários pesquisadores, como Las Casas,[17] Milagre[18] e Sandhusen[19], defendem que o marketing existe desde o início do comércio, ainda que dissociado das outras práticas comerciais e sem ter recebido esse nome. Para Ambler, marketing é tão velho quanto o comércio — uma das mais antigas atividades humanas —, cuja história muitas vezes se confunde com a própria história da humanidade.[20] Segundo essa

---

[15] TERBLANCHE, Nic. A century of marketing: achievements, mishaps and future challenges. *Management Dynamics*: Journal of the Southern African Institute for Management Scientists, Bloemfontein, v. 14, n. 4, p. 1-17, jan. 2005.

[16] SANTOS, Tatiani *et al*. O desenvolvimento do marketing: uma perspectiva histórica. *Revista de Gestão USP*, São Paulo, v. 16, n. 1, p. 89-102, jan./mar. 2009.

[17] LAS CASAS, Alexandre Luzzi. *Marketing*: conceitos, exercícios, casos. 7. ed. São Paulo: Atlas, 2005.

[18] MILAGRE, Robson Amaral. *Estatística*: uma proposta de ensino para os cursos de Administração de Empresas. 2001. Dissertação (Mestrado em Engenharia de Produção) – Universidade Federal de Santa Catarina, Florianópolis, 2001.

[19] SANDHUSEN, Richard L. *Marketing básico*. 2 ed. São Paulo: Saraiva, 2003.

[20] AMBLER, Tim. The new dominant logic of marketing: views of the elephant. *Centre for marketing working paper*, London, n. 4-903, p. 1-14, nov. 2004.

teoria, o marketing teve seu início com a troca, que é considerada a primeira forma de mercar, como afirma Ambler,

> O Marketing tem existido desde o início do comércio, sempre pensado, não era chamado desta forma. Mercadores não simplesmente compravam e vendiam; eles desenvolviam relacionamentos de longo prazo, o que agora seria chamado de equidade da marca. Eles podem não ter sido introspectivos sobre seus métodos de negócios, mas se eles não tivessem conhecimento de como satisfazer seus consumidores, enquanto faziam lucro para eles mesmos, o comércio não teria sobrevivido.[21]

Sob o ponto de vista da produção, Santos e demais autores[22] retomam a discussão de Chauvel para defender o fato de que não foi coincidência o aparecimento do marketing com a generalização da economia, pois somente a ruptura do vínculo que subordinava a produção à organização social poderia suscitar o aparecimento de uma necessidade até então inexistente: a de estabelecer uma relação entre produtores e compradores. Para esses autores, marketing nasce vinculado à função de distribuição, fazendo escoar a produção para o consumo, o que perdurou por décadas. Para Terblanche, o pensamento teórico em marketing tem, em suas raízes, a necessidade de coordenar as várias áreas das organizações, visando aumentar a eficiência das tarefas associadas à distribuição de produtos, em especial as commodities agrícolas.[23]

Autores, como Bartels,[24] Dawson[25] e Jones e Monieson[26], argumentam que marketing e distribuição, em sua origem, eram usados como sinônimos, já que o primeiro surgiu como um estudo do processo de distribuição de bens, avaliando como os produtos deveriam chegar aos seus consumidores com o objetivo de suprir suas necessidades. Segundo Ajzental, o primeiro registro científico da palavra no mundo ocorreu, nos Estados Unidos, em 1902, e o primeiro curso data de 1904, quando a faculdade de Wharton ofereceu a formação Comercialização de Produtos.[27] Ao Brasil, o marketing chegou cinco décadas depois, com disciplinas oferecidas na Fundação Getúlio Vargas.

---

[21] *Ibidem*, p. 3.
[22] SANTOS *et al.*, 2009.
[23] TERBLANCHE, 2005.
[24] BARTELS,1976.
[25] DAWSON, Lesile. Resolving the crisis in marketing thought. *Management International Review*, Munique, v. 19, n. 3, p. 77-84, 1979.
[26] JONES, D. G. Brian; MONIESON, David. Early development of the philosophy of marketing thought. *Journal of Marketing*, Chicago, v. 54, n. 1, p. 102-113, jan. 1990.
[27] AJZENTAL, Alberto. *A história do pensamento em marketing*. São Paulo: Saraiva, 2010.

Considerando agora a perspectiva do consumo, em vez da produção, outros fatos históricos dão indícios de práticas que podem ser anacronicamente chamadas de marketing. No entanto, não há evidências de estudos ou autores que apontem para essas práticas como matrizes de um pensamento de marketing, o que só se cristalizou no início do século XX.

Para a formação do capitalismo moderno, marcado pela Revolução Industrial, que incrementou a capacidade de produção das empresas, foi preciso inventar uma demanda por consumo; para isso, novas soluções de comercialização foram implementadas a fim de gerar esse aumento no consumo. A invenção do indivíduo moderno precedeu o aparecimento do consumo de massa, tendo em vista que, para que se instalasse o *ethos* do consumo, foi preciso uma estratégia muito bem elaborada, em que as mídias serviram como pedagogia para fomentar o consumo de produtos que até então não eram consumidos. A publicidade e as mídias ajudaram a criar o desejo por novos modos de ser que demandava novos produtos. Aqueles que até então eram caseiros e sem marca tornaram-se industriais, com marca e preços preestabelecidos.

1.1 NOVOS HÁBITOS, CONSUMO DE MASSA E MARKETING

A modernidade é uma tradição polêmica e que desaloja a tradição imperante, qualquer que seja esta, para, em um instante após, ceder lugar à outra, que, por sua vez, é uma manifestação momentânea da atualidade. A modernidade nunca é ela mesma: é sempre outra.[28] Como discute Octávio Paz, o que distingue nossa modernidade das "modernidades" de outras épocas não é a celebração do novo e surpreendente, embora isso também conte, mas o fato de ser uma ruptura: crítica do passado imediato, interrupção da continuidade.

Dumont defende que o advento do individualismo distingue a cultura moderna de todas as outras. Já que o individualismo é uma questão da sociedade moderna, vale sublinhar as formas pelas quais as identidades sociais são construídas na modernidade, especialmente em relação à consciência de que, para se tornar moderno, o indivíduo precisou adotar um novo modo de ser, aprendendo novas maneiras de ser e sentir. A transição para a Renascença é aqui considerada marco para a preponderância do indivíduo em relação ao grupo[29], portanto o nascimento do indivíduo

---
[28] PAZ, Octávio. *Os filhos do barro*: do romantismo à vanguarda. Rio de Janeiro: Nova Fronteira, 1984.
[29] DUMONT, Louis. *O individualismo*: uma perspectiva antropológica da ideologia moderna. Rio de Janeiro: Rocco, 1985.

moderno, produzindo o conceito que conhecemos hoje de individualidade, superando as formas medievais de viver e se relacionar.[30]

Para Georg Simmel, os dilemas mais profundos da vida moderna surgem a partir de uma pretensão do indivíduo de preservar sua autonomia e a singularidade da sua existência diante das superioridades da sociedade. Ao mesmo tempo que os indivíduos teriam se tornado livres das restrições do Estado e da Igreja, donos de sua história e de seus projetos de vida, responsáveis por suas decisões e autônomos nas suas escolhas de acordo com sua vontade, eles estavam irremediavelmente expostos à necessidade de especialização a fim de encontrar sua identidade no "novo mundo". Essa exigência pode ser entendida como uma contrapartida à liberdade oferecida pelo individualismo, já que um homem ausente de sentido e identidade estava destinado à solidão.

Como indica a microssociologia, não é preciso tratar indivíduo e sociedade como questões de natureza antagônicas. Segundo Elias, não se pode referir ao indivíduo enquanto unidade que se opõe à sociedade; faz-se necessário, no entanto, observá-lo enquanto realidade histórica e, assim, em seu caráter ético.[31] Dessa forma, podemos afirmar que o ser humano moderno se reconhece como indivíduo e, como consequência, se pensa como autônomo em relação a qualquer instância exterior.

A sociedade se tornou uma numerosa população anônima, na qual as pessoas já não se conheciam mais. O trabalho, o lazer e o convívio com a família tornaram-se atividades separadas em compartimentos distintos. O indivíduo procura proteger-se dos olhares dos outros e, para isso, lança mão de dois recursos: o direito de escolher mais livremente (ou pensar que assim escolhe) sua condição e seu estilo de vida e o recolhimento junto à família, transformada em refúgio, centro do espaço privado.[32]

Nesse ambiente de "livre escolha" e busca por um novo modo de ser, o consumo seria um elemento aderente ao processo de individualização, em que cada um procurava sua identidade e seu lugar no mundo.

O crescimento da procura por bens, mercadorias e serviços que acompanhou a Revolução Industrial refere-se a uma mudança de atitude dos consumidores. Essa perspectiva rejeita a teoria de que o aumento da

---

[30] SIMMEL, Georg. O indivíduo e a liberdade. In: SOUZA, Jessé; ÖELZE, Berthold (org.). *Simmel e a modernidade*. Brasília: UnB, 1998. p. 109-117.

[31] ELIAS, Norbert. *O processo civilizador*: uma história dos costumes. v. 1. Rio de Janeiro: Zahar, 1994.

[32] ARIÈS, Philippe. Por uma história da vida privada. In: CHARTIER, Roger (org.). *História da vida privada*: da Renascença ao século das luzes. v. 3. São Paulo: Companhia das Letras, 2009. p. 9-25.

população e da renda foram os influenciadores do consumo e considera a motivação para a compra a principal mudança ocorrida nos consumidores, o que McKendrick, Brewer e Plumb denominaram "[...] maior propensão ao consumo".[33]

"O consumo é parte integrante do complexo processo de construção da subjetividade na cultura moderna"[34], fazendo com que o indivíduo, por meio do que consome, garanta sua significação no mundo. Segundo Everardo Rocha e Maria Amaral, o ato de consumir é também uma forma de pertencer dado que se torna "[...] uma das práticas sociais para medir o real da felicidade [que] se materializa na esfera do consumo que vira uma espécie de 'passaporte de igualdade'".[35]

De acordo com Philippe Ariès, "[...] a modernidade sobrecarregou o acento não na realidade real de cada homem, mas na realidade ideal da sociedade e da espécie",[36] o que cria um ambiente perfeito para se exacerbar o consumo à medida que o indivíduo está constantemente em busca dessa perfeição, tendo o marketing e a publicidade o papel central em estimular essa procura pela plenitude, que se materializa nos objetos comprados e nas experiências vividas. Segundo Everardo Rocha, esse novo mundo seria mágico, onde os estímulos não correspondem a uma realidade lógico-cartesiana.

> Mundo que nem é de verdade e nem engana: é um mundo mágico. Podemos na publicidade (como nos mitos) seguir narrativas onde os animais falam e os feitos mágicos se repetem. Na sociedade da razão reina um compromisso tácito de acreditar no impossível. O anúncio edita uma outra realidade que, com base no cotidiano real, produz uma narrativa idealizada. A publicidade contrasta com nosso credo racional, pois nela os objetos desejam e podem se transformar em afetos, sensações, emoções.[37]

Uma série de acontecimentos criou as condições para que a sociedade de consumo existisse. Na esfera pública, o crédito ao consumidor atuou na

---

[33] McKENDRICK et al., 1982 apud CAMPBELL, 1987, p. 33.
[34] ROCHA, Everardo; AMARAL, Maria. Consumo e entretenimento: a loja de departamento como espaço de sociabilidade: 1830-1930. *Comunicação, Mídia e Consumo*, São Paulo, v. 6, n. 17, p. 143-160, nov. 2009. p. 49.
[35] ROCHA, Everardo; AMARAL, Maria. Consumo e entretenimento: a loja de departamento como espaço de sociabilidade: 1830-1930. *Comunicação, Mídia e Consumo*, São Paulo, v. 6, n. 17, p. 143-160, nov. 2009. p. 49.
[36] ARIÈS, 2009, p. 49.
[37] ROCHA, Everardo. Magia e capitalismo: um estudo antropológico da publicidade. 3. ed. São Paulo: Brasiliense, 2010. p. 25.

linha da infraestrutura. Já a publicidade, por meio dos anúncios, vendia a comodidade dos produtos industriais, conveniência necessária para se adotar um modo de ser mais moderno cuja identidade estava centrada no consumo.

Para que os americanos abandonassem o hábito de consumir produtos caseiros e passassem a adotar os produtos fabricados industrialmente, os anúncios tiveram um papel fundamental ao exaltarem os produtos feitos pelas máquinas. Havia, também, um trabalho corpo a corpo junto aos pontos de venda dos produtos fabricados em massa, com profissionais de comunicação ensinando aos seus alvos que era melhor consumir caixas de aveia com marcas próprias à aveia a granel.[38]

Assim, o funcionamento da psicologia voltada à produção do consumidor merece ser analisada do ponto de vista da construção política de uma mentalidade de consumo, mais do que no nível das atuações individuais e corporativas do marketing. Daí Kurz afirmar que a função direta do marketing não é tanto

> [...] incitar à compra de mercadorias determinadas, mas engendrar uma consciência que interiorizou a forma, o sentido, a estética específica da "publicidade em geral", e que vê o mundo com seus olhos [...] [por meio da] formação, não apenas dos desejos e das cobiças, mas igualmente dos sentimentos [e da] a tomada do inconsciente.[39]

Há uma estreita relação entre modernidade, mídia e consumo, pois este se tornou condição para que os indivíduos pudessem exercer suas representações sociais nessa sociedade dita moderna. Não por acaso, segundo Freire Filho, resgatando o conceito de Reimer, a expressão "estilo de vida" começou a ser usada na virada do século XIX para o XX.[40] De forma harmônica à modernidade e ao consumo, a mídia servia como um instrumento pedagógico para comunicar um novo modo de ser para os indivíduos modernos. Segundo Veiga-Neto, a pedagogia moderna representou uma ruptura profunda em relação aos saberes; no período seguinte à Idade Média, não houve um aperfeiçoamento dos saberes nem das práticas educacionais que tinham sido comuns até então.[41] Em vez disso, houve uma verdadeira

---

[38] STRASSER, 1989.
[39] KURZ, 1999 *apud* GORZ, 2005, p. 51.
[40] FREIRE FILHO, João. Mídia, consumo cultural e estilo de vida na pós modernidade. *ECO-PÓS*, Rio de Janeiro, v. 6, n. 1, p. 72-97, jan./jul. 2003.
[41] VEIGA-NETO, Alfredo. Algumas raízes da pedagogia moderna. *In*: ZORZO, Cacilda Marilda (org.). *Pedagogia em conexão*. Canoas: Editora da Ulbra, 2004.

revolução nas maneiras de entender a educação e de praticá-la, tanto nas escolas quanto em quaisquer outras instâncias sociais, como a família e a igreja.[42] Dessa forma, podemos apontar a mídia como uma das entidades sociais que tiveram enorme poder no papel de expandir os conceitos de consumo e modernidade.

Vimos, por meio do consumo, um afrouxamento das antigas hierarquias de classe. Ortiz[43] usa o conceito de *dismembering*, de Giddens[44], para reforçar que a separação do espaço e do tempo permite o "desencaixe" das relações sociais. Significa que os limites se davam, até a modernidade, por meio das classes sociais, da cidade e do campo, da cultura erudita e da popular, impedindo o movimento de um lado para o outro. Para esse autor, o ato de comprar se segmentava de acordo com os estratos sociais. O consumo proporcionou uma quebra, ou um desencaixe, nas fronteiras de classe, permitindo mais liberdade de circulação de cada indivíduo. Com isso, o consumo tornou-se uma determinante do poder aquisitivo, e não mais da tradição como era antes.

> O ato de comprar, que no Antigo Regime se segmentava de acordo com os estamentos sociais, com a quebra das fronteiras de classe pode se realizar com liberdade de movimento de cada indivíduo – isto é, ele não é mais função da tradição, mas do poder aquisitivo.[45]

De que mídias estamos falando ao afirmar sua função pedagógica na difusão dessa nova filosofia de vida, nessa nova forma de ser, de se representar e de vivenciar esses estilos de vida no mundo contemporâneo? No livro *O cinema e a invenção da vida moderna*, organizado por Leo Charney e Vanessa R. Schwarz, há três evidências de mídias que contribuíram para a criação de uma espécie de amálgama entre consumo e modernidade que compunham uma cartilha pedagógica que aos poucos foi sendo seguida pelos indivíduos a fim de pertencerem ao mundo moderno.[46]

O livro é uma coletânea de artigos que formam um arco narrativo bastante bem elaborado sobre a modernidade, que passa a ser entendida como um registro de experiências subjetivas. Como mencionado na Introdução, três textos merecem destaque. Marcus Verhagen, em "O cartaz na Paris

---

[42] VEIGA-NETO, 2004.
[43] ORTIZ, Renato. *Mundialização e cultura*. São Paulo: Brasiliense, 2003.
[44] GIDDENS, Anthony. *As consequências da modernidade*. São Paulo: Unesp, 1991.
[45] *Ibidem*, p. 48.
[46] CHARNEY; SCHWARZ, 2004.

do fim do século", aborda a arte dos cartazes como reflexo do surgimento da indústria do entretenimento.[47] Em "Disseminações da modernidade: representação e desejo do consumidor nos primeiros catálogos de venda por correspondência", Alexandra Keller discute como a indústria do consumo atinge novos espaços, como o meio rural.[48] Já o aparecimento das lojas de departamento é tratado por Erika D. Rappaport em "Uma nova era de compras: a promoção do prazer feminino no West End londrino 1909-1914".[49]

Mais adiante faremos uma análise crítica desses textos, buscando articular cada uma dessas mídias de maneira a considerá-las eventos destacados da história, anteriores ao aparecimento do marketing, ao nosso objetivo de conceituá-lo mediante um resgate das matrizes de pensamento que favoreceram o surgimento do campo.

Outro modo de entender a formação de novos hábitos ancorados no consumo é analisar três momentos históricos— século XVII, XVIII e XIX — definidos por Grant McCracken.[50]

O primeiro ocorre, no final do século XVI, na chamada Inglaterra Elizabetana, quando há uma explosão de consumo, já que Elizabeth I utilizou a despesa como ferramenta para exercer seu poder e seu governo e foi bem-sucedida em persuadir a nobreza a gastar e a esbanjar recursos. O fato de ela valorizar uma espécie de espetáculo teatral gerou uma competição social, que se tornou a tônica entre a nobreza elizabetana. A nobreza dependia dos favores e da influência real para sua sobrevivência, o que gerou indiretamente uma despesa a mais, pois os nobres disputavam entre si a atenção da rainha. Dessa forma, passaram a consumir mais com o objetivo de se destacar entre seus pares, e isso transformou a maneira de consumo à medida que as demandas saíram da família para o indivíduo. Como consequência, a compra familiar com o objetivo de que o bem permanecesse na família por diversas gerações, tradicional pátina, deu lugar à compra impulsionada pela moda. Nesse primeiro momento histórico, os nobres intensificaram suas experiências de consumo, enquanto os subordinados eram apenas observadores de seus gostos e excessos. Talvez, por isso, os comerciantes ainda não precisavam se diferenciar dos demais, pois o consumo ainda não havia atingido à massa, ficava restrito à nobreza.[51]

---

[47] VERHAGEN, 2004.
[48] KELLER, 2004.
[49] RAPPAPORT, 2004.
[50] McCRACKEN, 2003.
[51] McCRACKEN, 2003.

O segundo momento histórico acontece, no século XVIII, quando há a explosão do consumo, criando outras oportunidades para a compra de produtos, como móveis, louças e tecidos. O consumo então passa a ser mais presente na sociedade, e seus reflexos redefinem sua organização e o papel dos grupos sociais. Com isso, ele começa a ser instalado na sociedade de modo mais frequente.

A Grã-Bretanha, por exemplo, sofreu uma profunda mudança social em decorrência das transformações econômicas que aconteceram a partir da inovação agrícola e industrial e da expansão do comércio internacional.[52] Os bens, ditos de luxo, como especiarias, sedas e porcelanas da Índia e da China, foram inicialmente acessíveis apenas à elite, mas, com as transformações ocorridas, tais como êxodo das pessoas para as cidades, surgimento de uma classe operária e maiores salários, mais pessoas tiveram acesso a esses artigos, e a demanda por eles se expandiu da elite para classes medianas. Com o aumento da demanda, os comerciantes tiveram que acompanhar o mercado procurando técnicas e métodos que fizessem os produtos produzidos internamente competir com os importados. A produção de cerâmica durante esse período melhorou graças às inovações tecnológicas. A empresa inglesa Staffordshire há muito dominava a produção de cerâmica, mas as mercadorias eram feitas para o público geral, não eram consideradas artigos de luxo. A demanda por melhor porcelana foi criada pelos próprios produtores, especialmente Josiah Wedgwood, que convenceu as pessoas de que elas precisavam de uma cerâmica de melhor qualidade e foi o condutor de um rápido aumento pela procura quando cunhou uma marca para suas porcelanas, tornando-as desejáveis.

Ainda no século XVIII, outro empreendedor britânico, George Packwood, implementou estratégias de intervenção no mercado de consumo com o objetivo de atingir o sucesso comercial de seus produtos. Ele fez anúncios para sua navalha de barbear, e isso representou o ponto culminante do crescimento do século XVIII no capitalismo e na publicidade.[53] George Packwood era um homem de negócios de classe média com um produto e um desejo de ficar rico. Segundo Liz Mcfall,[54] ele produziu mais de 60 anúncios diferentes em dois anos e anunciou em 26 jornais, o que McKendrick e outros autores chamaram de uma tentativa impiedosa de imprimir o nome da marca de sua lâmina de barbear na memória das pes-

---

[52] Idem.
[53] McFALL apud McKENDRICK et al., 1984.
[54] Idem.

soas para garantir que elas a procurassem e a comprassem.[55] Os anúncios continham uma enorme gama de estilos diferentes de apelo, tais como testemunhais e piadas.

Antes de tratarmos do último momento histórico do consumo relatado por McCracken, vale contextualizar que, entre o século XVIII e XIX, na Europa, ocorreu a revolução da produção em grande escala. Alguns historiadores, como John Clapham[56] e Nicholas Crafts[57], argumentam que o processo de mudança econômica e social aconteceu de forma gradual, o que aponta inadequação no uso do termo "revolução"; essas transformações, que se iniciaram na Inglaterra e que, em poucas décadas, se espalharam a Europa Ocidental e Estados Unidos, foram sem precedentes.

Surge, então, com esse novo modelo de produção industrial, o capitalismo comercial e, consequentemente, o consumo de massa, como retratou McCracken no último momento histórico que é o século XIX.[58] Foi nesse período que o consumo se tornou um fato social permanente que tinha a mídia cumprindo o papel pedagógico de comunicar um novo modo de ser para esse indivíduo moderno.

As sociedades consumiam essencialmente os produtos feitos artesanalmente, o comerciante local, que possuía a influência sobre o consumidor, comprava do atacadista e vendia quase tudo a granel. A questão central pós-capitalismo comercial era: como construir um mercado consumidor de massa? Ou seja, era preciso inventar o consumo de massa.

Para se ter dimensão do aumento da capacidade de produção, nos EUA, durante a década de 1880, com a produção contínua, a indústria produzia sete vezes mais aço, nove vezes mais papel, 14 vezes mais óleo de caroço de algodão. A capacidade de carga dos trens para transportar toda espécie de bens era quase quatro vezes maior. As ferrovias ainda estavam em forte expansão, até por volta de 1915, visto que cerca da metade da quilometragem de trilhos instalada havia sido construída a partir de 1890. Havia um milhão e meio de linhas telefônicas, em 1902, que passaram a seis, em 1910, e atingiram mais de 12 milhões até 1920.[59]

---

[55] McKENDRICK, 1984.
[56] CLAPHAM, John. *An economic history of modern Britain*. The early railway age: 1820-1850. Cambridge: Cambridge University Press, 1926.
[57] CRAFTS, Nicholas. Britain's relative economic performance, 1870-1999. London: The Institute of Economic Affairs, 2002.
[58] McCRACKEN, 2003.
[59] STRASSER, 1989.

Com todo esse excedente, fez-se importante adotar novas habilidades para dar conta de escoar toda essa produção de massa deslocando a importância da produção para o consumo. Na famosa obra de Max Weber *A ética protestante e o espírito do capitalismo,* uma pergunta surge: "Como foi possível que uma atividade anteriormente apenas tolerada do ponto de vista ético se tornasse uma vocação?".[60] No livro *As paixões e os interesses*, Alberto Hirschman explica que o comércio e outras atividades rentáveis tornam-se dignas na modernidade depois de séculos sendo desprezadas e taxadas de símbolo de ambição e avareza.[61]

Segundo Weber, a Reforma Protestante foi essencial para a formação do capitalismo moderno, dado que essa crença fez surgir um novo *modus operandi* de relações sociais, que favoreceu e caracterizou a produção de excedentes, o que gerou acúmulo de capital.[62] Para que essa nova realidade se implantasse, transformações na maneira de comercialização foram necessárias. Algumas das soluções de comercialização foram: a formação de um desejo coletivo por consumir (a invenção da moda e do homem moderno), as lojas de departamento, as vendas por correspondência, a marca e embalagem, o preço, a venda direta, a experiência de consumo e a publicidade.

Com a emergência do consumo, faz sentido imaginar que houve uma corrida dos comerciantes pela diferenciação, ou seja, cada um, à sua maneira, buscou modos de se destacar na cabeça do consumidor para conquistar sua preferência de compra. Esse parece ser um ambiente propício para o surgimento de técnicas que busquem alavancar as vendas. Apesar dessa evidência lógica, não há registros de práticas denominadas "marketing" nesse ambiente, embora essa estratégia pareça ser o próprio fundamento da disciplina.

1.2 MÍDIA E PEDAGOGIAS DO CONSUMO

Antes, o cartaz era uma ferramenta comercial em preto em branco, mas, com a incorporação de cores, no último quartel do século XIX, tornou-se um meio sofisticado e fazia parte integrante do ambiente parisiense, gerando entusiasmo entre os críticos de arte da época. Segundo Marcus Verhagen, Chéret e os irmãos Choubac, Léon e Alfred aperfeiçoaram tec-

---

[60] WEBER, Max. A ética protestante e o espírito do capitalismo. São Paulo: Companhia. das Letras, 2004, p. 31.
[61] HIRSCHMAN, Alberto. *As paixões e os interesses*: argumentos políticos a favor do capitalismo antes de seu triunfo. Rio de Janeiro: Paz e Terra, 1979.
[62] WEBER, 2004.

nicamente reduzindo os custos da litografia colorida tornando-a um meio muito atrativo de promoção; na virada do século, graças ao afrouxamento do controle do Estado, os bulevares já estavam enfeitados de cartazes de publicidade. O cartaz tornou-se a principal ferramenta e meio de divulgação para o entretenimento francês.

Cheret produzia seus cartazes de forma bastante habilidosa e bem pensada. A *chérette*, como ficou conhecida a dançarina dos cartazes de Cheret, tinha ares de ninfa e era repletas do *ethos* da alegria. Servia como representação do prazer por meio da fantasia da sedução, impondo seu riso como uma garantia da satisfação do expectador.

Outro método bastante bem formulado é o que toma o espectador como objeto central, sem ele a cena não existiria. O cartaz era produzido sob o ponto de vista dele, para ele e com o objetivo de satisfazê-lo.

O negócio do entretenimento em Paris levou a publicidade muito a sério, pois foi utilizada com o objetivo de afetar a concorrência. Persuadindo pessoas de todas as classes que buscavam prazer, simbolizou o surgimento da cultura de massa na França.

Ao analisarmos toda a descrição do texto de Marcus Verhagen, percebemos um diálogo entre publicidade e a arte.[63] Segundo o autor, o cartaz se colocou entre a publicidade e a arte, mas, ao se estabelecer próximo à arte, conseguiu a aceitação da sociedade francesa.

Essa posição entre arte e publicidade foi o que Moscovici chamou de ancoragem.[64] Para o autor, as representações sociais têm como intenção converter algo desconhecido em conhecido, pois tudo que é desconhecido e não faz parte do cotidiano é difícil de ser compreendido, dessa forma é necessário que se processe uma transformação. Para Moscovici, a objetivação e a ancoragem são duas maneiras possíveis para tornar esse desconhecido em conhecido. Podemos dizer que, no processo de compreensão do cartaz, em Paris, houve os dois meios de transformação. A ancoragem é entendida como uma forma de classificar, e a objetivação, como a transformação de algo abstrato em algo concreto.

O cartaz ancorou-se, portanto, entre a arte e a publicidade para que pudesse ser assimilado. Isso ajudou a ligar o estranho, no caso o cartaz, a um grupo ou representação social já existente, classificando e nomeando o que até então era desconhecido. A partir daí, toda a discussão em torno do

---

[63] VERHAGEN, 2004.
[64] MOSCOVICI, Serge. Representações sociais: investigações em psicologia social. 5. ed. Petrópolis: Vozes, 2007.

cartaz girou acerca do dilema arte-publicidade, arrebanhando seguidores e críticos, levando para o cartaz os aspectos positivos e negativos já estabelecidos na arte e na publicidade.

Os defensores do cartaz como arte se apoiavam no discurso de que ele incitava o gosto pela arte, servindo até para ensinar os iletrados a lerem. Além disso, o humor era visto como uma estratégia popular e, em vez de sublinhar sua dimensão comercial, foi usado para promover a pretensão cultural do cartaz.

Por outro lado, a argumentação contrária, segundo o autor, publicado em um artigo de Maurice Talmeyr (1896)[65], apontava para a dimensão simbólica como alegoria da poderosa e alarmante sociedade industrial moderna. Maurice Talmeyr criticou ainda sua intervenção com mensagens não solicitadas que refletiam a velocidade e os excessos da vida moderna. De acordo com a natureza de suas críticas, Talmeyr parecia se opor à modernidade, e o cartaz era apenas símbolo ou representação da velocidade e abundância da vida moderna.

Já a objetivação visa transformar algo que está no nível abstrato, desconhecido, para outro mais acessível, tornando-o mais concreto e objetivo. Para Moscovici[66], as duas operações essenciais da objetivação são naturalizar e classificar. No caso do cartaz, a objetivação se deu ao trazer para ele as referências do carnaval, cuja *chérrete* era uma espécie de colombina portadora da alegria, do divertimento e da celebração. Na crítica de Talmeyr, dois pontos eram recorrentes: a associação com a prostituta, bem como a associação e a lembrança às celebrações do carnaval.[67]

O cartaz trouxe uma discussão social, um diálogo entre o que era permitido e o que era proibido. Aceitá-lo significava concordar com a *chérrete*, muitas vezes acusada de prostituta; era aceitar uma figura que refletia uma forma de indeterminação social. Além disso, as referências do cartaz ao carnaval zombavam das noções de decoro da burguesia, celebravam a pobreza e a boemia de forma bem-humorada e exibiam a abundância da classe trabalhadora.

O cartaz rompia com os valores estabelecidos, que representavam a tradição, já que os mecanismos baseados em mercado bagunçavam as hierarquias de classes nas quais as sociedades se estabeleciam.

Segundo Keller, foi nesse período que surgiram os primeiros catálogos de vendas por correspondência como maneira de disseminar a modernidade

---

[65] TALMEYR, Maurice. L'age de l'affiche. *La Revue des Deux Mondes*, Paris, v. 137, n. 1, p. 201-206, set. 1896.
[66] MOSCOVICI, 2007.
[67] TALMEYR, 1896.

e deslocar o consumo da rua para o lar.[68] A empresa de varejo Haynes-Cooper dizia ter um exemplar de seu catálogo em cada fazenda ou vilarejo do país. Em 1884, um catálogo desses tinha cerca de 240 páginas e perto de 10 mil artigos; no início do século, atingiria 24 mil. O da loja de departamentos Sears-Roebuck, em 1897, abrangia 786 páginas. Os catálogos incluíam ofertas de ferramentas, móveis, alimentação, livros, máquinas de costura, entre outros artigos. Estradas de ferro, empresas de telégrafos e agências de correio conseguiram implantar-se em todo o país, facilitando a venda à distância. Em 1910, uma lei permitiu ao correio entregar mercadorias acima de 4 libras (1,8 kg). Para se ter ideia da abrangência dos catálogos, cada uma das grandes empresas desse segmento tinha, em 1915, entre 4 e 6 milhões de clientes.[69]

Os catálogos tiveram o papel fundamental de levar a cidade para o campo, a loja de departamentos para o comprador e o mundo externo para o lar, expandindo para casa uma atividade até então essencialmente pública, que era o consumo de mercadorias.[70]

Definir as fronteiras entre o público e o privado tem sido uma preocupação desde a antiguidade clássica, e sua discussão abrange a Filosofia, a História, a Antropologia e a Sociologia. Sendo um debate profundo e permeado por diferentes campos do conhecimento, não há um consenso sobre as definições. Apesar disso, é preciso sublinhar que o conceito público/privado é característico de cada sociedade, transformando-se ao longo do tempo e de acordo com as mudanças sociais. Como destaca Mattoso, embora haja dificuldade na definição e interpretação da linha que separa os dois domínios, os papéis dos homens e das mulheres, dos casados e dos solteiros, dos velhos e dos novos, dos jovens e das crianças, bem como seus valores e objetivos, alteram-se com o tempo e são distintos conforme as regiões consideradas.[71]

Segundo Philippe Ariès,

> [...] no privado encontra-se guardado o que se possui de mais precioso, que só a nós pertence, que não diz respeito a mais ninguém, que é proibido divulgar, mostrar, porque é muito diferente das aparências que a honra exige salvar em público.[72]

---

[68] KELLER, 2004.
[69] STRASSER, 1989, p. 214.
[70] KARAM, Karine *et al.* Cultura midiática e vida moderna: o cartaz, os catálogos e os grands magasins como testemunhos do processo modernizador. *In*: ENCONTRO NACIONAL DE PESQUISADORES EM PUBLICIDADE E PROPAGANDA, 7., 2016, Rio de Janeiro. *Anais* [...]. Rio de Janeiro: PUC-Rio, 2016.
[71] MATTOSO, José. *História da vida privada em Portugal*: a Idade Moderna. v. 2. Lisboa: Círculo de Leitores, 2011.
[72] ARIÈS, 2009, p. 10.

Apesar das diferenças entre o público e o privado, não se pretende conceituá-los aqui, nem mesmo explorar todas suas dicotomias ao longo da história. Utilizaremos a relevância conceitual dos conceitos público/privado para compreender o impacto que os catálogos de venda por correspondência causaram na esfera privada.

Para Keller, os catálogos de venda por correspondência, assim como o cinema, fazem parte da *episteme* da reprodução mecânica e da disseminação de massa, ou seja, foram concebidos para serem reproduzidos.[73] O catálogo e o cinema reconfiguraram igualmente a noção de público e privado, apesar de o primeiro ser um ícone exclusivamente norte-americano.

Os catálogos invadiram a esfera privada levando o consumo de mercadorias para os lares, o que era, como dissemos, uma atividade pública. A venda por meio dessa ferramenta tornou-se uma mídia homogeneizante à medida que discursos e estratégias foram construídos baseando-se no envio postal de massa. Até mesmo no meio rural, onde havia uma enorme desconfiança sobre os modos de vida na cidade, o catálogo conseguiu gerar uma experimentação dessa era de modernidade.

Os da *Sears* usaram o discurso da inclusão pois deixavam os clientes à vontade para escolher, embora sempre dentro dos parâmetros indicados. Isso foi fundamental para integrar ao consumo milhões de famílias rurais.

O catálogo era repleto de instruções da maneira como comprar, sua linguagem instruía os consumidores sobre o que era proibido e permitido nessa nova prática social, cumprindo seu caráter pedagógico nesse novo hábito da modernidade. O tom dessa comunicação merece destaque na medida em que tudo era pensando em miúdos, desde iniciar a carta com "querido amigo", o que trazia a ideologia da proximidade e da intimidade, até o uso de expressões, como "onde quer que você more" e "distância não é inconveniente", que ajudavam a romper a resistência a uma atividade até então não explorada. Os catálogos absorveram aspectos da linguagem publicitária, impregnando-se de um enorme poder de persuasão com comandos que eliminavam as barreiras, estimulavam o consumo e facilitavam a experimentação, contornando qualquer tipo de objeção ao consumo.

Tanto o processo de compra quanto a abordagem mudaram muito ao longo do tempo, e não é difícil imaginar que isso tenha acontecido pelo aspecto pedagógico do consumo. Os primeiros catálogos eram extrema-

---

[73] KELLER, 2004.

mente discursivos e detalhados, mas, à medida que as pessoas foram se familiarizando com as práticas de consumo e se adaptando à nova didática, algumas instruções tornaram-se óbvias e aos poucos foram suprimidas. O aspecto narrativo foi sendo suplantado para que um ambiente de fetiche se estabelecesse, assim o desejo seria mantido.

O catálogo se especializou ainda em usar abordagens diferentes por gênero, sugerindo às mulheres um corpo frágil e uma pele pálida como sinônimo de feminilidade, buscando levar para os EUA a tendência das mulheres europeias. Além disso, a ordem de exibição era gentil, mostrando, em primeiro lugar, a seção feminina, seguindo uma ordem cronológica dos bebês até os meninos.

Vale destacar que, nas imagens, as mulheres eram sempre retratadas em aglomerados, o que reforçava a modernidade e a cultura de massa, transmitindo a noção de que a mulher ganhara terreno no século XIX.

O catálogo foi, portanto, com o cinema e as lojas de departamento, uma das mídias de caráter pedagógico que ajudaram a mostrar às pessoas como se comportar diante da modernidade. Incluindo o meio rural no consumo, embaralhando a lógica de público e privado e documentando o papel da mulher no novo século.

As lojas de departamento surgiram, em toda Europa e EUA, no século XIX, como aponta Rappaport.

> Um dos pioneiros, e talvez o mais emblemático dos empreendimentos que surgem neste período, é o parisiense Le Bon Marché, fundado em 1852 por Aristide Boucicaut. Em seguida, abriram as portas na mesma cidade os concorrentes Louvre, em 1855, e Printemps, em 1865. Nos Estados Unidos, a Macy's foi inaugurada em 1858, na cidade de Nova York; a Marshall Field's se expandiu após o grande incêndio de Chicago em 1871, tornando-se inclusive um símbolo da restauração da cidade; e a Wanamaker's se estabeleceu no ano de 1876 na Philadelphia. A londrina Harrold's começou como um pequeno negócio e conseguiu se transformar em um colosso do comércio mesmo após sofrer um incêndio em 1883. Tornou-se uma companhia de capital aberto em 1889 e as obras do enorme e luxuoso imóvel que ocupa até hoje na Brompton Road foram concluídas em 1905. A principal concorrente só chegou em 1909, com a inauguração da Selfridges no West End de Londres.[74]

---

[74] RAPPAPORT, 2001 *apud* ROCHA et al., 2016, p. 43.

Segundo os autores, o impacto das lojas de departamento foi enorme, e as técnicas e os processos de comercialização foram fundamentais para a formação das práticas de consumo que temos até hoje.

Ao lado do surgimento das lojas de departamento, vale problematizar o papel social da mulher antes do século XIX. Em uma sociedade patriarcal, cuja família era comandada pelo homem, esse papel se reduzia a cuidar do marido, dos filhos e da casa, o que exigia habilidades para os trabalhos domésticos.

A mulher possuía papéis sociais específicos, ligados ao espaço doméstico, considerado inferior ao espaço público, prioritariamente masculino, situando-se em segundo plano num cenário masculino. Havia uma exaltação à fragilidade do sexo feminino, o que a deslocava para a vida doméstica e privada. A mulher pertencia essencialmente ao espaço privado, conforme apontou Simone de Beauvoir.

> As mulheres não tinham história, não podendo, consequentemente, orgulharem-se de si próprias. [...] Uma mulher não nascia mulher, mas tornava-se mulher. Para que isto acontecesse ela deveria submeter-se a um complexo processo no seio de uma construção histórica cujo espírito determinaria seu papel social.[75]

Segundo Rocha, Frid e Corbo, nas lojas de departamento, as mulheres se comportavam como se estivessem em uma "reunião de amigas"; nos magazines, conversavam sobre os produtos, as diferenças entre as lojas e o que mais gostavam em cada uma. Elas se sentiam como em suas próprias casas, sempre bem tratadas pelos funcionários, livres para andar entre as seções, conhecer produtos, ver ofertas, passar parte do dia no bistrô, na biblioteca, na sala de descanso e participar das atividades de entretenimento oferecidas pela loja.[76]

Já que o cenário social era de negação de liberdade no espaço social à mulher, o que, consequentemente, a distanciava de uma atuação nos espaços públicos, as mulheres burguesas, nos magazines, ao mesmo tempo que encontravam as amigas, fomentavam novos padrões de consumo, se distraíam com as atrações oferecidas, exerciam atividades públicas e atuavam politicamente em busca dos seus direitos. Vale destacar que, antes disso, elas eram restritas ao ambiente doméstico e às igrejas e ali ganhavam uma

---

[75] BEAUVOIR, Simone de. *O segundo sexo*: fatos e mitos. v. 1. Rio de Janeiro: Nova Fronteira, 2003. p. 217.
[76] ROCHA *et al.*, 2016.

alternativa de interação social. O grande magazine foi construído para as mulheres e tornaram-se um lugar tão legitimado e seguro quanto os espaços sagrados ou suas casas.[77]

As lojas de departamento são parte do processo das grandes transformações da Revolução Industrial: produção em massa, serialização, êxodo de populações do campo para a cidade, surgimento da mídia etc. A ruptura com a sociedade tradicional proporcionou ao indivíduo a possibilidade de se movimentar em espaços anteriormente exclusivos e restritos à nobreza. A nova ordem construía outros fluxos de produção de mercadorias, de objetos e pessoas cujas possibilidades de trânsito se vinculavam ao capital. Há uma transformação nos códigos, e, nesse momento de transição, as práticas exercidas nas lojas de departamentos assumiram papel pedagógico para um novo conjunto de práticas, estilos e valores: "O Bon Marché serviu como uma espécie de 'cartilha cultural', mostrando, para uma determinada classe, como ela deveria se vestir, mobiliar sua casa e como deveria gastar seu tempo de lazer".[78]

De forma análoga, surgiu em Londres uma nova era de consumo quando Harry Gordon Selfridge, um americano, lançou a Selfridge na Oxford Street, com a comemoração simultânea do jubileu de 60 anos da Harrolds e a liquidação anual de primavera realizada nas lojas de West End. Ele colocou Londres no mapa do varejo mundial, revolucionando o modo como as pessoas compravam, dando ares românticos à ideia do comércio, transformando a atividade em um momento de prazer, como fuga da rotina, e não apenas a busca por uma necessidade, os clientes eram convidados a encarar as compras como um evento social e cultural.

Usar as vitrines para se destacar no meio de tantas outras lojas da capital inglesa, fazer uso da publicidade, treinar funcionários que estimulavam as pessoas a fantasiar os produtos e chamar atenção dos clientes foram estratégias pioneiras do seu fundador. Enquanto seus concorrentes escondiam os produtos atrás dos balcões, na Selfridge, tudo era exibido e colocado em displays para que o consumidor pudesse tocar os produtos. Ele inovou ainda iluminando as vitrines mesmo quando a loja já estava fechada.

Para Everardo Rocha, Marina Frid e William Corbo, as vitrines invadiram as ruas exibindo-se e atraindo o olhar dos consumidores,[79] represen-

---

[77] Idem.
[78] McCRACKEN, 2003, p. 49.
[79] ROCHA et al., 2016.

tando o que Debord chamou de espetacularização da vida ou "vitrinização" da sociedade moderno-contemporânea.[80]

Segundo Erika Rappaport, outra estratégia, das mais eficientes, foi "[...] comprar a imprensa para comprar a multidão",[81] já que, ao intensificar a aquisição de anúncios, a Selfridge conquistou um frenesi de elogios que, juntamente à sua estratégia de divulgação, apagava as diferenças entre editorial e publicidade. A publicidade foi usada de maneira bastante sagaz e conseguiu seu objetivo de transformar as compras em prazer, tornando o ato de comprar em diversão.

Selfridge conseguiu ainda reunir uma cultura de elite e popular em torno de uma mesma atividade social. Rappaport emprega várias expressões, ao longo do texto, como "rendez-vous feminino", "repouso reparador" e "satisfação legítima", todas enfatizando o aspecto hedônico que Selfridge conquistou ao revolucionar o ato de comprar.[82]

Nesse templo, símbolo do consumo moderno, muitas novas habilidades emergiram com o objetivo de vender mais, tais como: o cliente passou a ficar mais perto dos objetos de desejo, podendo tocá-los; os preços não eram mais negociados, pois as etiquetas estavam fixas nos produtos; as lojas passaram a realizar vendas a prazo ou em parcelas aos consumidores; os anúncios construíam o desejo vinculado a uma cultura de olhar e exibir; a ausência de vendedor, como forma de produzir um efeito repousante, e a vitrine serviam como obra de arte ao ar livre, uma possibilidade de flanar pelas ruas da cidade.[83]

Com as lojas de departamento, houve uma mudança comercial, de classe e de gênero, como afirmou Rappaport.[84] As mulheres foram beneficiadas por esse novo espaço de consumo por ser um ambiente público seguro que elas poderiam frequentar; fez-se "um lar fora do lar". Até mesmo as de classe trabalhadora — excluídas do hedonismo dos passeios e das compras — viam vitrines em West End, que concentrava um grande número de lojas em Londres.

Selfridge expandiu as fronteiras do que era permitido para as mulheres, trazendo elementos até então proibidos para a esfera do consentido, adicionando componentes de prazer ao dia a dia feminino e embaçando o público e o privado, tornando corriqueira a convivência entre estranhos.

---

[80] DEBORD, Guy. *Société du spetacle*. Paris: Buchet: Chastel, 1967.
[81] RAPPAPORT, 2004, p. 157.
[82] *Idem*.
[83] RAPPAPORT, 2004.
[84] *Idem*.

As lojas de departamento implementaram serviços que fortaleciam o lado prazeroso do consumo: lanchonete, restaurante, salão de chá, serviço de babá, posto de correio, de primeiros socorros e sala de descanso.[85]

A maior parte dos funcionários era de mulheres, sendo o comércio a varejo, a propósito, um ramo importante de emprego feminino na formação das "novas classes médias". Além disso, naquele momento, o comércio não exigia grande qualificação, já que seu desempenho era medido em volume de vendas. Em 1915, cerca de 4 mil estabelecimentos se classificavam como lojas de departamento; quase todos recorriam à publicidade, enfatizando preço baixo, ofereciam entrega em domicílio, crédito ao consumidor e aceitavam pedidos por telefone.[86]

Rocha, Frid e Corbo afirmam que até mesmo a postura dos funcionários importava: "[...] precisavam estar eretos, aprumados, asseados, concentrados, dispostos a atender ao público com expressões simpáticas no rosto, impecavelmente uniformizados com sapatos limpos e roupas justas, com excelente aparência".[87] Os autores afirmam ainda que os vendedores eram responsáveis por conduzir a clientela pelas seções, buscar itens desejados, descrever qualidades dos produtos, carregar compras e oferecer "mimos", pois tudo era parte importante da atratividade.

A fatia de mercado das cadeias de loja de departamento cresceu rapidamente: de 4%, em 1919, a 8%, em 1923. Nesse último ano, esses estabelecimentos detinham 16%, as vendas por correspondência 4%, e as lojas de fábrica, 4%.[88] Alguns fatores convergiram para impulsionar o crescimento dos grandes magazines: crescimento urbano, formação da imprensa de massa, desenvolvimento da publicidade, inovações nas estratégias de vendas e transformações do lugar social da mulher.[89]

Interessa-nos destacar as inovações nas estratégias de vendas que se tornaram mais presentes, ensinando os consumidores a desejar novos produtos e persuadindo-os a comprar esses objetos. Estratégias, como uso de vitrines, delivery, exibição de preços, passeio no shopping, promoções periódicas e datas comemorativas, como Dia das Mães, foram inventadas, no século XIX, pelas lojas de departamento e são usadas até hoje como estratégias de marketing para promover o consumo.

---

[85] STRASSER, 1989.
[86] Idem.
[87] ROCHA et al., 2016, p. 152.
[88] STRASSER, 1989.
[89] ROCHA et al., 2016.

O modelo de negócios das lojas de departamento funcionava como uma via de mão dupla, pois atendia às demandas de uma produção em larga escala, que se expandia diante das transformações originadas pelo processo da Revolução Industrial, ao mesmo tempo que consolidava um sistema de consumo em grande proporção, visando, sobretudo, o aumento das vendas e a incorporação de novos grupos de consumidores às atividades de compra.[90]

Outro aspecto importante foi o que Campbell chamou de "ética romântica" que, além de contribuir para a acentuação do individualismo e valorização do novo, fazia com que o gosto pelas novidades fosse comum aos diferentes consumidores.[91] Para Campbell, o "sonhar acordado" é uma característica das sociedades modernas.[92] Como discutem Rocha, Frid e Corbo, é preciso considerar ainda o significado dos produtos que muitas vezes estão vinculados ao aspecto simbólico do próprio ambiente de consumo.

Surge, assim, uma complexa teia que liga produção e consumo. A discussão até aqui sugere que a produção só consegue adquirir lugar social quando absorve significados. Para Rocha, ela

> [...] como processo de transformação da natureza, só alcança seu destino de ser consumida - sem o que não precisaria existir - através da construção de significados que humanizam produtos e serviços. A esfera da produção, sem atribuição de significados, é a esfera da falta que coloca na disjunção as palavras (significado) e as coisas (produtos e serviços). Introduzir o significado na esfera da produção quer dizer criar um código que faça daí nascer o consumo. A produção em si mesma não é nada, ela não diz.[93]

A formação do *ethos* da modernidade, a criação das marcas, o uso da publicidade para expandir a natureza simbólica dos produtos, as transformações na experiência de compra e todas as estratégias que fomentaram o consumo serviram de alicerce para a atribuição de significado à produção. Segundo Rocha, a publicidade é o passaporte, visto de saída da produção e de entrada no consumo e serve como instrumento que atribui significado aos produtos.

---

[90] *Ibidem*, p. 130.
[91] ROCHA et al., 2016.
[92] CAMPBELL, Colin. *The romantic ethic and the spirit of modern consumerism*. Oxford: Basil Blackwell, 1987. p. 91.
[93] ROCHA, Everardo. Representações do consumo: estudos sobre a narrativa publicitária. Rio de Janeiro: Ed. PUC-Rio: Mauad X, 2006. p. 101.

> O discurso publicitário é uma forma de categorizar, classificar, hierarquizar e ordenar tanto o mundo material quanto as relações entre as pessoas, através do consumo. Sabemos que a função manifesta do anúncio é vender produtos e serviços, abrir mercados, aumentar o consumo. Tudo isto está certo. Mas uma simples observação é bastante para ver que o consumo dos 26 próprios anúncios é infinitamente superior ao consumo dos produtos anunciados. Em certo sentido, o que menos se consome nos anúncios é o próprio produto. De fato, cada anúncio vende estilos de vida, sentimentos, visões de mundo, em porções generosamente maiores, que carros, roupas ou brinquedos. Produtos e serviços são para quem pode comprar, anúncios são distribuídos de forma indistinta, assinalando o destino classificatório da mensagem publicitária. A publicidade é totêmica, fala do eterno, suprime o tempo, recorta diferenças na série da produção e as convertibiliza em diferenças na série do consumo. A publicidade desempenha uma função muito clara: mediatizar as relações entre a produção e o consumo. Em outras palavras, entre estes dois domínios do circuito econômico - a produção e o consumo - está o espaço destinado à publicidade. Ela, e os outros processos do marketing, mediatiza a oposição e concilia a interação entre estes domínios ao recriar cada produto atribuindo-lhe identidade, particularizando-o, preparando-o, enfim, para a existência não mais embebida na dinâmica da produção mas, sim, em meio a relações humanas, simbólicas, sociais, que caracterizam o consumo.[94]

Esses eventos históricos indicam que a publicidade não conseguiu sozinha desempenhar o papel de atribuir signos aos produtos; quem sabe, possamos expandir esse conceito e reinterpretá-lo, adotando que a publicidade faz parte das estratégias de fomento ao consumo, logo faz parte do marketing. Portanto, ele seria uma prática cultural das amplas transformações dos processos de administração do mercado na modernidade, um instrumento central na transferência de significado da produção para o consumo.

Everardo Rocha afirma ainda que é pela publicidade que se transforma o domínio da produção — em que os produtos são indiferenciados, múltiplos, seriados e anônimos — no domínio do consumo — em que o produto tem nome, nobreza, mistério e vida.[95] Sob o ponto de vista do marketing, "nome, nobreza e vida", destacados nos produtos pela publicidade, são con-

---

[94] ROCHA, 2010, p. 25-26.
[95] ROCHA, Everardo. *A sociedade do sonho*. Rio de Janeiro: Mauad, 1995.

cedidos pelas marcas e por seus posicionamentos. Se a "[...] publicidade é a guardiã do pensamento mágico na sociedade capitalista";[96] o marketing, por meio da publicidade e de outras ferramentas como as que destacamos, experiência no ponto de venda, preço, vitrine e outras, gera o impulso não apenas para que o consumo de um produto se concretize, mas também para que os vínculos entre marcas e pessoas (consumidores) se estabeleça.

Essas novas estratégias marcam o surgimento de um pensamento de marketing, que veio depois a se consolidar como campo de estudo — como mostraremos no próximo capítulo, a partir de 1960, com a publicação de "Miopia de marketing", o primeiro artigo acadêmico sobre o assunto. As matrizes desse pensamento, entretanto, estão destacadas, como se nota, muitas décadas antes disso. Segundo Rocha, Frid e Corbo, o final do século XIX marcou a formação de um "novo comércio", que expandiu suas operações em larga escala, aglutinando diferentes setores do comércio em um mesmo lugar, vendendo praticamente tudo, dividindo as lojas em seções, segmentando públicos de interesse, instituindo a troca e a devolução de produtos comprados e alcançando uma ampla parcela da sociedade mediante a distribuição de catálogos, a publicação de matérias especiais e anúncios publicitários em veículos impressos e a realização de remessas nacionais e internacionais de produtos.[97]

A construção desse "novo comércio" contou com um conjunto de processos, que, acreditamos aqui, pode ser denominado marketing, cujo objetivo final era um só: fomentar o consumo, ou seja, aumentar vendas. Percebemos, mediante essa apreciação histórica, que, ainda que marketing englobe diversos processos que não se concentram apenas no ato de vender, todas as estratégias apontadas na história servem ao propósito de fomentar o consumo, ou seja, vender mais.

Essa ênfase em diferenciar marketing de vendas foi identificada de forma similar por Rocha quando entrevistou publicitários que sentiam igual necessidade de se distanciar da esfera da venda e situar a publicidade em uma hierarquia superior e mais nobre.

> A distinção entre o publicitário e o vendedor torna-se um traço importante para o grupo na busca de hierarquizar a publicidade em relação às outras profissões no mundo do magazine. Da

---

[96] PEREIRA, Cláudia da Silva; MOCARZEL, Marcelo Siqueira Maia Vinagre. Tempo linear e tempo mágico nas propagandas educacionais. *Educação, Cultura e Comunicação*, Lorena, v. 7, n. 14, p. 205-215, jul./dez. 2016, p. 205.
[97] ROCHA *et al.*, 2016.

> mesma forma que o médico se coloca como articulador e personagem principal em relação em relação às profissões ligadas à saúde, o publicitário vai procurar diferenciar sua ocupação daquelas dos demais homens de vendas. Essa diferenciação, no entanto, é problemática. Não é possível para o publicitário se desfazer radicalmente da noção de vendas nem se opor frontalmente à sua proximidade do vendedor. Sua função essencial é colocar aos clientes que, usando seus serviços, irão obter lucros e aumentar suas vendas. Essa é a ideia sem a qual não subsistiria a profissão. Por mais que digam que a publicidade informa, educa ou instrui, não conseguiram, por este caminho, convencer os clientes a gastar as altas verbas que são gastas com publicidade. O dinheiro despendido com publicidade não o é, para o anunciante, pela tarefa de 'educar' ninguém. Mas sim pela possibilidade concreta de aumentar os lucros de uma empresa. Pela possibilidade de vender.[98]

Historicamente, o papel do vendedor não requeria grande qualificação já que seu desempenho era medido em quantidade de vendas, aspecto que os autores do campo de estudo do marketing discutem, como indicaremos no capítulo seguinte. Talvez por conta dessa constatação, o publicitário sinta-se subjugado ao ser igualado ao vendedor e, de forma análoga, o marketing também precise reforçar em sua teoria a distinção entre seu papel e a atuação de vendas.

1.3 A MATRIZ HISTÓRICA DOS 4 PS

Como se vê, o indivíduo moderno foi inventado culturalmente, por meio de processos históricos e sociais marcados pela influência de várias mídias, como o cartaz, as lojas de departamento e os catálogos de vendas, que foram base para a pedagogia de um novo modo de ser, construído e comunicado por elas.

Cercado de novos hábitos e atitudes, esse indivíduo teve no consumo sua principal ferramenta para a construção dessa identidade moderna. Faz sentido entender que esse sujeito foi "inventado" para fomentar as indústrias pós-Revolução Industrial e que, concomitantemente, essa nova identidade do indivíduo fomentava a indústria em um processo circular que se retroalimentava.

Ao mesmo tempo que o novo comportamento foi sendo comunicado, as indústrias tiveram que conceber dimensões que até então não eram con-

---
[98] ROCHA, 2010, p. 48.

duzidas por ela. Antes de McCarthy[99] anunciar os quatro Ps de marketing — produto, preço, distribuição (praça) e promoção —, um dos principais conceitos do campo, que será debatido no próximo capítulo, o processo de transformação social do consumo já estava sendo modificado.

Assim, notamos que algumas mudanças, profundas na sociedade e na economia americana, entre 1880 e 1920, indicam forte aderência de discursos apresentados nessa época com a teoria de marketing definida nos quatro Ps do marketing. Mudanças bastante significativas foram impressas nos produtos, nos preços, na forma de distribuição (praça) e na publicidade. Além dessas dimensões, foram observados aspectos que vão além da teoria de McCarthy, como a experiência do consumidor no momento da compra e a construção do desejo.

O livro *Satisfaction guaranteed: the making of the american mass market*, de Susan Strasser, é bastante contundente ao narrar as transformações americanas de uma sociedade agrícola para uma sociedade urbana e industrial. Até então, a população americana estava acostumada a consumir produtos feitos em casa ou em estabelecimentos comerciais de forma rústica e manual. Os varejistas locais compravam de atacadistas ou diretamente do produtor e vendiam quase tudo a granel.

O ponto crucial para as transformações industriais da época era a necessidade de construir um mercado para bens industrializados em vez daqueles produtos caseiros e artesanais. Dado que o aumento da capacidade de produção das fábricas estava instalado, a prioridade era escoar aquele produto que até então não tinha valor para os consumidores, ou seja, gerar demanda.

As atividades necessárias para o desenvolvimento da demanda eram, na época, diferentes daquelas já conhecidas pelos industriais que operavam a fábrica e faziam com que os produtos chegassem aos distribuidores. Algumas dessas atividades eram de natureza subjetiva. Seria necessário mudar a cultura de consumo da sociedade, fazer as pessoas abandonar seu hábito de comprar produtos caseiros, locais, que vinham de perto e de uma procedência conhecida para produtos industrializados. Essa necessidade deslocava a importância da produção para o consumo.

Os hábitos de consumo mudaram após a segunda Revolução Industrial. Durante as últimas décadas do século XIX, o avanço nas máquinas e nos modos de produção, tanto na agricultura quanto no setor industrial, deu

---

[99] McCARTHY, Jerome. *Basic marketing*: a managerial approach. 6. ed. Homewood: Richard D. Irwin, 1978.

origem a um número sem precedentes de novos eventos. Como resultado, a produção agrícola se transformou em superprodução, causando uma queda nos preços dos bens primários. No setor industrial, novas máquinas e novos métodos de organização de fábricas determinaram uma expansão na quantidade e variedade de produtos disponíveis no mercado. Entre 1880 e 1910, a produção americana de ferro aumentou em sete vezes, a produção de papel, em nove, e a de óleo, em quatro. Novos produtos surgiram, como: gomas de mascar, flocos de milho, lâminas descartáveis e câmeras; essas inovações provocaram grandes mudanças nos comportamentos de consumo das famílias americanas.[100]

Antes da Guerra Civil (1861-1865), apenas famílias de classe alta compravam artefatos produzidos em fábricas; na maioria das vezes, eram bens de luxo produzidos no exterior, como a porcelana inglesa. Por volta de 1880, o efeito combinado de aumento de salários, redução de preços de produtos agrícolas e introdução de novos bens industriais proporcionou condições para uma expansão dos hábitos de consumo para as classes média e baixa. Até o final do século, a maioria das famílias americanas substituiu a autoprodução, uma prática comum da época, especialmente para alimentos básicos, pelo consumo. Os setores industriais e agrícolas estavam se esforçando para dispor de seus produtos no mercado. Dadas essas condições, dois fatores se tornaram fundamentais para a autossustentabilidade do sistema: redes eficientes de distribuição e extensas campanhas de comunicação. Neles podemos identificar o prenúncio das modernas disciplinas de Marketing e Publicidade.

Segundo Strasser, "satisfação garantida" — expressão cunhada no mercado americano e transformada em um slogan universal, utilizada como lema em incontáveis negócios — é alto indicador da incorporação cultural da publicidade. Desde o início do século XIX, foram publicados anúncios em seções dedicadas em jornais, mas seu objetivo era apenas informar as pessoas sobre a disponibilidade local de novos produtos, muitas vezes importados do exterior. Vemos o papel da publicidade mudar após o nascimento do mercado de massa, já que os produtores tinham como finalidade criar mercados nacionais para seus novos produtos de marca.

Assim, podemos entender que o marketing como conceito foi moldado por fabricantes energéticos que entenderam que os mercados poderiam ser desenvolvidos. Os fabricantes moldavam desejos, que se trata de uma

---
[100] STRASSER, 1989.

engenharia de natureza simbólica e subjetiva, diferente daquelas operadas até então. Essa engenharia consistia em orquestrar um conjunto de frentes diferentes — tecnológica, estética, psíquica, econômica e organizacional — a fim de alterar a cultura do consumidor, tornando-o sensível aos bens embalados e nomeados por marca.

Se concordarmos que a engenharia que organiza diferentes atitudes diante do novo mercado moderno se trata de marketing, podemos notar uma convergência a teoria com os fatos históricos apontados até aqui. Baker, por exemplo, lembra que marketing é como uma filosofia empresarial e uma orientação que permeia todas as áreas e articula todas as atividades de uma empresa.[101]

A missão, na época, era criar o desejo de consumo e procurar satisfazê-lo, assim a chave para a prosperidade econômica seria a formulação organizada da insatisfação com os produtos atuais.[102] Veremos, a seguir, um foco bastante diferente nos livros da área do marketing, dado que conceituam o termo como uma disciplina que encontra necessidades e desejos e criar produtos ou serviços para atender. Por meio dessa abordagem histórica, percebemos uma espécie de movimento contrário, ou seja, a necessidade foi criada e construída pelas indústrias para então vender o que já havia sido produzido, o que significa gerar demanda.

Pessoas que jamais haviam comprado flocos de milho foram ensinadas a precisar deles. Aqueles que antes se contentavam em comprar aveia a granel eram informados por que deveriam dar preferência à aveia da Quaker Oats na caixa. O óleo vegetal de Crisco, por exemplo, foi inventado nos laboratórios da Procter & Gamble com o objetivo principal de permitir que a companhia de sabão dominasse o mercado de óleo de semente de algodão. A Crisco era "um produto absolutamente novo", como a Procter & Gamble orgulhosamente anunciava; criou-se, assim, todo um novo arsenal de técnicas promocionais para convencer os chefes de família americanos de que precisavam dele urgentemente no lugar das gorduras animais encontradas na maioria das cozinhas.[103]

Strasser ressalta que a abordagem pioneira da Procter & Gamble para o desenvolvimento e promoção de produtos foi muito mais do que apenas uma inovação de marketing, refletia uma abordagem do mercado que, em última análise, mudava a maneira como os americanos pensavam sobre si mesmos e sobre suas necessidades e relacionamentos mais fundamentais.

---

[101] BAKER, Michael John. *The marketing book*. London: Heinemann, 1987.
[102] STRASSER, 1989.
[103] *Idem.*

> Crisco pode ser entendido como um artefato de uma cultura em formação, uma cultura fundada em novas tecnologias e estruturada por novos hábitos pessoais e novas formas econômicas. Uma população acostumada a produtos caseiros e mercadorias sem marca tinha que ser convertida em um mercado nacional para mercadorias padronizadas, anunciadas e de marca.[104]

Para descobrir as origens desse novo modelo, Strasser descreve quatro etapas essenciais na "[...] transformação da cultura, de ideias e estilos de vida baseados em relações locais e manufatura regional para aqueles que dependem da produção em massa e de um mercado nacional".[105]

O primeiro passo foi associar um rótulo a um produto genérico. Em 1898, por exemplo, a National Biscuit Co. (Nabisco) nomeou seu cracker Uneeda e o vendeu em uma bolsa selada para bloquear a umidade. Ao rotular seus produtos, os fabricantes assumiam responsabilidade por eles e pelas condições em que formam criados, dessa maneira não se queria mais a opinião do lojista sobre qual era o melhor produto, pois os compradores já os solicitavam pelo nome, muitas vezes produzidos por apenas um fabricante. Parece-nos que a importância do produto, um atributo de extrema relevância para o marketing, surgiu aqui; a embalagem, o nome e o rótulo são dimensões absolutamente gerenciáveis pelos fabricantes e fazem parte da esfera produto um dos Ps de marketing.

> Relacionamentos de commodities à moda antiga foram incorporados nas relações humanas: os clientes aproveitaram os preços e a qualidade dos lojistas. Como participantes do mercado de massa de marca, os consumidores entraram em relações mutuamente dependentes, mas desiguais, com grandes corporações.[106]

Segundo Rocha, mesmo quando há condições de mercado, é preciso se ter domínio do código cultural para que o consumo se concretize.[107] O autor narra uma experiência na cidade de Cochabamba, onde o consumo não ocorreu, apesar de existirem condições econômicas, exatamente pela inexistência, naquela situação e para aqueles consumidores, de um código gerador de categorias, como necessidade, utilidade ou desejo.

---

[104] *Ibidem*, p. 20.
[105] *Idem*.
[106] STRASSER, 1989, p. 26.
[107] ROCHA, 2006.

Assim como artigos encontrados por Rocha em Cochabamba, os produtos da virada do século podem ser entendidos como elementos de uma cultura em formação, fundada em novas tecnologias e estruturada por novos hábitos pessoais e novas formas econômicas. Os produtos, por meio de rótulos e marcas, bem como reforçados pela publicidade, também cumpriram um papel pedagógico de moldar esse novo indivíduo para entrar no século XX.

No segundo passo, segundo Strasser, vemos os fabricantes eliminarem os atacadistas, que, como distribuidores de produtos, induziram mercearias a incorporar novas marcas. Em terceiro lugar, os produtores substituíram a mercearia, que tirou o produto de trás do balcão para colocá-lo no caminho do manuseio e da escolha dos produtos pelo consumidor. O resultado lógico foi o surgimento de estabelecimentos, como Piggly Wiggly, em Memphis, em 1916, a primeira loja de alimentos self-service. Isso mexeu com a experiência de compra, ou seja, o processo de funcionamento das lojas alterou os modos de aquisição de mercadorias. Aqui, percebe-se uma transformação na dimensão que o marketing define como praça. Esse "p" trata não apenas de como distribuir um produto até o consumidor, mas também da forma como é entregue e da experiência do consumidor no ponto de venda.

Para selecionar o produto, os consumidores não tinham mais as informações dadas pelos lojistas, as recebiam diretamente das propagandas e anúncios. Foi nesse momento que os anúncios começaram a persuadir em vez de simplesmente informar os consumidores; eles não eram mais segregados às últimas páginas dos jornais, eram publicados lado a lado com notícias e outros recursos que atraíam os leitores. Como os jornais começaram a atrair mais receita com anúncios, o preço para seus consumidores caiu, e sua aparência social mudou, dando origem a novos formatos de jornais que atraíram leitores em massa, como o tabloide, que permitiu uma integração cada vez maior entre anúncios e artigos. À medida que os orçamentos de publicidade aumentavam, novas revistas baratas projetadas para atrair os leitores que os anunciantes procuravam alcançar eram fundadas, como *Ladies Home Journal*, em 1883. No final do século, as revistas haviam se tornado a mídia mais importante para a difusão da publicidade.[108]

A transformação nos hábitos de consumo americanos foi articulada pela indústria da publicidade que, antes, simplesmente negociava anúncios em revistas e jornais; a partir daquele momento, assumiu novas funções,

---

[108] STRASSER, 1989.

como a contratação de artistas e redatores para criar a própria publicidade. As agências mais avançadas usaram pesquisa de mercado para segmentar seus negócios por etnia e renda; vale destacar que a segmentação foi descrita por Kotler e Keller como parte das atividades fundamentais de marketing.[109] A nova publicidade foi uma resposta a mudanças profundas na produção de bens. Essas transformações na forma de comunicar podem ser classificadas como promoção, o P de marketing responsável pela comunicação dos produtos aos consumidores.

O quarto passo foi convencer que os produtos fabricados pelas "novas marcas" eram melhores que os itens artesanais, não conhecidos massivamente. Os anúncios do início do século XX tentaram conquistar a confiança do consumidor nos fabricantes. O marketing mais eficaz foram campanhas que incentivaram novas necessidades e desejos ligando o rápido aparecimento de novos produtos às rápidas mudanças que estavam ocorrendo em todas as áreas de vida social e cultural.

Vemos surgir, assim, a lealdade do consumidor a empresas, como a Heinz e suas "57 variedades". Logo, a demanda pela marca se estendeu aos restaurantes, assim como a Kodak ganhou mercado ao persuadir as mulheres a comprar suas câmeras porque, conforme retratadas nos anúncios de Natal da Kodak, eram mais receptivas a registrar a alegria de sua família.[110]

Como o representante da Heinz sugeriu, os novos produtos foram produzidos por métodos modernos e forneciam a expressão física de uma pausa dos tempos antigos e a requisição para hábitos modernos. Cereais embalados adequadamente para atender à conveniência das pessoas que adotaram esse novo estilo urbano. Canetas tinteiro permitiam que as pessoas escrevessem em qualquer lugar. Aparelhos de barbear substituíram o serviço pessoal em local público com uso particular e individual de um produto descartável. As câmeras ofereceram uma maneira completamente nova de ver o mundo. Na promoção de tais produtos, a publicidade usava imagens e abordagens que variavam de fantasiosas a factuais. Eles explicitamente promoveram novos hábitos vendendo categorias de produtos, juntamente aos produtos.

Primeiro, era preciso vender a categoria para depois reforçar a marca, afinal, as pessoas não precisavam e não tinham hábito de usar aqueles produtos. Como analisa Strasser, a Colgate, por exemplo, ensinou as pessoas

---

[109] KOTLER, Philip; KELLER, Kevin Lane. Administração de marketing. 14. ed. São Paulo: Pearson, 2012.
[110] STRASSER, 1989.

a escovar seus dentes e, com a Gillette e outros fabricantes de máquinas de barbear, distribuiu panfletos que explicavam a autodepilação para os homens. Despesas com bens e atividades de lazer foram fundamentais para esse novo modo de ser: parques de diversão ofereceram a pessoas de todas as classes uma oportunidade de preencher tempo de lazer com experiências adquiridas. As lojas de departamentos e o catálogo de pedidos pelo correio transformaram as compras em uma excursão fantasiosa.

Um fator fundamental para a sustentabilidade desse sistema foi a distribuição. No final de 1800, a rede de distribuição não estava pronta para atender às novas necessidades industriais. Até então, as mercadorias eram produzidas em fábricas ou fazendas, compradas por grandes atacadistas, que as distribuíam para uma infinidade de pequenos varejistas e finalmente vendiam para os consumidores. Esse sistema funcionou de forma eficiente para a distribuição de commodities, mas não para a distribuição dos novos produtos de marca. Os atacadistas eram simples intermediários de commodities, interessados em comprar com o melhor preço e fornecer continuidade a seus clientes. O novo regime de produção exigiu uma mudança dos atores que constituem a chamada cadeia de suprimentos, transformando atacadistas de simples intermediários de commodities em promotores de produtos. Um produto, por mais simples que seja, difere do outro produto pela presença de uma marca.[111]

Outra mudança jurídica importante foi a extensão da proteção que, até 1870, só existia para direitos autorais e patentes. Desde então, as marcas comerciais foram reconhecidas como patrimônio de empresas, e tal legislação levou forçosamente à necessidade de registro legal das marcas. Em 1870, ano da primeira lei nos Estados Unidos, 121 marcas foram registradas; em 1905, o Congresso Norte-Americano aprovou uma lei que estabelecia o registro de marcas como sendo a primeira evidência de propriedade. Portanto, a partir daí, só quem tivesse suas marcas devidamente registradas seria favorecido perante a justiça. Resultado: 10 mil novas marcas foram registradas.[112]

Os industriais viram-se favorecidos por um dos fortes movimentos sociais da época que era a luta por alimentos mais limpos e saudáveis ("Pure Food and Drug Movement"). Com a marca associada aos produtos, o fabricante, que os elaborava e os empacotava, tornava-se responsável por

---
[111] STRASSER, 1989.
[112] *Idem.*

suas condições sanitárias. O maior controle sobre a qualidade do produto poderia ser usado como um forte argumento de venda para os consumidores que tinham preocupações com as condições sanitárias.

As embalagens, além de protegerem os alimentos contra insetos e deterioração, se tornaram parte integrante do produto. Empresas, como Colgate e Quaker Oats, reforçavam que produto e embalagem eram uma coisa só, não se tratava de um produto dentro de uma embalagem. Isso favoreceu toda a venda de produtos embalados, e não apenas suas categorias.[113] Há uma convergência com a teoria de marketing, que reforça que marca e embalagem fazem parte do composto de produto, um dos Ps de marketing.

As marcas registradas tornaram-se símbolos distintivos usados pelos produtores para identificar seus produtos ao longo de toda a cadeia de distribuição. Os produtores começaram a promover seus itens de marca entre os clientes que usavam publicidade e entre os distribuidores com novas técnicas de vendas. Novas profissões surgiram, como os vendedores ambulantes, responsáveis pela promoção adequada dos produtos de uma determinada empresa entre os atacadistas. Utilizando a moderna linguagem de gestão, as empresas iniciaram um processo de integração vertical, assumindo controle total sobre a cadeia de distribuição e, às vezes, também sobre a fase de varejo.[114]

Para Strasser, a marca dos fabricantes foi usada não apenas em embalagens, versões rotuladas de produtos tradicionais, como vinagre e sabão, mas como peça essencial da estratégia de marketing para lançar novos produtos, como gomas de mascar, flocos de milho e aparelhos de barbear, que nunca tinham sido feitos em casa ou em pequenas lojas de artesanato. Significa dizer que o desafio da época não era substituir um produto caseiro já usado por um industrializado, mas sim de criar outros hábitos e introduzir no mercado produtos cuja necessidade era desconhecida. A marca era o passaporte para que o consumidor confiasse em produtos processados, embalados e manuseados longe dele, produtos cujo processo de fabricação era totalmente desconhecido.

O novo regime de produção mudou forçadamente o modo de agir dos varejistas. Durante o século XIX, as lojas de varejo não estavam preparadas para lidar com grande quantidade de produtos. Muitas vezes desorganizadas, as lojas eram empresas familiares, sem sistemas de responsabilização rígidos, em que os preços eram definidos mediante negociações individuais com os clientes. Os produtores incentivaram os donos de lojas a melhorar a

---

[113] STRASSER, 1989.
[114] *Idem.*

eficiência de seus negócios adotando preços fixos, gerenciando o armazém para evitar o esgotamento de estoques e ajudando a organizar produtos por tipos em suas prateleiras. Esse foi o ponto de partida de uma evolução que levou, em 1915, à criação do supermercado moderno, com preços fixos, autosserviço e *checkouts*. Também é curioso descobrir que, no início da era comercial, 40 a 60% das vendas geradas pelos varejistas eram a crédito.

Segundo Strasser, a comercialização em massa de bens industrializados com marca exigia uma padronização no produto e no preço. A estratégia encontrada para impor o preço único a todos os revendedores foi definir que seus reais clientes eram os consumidores, e a comunicação foi toda dirigida para eles. Outra convergência com o conceito de marketing abordado pelos autores de que preço é um dos Ps do marketing.

Ao reconstruir a cadeia de distribuição, os produtores também lutaram no nível político, pedindo leis de comércio mais restritivas. Em 1906, a Lei de Alimentos e Medicamentos Puros exigia a introdução de rótulos em produtos alimentícios. Isso impediu o comércio de alimentos adulterados e penalizou o comércio de produtos a granel em nome de novos produtos industriais.

Em 1880, a maioria das pessoas cultivava parte de sua comida ou comprava de produtores locais, mas, 30 anos depois, americanos em todos os lugares e de todas as classes começaram a comer, beber, limpar, usar e se sentar em produtos feitos em fábricas. Até quem vivia longe das lojas podia fazer compras por meio do Catálogo Sears e Montgomery Ward, que, como foi exposto, retratava quase todo tipo de produto manufaturado que a América tinha para oferecer. Bens padronizados suplantaram os produtos caseiros e artesanais, alterando formas fundamentais de vida. A crença de que o progresso poderia ser equiparado ao consumo abundante de bens permeou a cultura americana.

> Ao final deste período, a indústria americana produzia sete vezes mais aço, nove vezes mais papel, catorze vezes mais óleo de caroço de algodão; quase quatro vezes maior era a capacidade de carga dos trens para transportar toda espécie de bens. As ferrovias ainda estavam em forte expansão até por volta de 1915, visto que cerca da metade da quilometragem de trilhos instalada havia sido construída a partir de 1890. Havia um milhão e meio de linhas telefônicas em 1902, que passaram a seis, em 1910, e atingiram mais de doze milhões até 1920.[115]

---

[115] STRASSER, 1989, p. 6.

Processos aceleradores, como os que vimos nas dimensões de produto, preço, praça e promoção, tornaram firme um novo modo de vida americano, o que representa que a identidade emergente do consumidor estava especialmente bem estabelecida entre as pessoas.

Rocha, Frid e Corbo explicam como os grandes magazines ajustaram a produção e o consumo por meio de seis métodos comerciais.[116] Esses métodos comerciais não somente foram empregados pelos grandes magazines, mas também serviram como pano de fundo para o avanço do consumo. O primeiro dos métodos comerciais foi a fixação e exibição de preços, o que não acontecia antes e revolucionou a forma de comércio porque evitava a barganha entre vendedor e consumidor. O segundo método foi a permissão da livre entrada de consumidores nas lojas que recebiam os clientes de forma cordial. O terceiro referia-se à criação de seções por categoria, e o quarto tratava das políticas de devoluções de produtos que, por algum motivo, deixaram de satisfazer o consumidor. O quinto método consiste na redução de preços, aliada ao aumento de vendas, o que acelerava a saída dos produtos das prateleiras. Por fim, o sexto método foi o aumento dos investimentos em anúncios publicitários e na produção de catálogos que expunham os produtos à venda e eram distribuídos pelas diversas cidades do mundo.

O marketing, como instituição formal, pode ter surgido com a fundação da American Marketing Association (AMA), em 1937, mas percebe-se que uma série de fatos evidencia que, como matriz ideológica, ele surgiu no momento aqui analisado, quando há uma transição nos meios de produção e comercialização dos produtos industriais. Além disso, vale destacar a correlação entre os fatos históricos abordados e a teoria levantada pelos autores de marketing, que serão examinados adiante. Aparentemente tratados com pouca relevância pelos teóricos, esses marcos históricos sugerem que o fomento ao consumo de produtos industrializados dependeu, fundamentalmente, das transformações na compreensão dos sentidos de produto, preço, praça e promoção.

Strasser organizou seu livro tratando cada "p" de marketing em um capítulo, utilizando, pois, os quatro Ps como uma lente para sua pesquisa. A autora não cita no livro se foi proposital, mas acreditamos que sim, dado que sua pesquisa é posterior à postulação desse conceito (4 Ps), que, como será debatido adiante, é um pleonasmo de marketing. A autora encontrou elementos históricos que reforçam mudanças nessas dimensões quando se estabeleceu uma nova forma de comercialização.

---

[116] ROCHA *et al.*, 2016.

Da leitura do seu livro, entende-se que a origem do marketing não é a mera consequência de problemas de distribuição, mesmo que a inovação tecnológica e econômica tenha, sem qualquer dúvida, influenciado seu desenvolvimento. Como matriz de pensamento, ele surge no momento em que a demanda por produtos industrializados precisa ser formada, com isso trabalha em vários aspectos para construir um novo modo de ser e gerar o desejo de consumo por esses produtos.

Assim, o consumidor se viu diante de um número maior de itens para compra, muitos deles novos, cujos processos de produção eram desconhecidos. Nesse cenário, surgiu a necessidade de nomear os produtos por marca e, consequentemente, comunicá-las para que fossem conhecidas e, portanto, confiáveis, para só então serem compradas.

Todas essas transformações nas dimensões de produto, preço, praça e promoção, além dos cuidados com a forma de comercialização e a ideologia de mudança trazida pela modernidade foram essenciais para que essa cultura de consumo fosse incorporada à sociedade.

Transformando e participando de todas as esferas da vida social, a nova organização da relação produção/consumo configura um "fato social total"[117], quer dizer, a vida social, de maneira global, foi alterada em função dos eventos históricos discutidos até aqui. De forma planejada e harmonizada, o consumo de massa foi fomentado por diferentes estratégias e ferramentas; de acordo com nossa análise, esse conjunto de estratégias parece ser a origem do se convenciona denominar "pensamento de marketing".

Tal pensamento surge como uma série de estratégias e processos implantada para fomentar o consumo, ou seja, para criar o consumo de massa. A história aponta uma complexa estrutura de transformações culturais, que alteraram os processos de produção, de transporte e da própria percepção dos indivíduos sobre o mundo, em que os "novos produtos modernos" surgem de maneira processual, imbricados a contextos mais amplos (simbólicos, tecnológicos, psicológicos). Nesse sentido, o papel do marketing assume um caráter secundário, inserido como parte do processo de transformação da relação produção/consumo.

Outro aspecto relevante é que, na teoria, como nos aprofundaremos a seguir, argumenta-se que o marketing cria produtos para atender às necessidades do consumidor; vemos que a história sugere que as neces-

---

[117] MAUSS, Marcel. *Sociologia e antropologia*. v. 2. São Paulo: Edusp, 1974.

sidades foram criadas pela indústria em processos técnicos e sociais. O marketing teria papel fundamental em persuadir consumidores para criar necessidades. Por fim, apesar de a história mostrar que marketing não se resume à atividade de vender, entendemos que ele serve à venda, isto é, não existe marketing a não ser para que a venda ocorra e o consumo se concretize.

CAPÍTULO 2

O CONCEITO DE MARKETING

O objetivo deste capítulo é analisar o conceito de marketing não na perspectiva histórica e longitudinal, já abordada no campo por diversos autores, como Debra Jones Ringold e Barton Weitz[118], Gregory T. Gundlach[119], Stephen L. Vargo e Robert Lusch,[120] Jagdish N. Sheth e Can Uslay,[121] mas para acender uma discussão sobre como o conceito tem sido estudado nos livros de marketing considerados referências principais para o ensino na área. Em um primeiro momento, apresentaremos evidências de como a interpretação das definições de marketing na área têm uma perspectiva evolucionista; ou seja, na visão dos autores que fazem esse recorte histórico, as mudanças na definição de marketing se dão ao longo do tempo, porque o cenário se modifica e, com isso, seu papel também precisa ser redirecionado.

Em seguida, analisaremos os resultados de entrevistas com professores da área de marketing de universidades do Rio de Janeiro, que nos auxiliam a discutir quem são os autores que melhor definem marketing no campo. A partir de uma seleção de 16 autores, examinamos as diferenças e as convergências entre as definições de marketing. Apresentamos uma trajetória histórica que indica os principais conceitos abordados pela área ao longo dos anos, entre 1960, os primórdios dos estudos de marketing e os dias atuais.

2.1 PANORAMA DAS DEFINIÇÕES DE MARKETING NOS LIVROS

Nos jornais da área, existe um profícuo debate sobre o conceito de marketing. Alguns artigos publicados no *Jounal of Marketing* e no *Journal of*

---

[118] RINGOLD, Debra Jones; WEITZ, Barton. The American Marketing Association definition of marketing: moving from lagging to leading indicator. *Journal of Public Policy & Marketing*, Chicago, v. 26, n. 2, p. 251-260, 2007.

[119] GUNDLACH, Gregory. The American Marketing Association's 2004 definition of marketing: perspectives on its implications for scholarship and the role and responsibility of marketing in society. *Journal of Public Policy & Marketing*, Chicago, v. 26, n. 2, p. 243-250, 2007.

[120] VARGO, Stephen Louis; LUSCH, Robert. Evolving to a new dominant logic for marketing. *Journal of Marketing*, Chicago, v. 68, n. 1, p. 1-17, 2004.

[121] SHETH, Jagdish; USLAY, Can. Implications of the revised definition of marketing: from exchange to value creation. *Journal of Public Policy & Marketing*, Chicago, v. 26, n. 2, p. 302-307, 2007.

Public Policy & Marketing — dois importantes periódicos da área — trazem discussões relevantes sobre a ausência de uma definição comum.

Wilkie e Moore, por exemplo, apresentam uma evolução nas definições de marketing baseada em cinco eras: pré-marketing (antes de 1920), fundação do campo (1900 a 1920), formalização do campo (1920 a 1950), mudança de paradigma (1950 a 1980) e intensificação da mudança e fragmentação do *mainstream* (1980 até a atualidade).[122] Na visão dos autores, o marketing foi se tornando complexo, mais abrangente, saindo de uma profunda mistura com a economia até chegar a uma visão em que é um processo econômico e social contínuo.

Para Vargo e Lusch, a evolução do pensamento em marketing se deu três estágios que ele denominou "to marketing", "market(ing) to" e "market(ing) with".[123] No primeiro, é responsável por trazer coisas ao mercado; no segundo, a missão é identificar clientes e realizar o marketing para eles; por fim, colabora com os consumidores para a cocriação de valor.

Zinkhan e Williams apontam oito períodos para o pensamento em marketing.[124] No primeiro, que tem data aproximada de 1900, a orientação era para a distribuição e o gerenciamento das atividades da oferta. No segundo, por conta da Primeira Guerra Mundial, a distribuição permaneceu como tema central nas definições, mas palavras, como consumidor e produto, vieram à tona. No terceiro período, marcado pela Grande Depressão e pela Segunda Guerra Mundial, as definições de marketing salientam o escoamento de produtos para o consumidor final. No quarto período, o foco se desloca da distribuição para as necessidades e desejos do consumidor. No quinto período, entre 1960 e 1980, e no sexto, que começa em 1980, acrescentam que marketing também se aplica a atividades não lucrativas, apresentando uma visão não só de produtos, mas também de serviços e responsabilidade social. No sétimo, surge a definição da AMA, cuja ênfase está na função gerencial de alocação da produção de bens e serviços e coloca marketing como uma atividade de negócios: "Marketing é o desempenho de atividades que direcionam o fluxo de bens e serviços dos produtores aos consumidores".[125] Por fim, o oitavo período enfatiza as questões éticas, a globalização e a tecnologia.

---

[122] WILKIE, William; MOORE, Elizabeth. Scholarly research in marketing: exploring the "4 eras" of thought development. *Journal of Public Policy & Marketing*, Chicago, v. 22, n. 2, p. 116-146, 2003.

[123] VARGO; LUSCH, 2004.

[124] ZINKHAN, George; WILLIAMS, Brian. The new American Marketing Association definition of marketing: an alternative assessment. *Journal of Public Policy & Marketing*, Chicago, v. 26, n. 2, p. 284-288, 2007.

[125] AMERICAN MARKETING ASSOCIATION. *Definition of marketing*. Chicago: [s. n.], 2013. Disponível em: https://www.ama.org/AboutAMA/Pages/Definition-of-Marketing.aspx. Acesso em: 8 fev. 2018. Tradução nossa.

No artigo "Considerações sobre o conceito de marketing: teoria e prática gerencial", de Carlos Pereira, Geraldo Toledo e Luciano Toledo (2009), diversos autores convergem ao afirmar que o marketing surge como uma disciplina autônoma no século XX. Para Ajzental, o primeiro registro científico da palavra "marketing" no mundo ocorreu, nos Estados Unidos, em 1902, cujo significado é "mercado em movimento" ou "ação exercida no mercado". O primeiro curso data de 1904, quando a faculdade de Wharton, nos Estados Unidos, ofereceu o curso de "Comercialização de Produtos".[126] Ao Brasil, o marketing chegou cinco décadas depois como disciplinas oferecidas na Fundação Getúlio Vargas (FGV).

Para Alexandre Las Casas, a história do marketing se divide em eras, inicialmente distintas em três etapas.[127] Na Era da Produção (1920), a demanda era maior que a oferta, por isso todo o foco era na produção. Sendo assim, o fator determinante na comercialização era a disponibilidade de recursos. Na Era das Vendas (1930), surgiram os sinais do excesso de oferta, representados por estoques enormes nas fábricas, forçando algumas empresas a executar ações mais agressivas de vendas para liquidar os estoques. Por último, em 1950, na Era do Marketing, os empresários preocuparam-se em manter negócios de longo prazo, por isso há maior interesse em conhecer as necessidades do consumidor para valorizá-los.

Para Sheth, Gardner e Garret,[128] durante as décadas de 1960 e 1970, predominava uma visão não interativa nas escolas de pensamento de marketing, quando autores, como Bucklin[129] e Kaish[130], adotavam uma perspectiva fundamentada, principalmente, em um dos partidos no processo de marketing, usualmente o produtor. Em contraste, as escolas de pensamento baseadas em processos interativos incorporaram conceitos de balanceamento de poder entre os vendedores e compradores no mercado. Essas escolas de pensamento geralmente permitem que as funções e o desempenho de marketing possam ser exercidos tanto pelo comprador como pelo vendedor. A segunda dimensão da matriz utilizada focaliza a orientação econômica versus a não econômica das teorias. Nas econômicas, o foco são as variáveis críticas econômicas, como a eficiência de produção e distribuição, os preços

---

[126] AJZENTAL, 2010.
[127] LAS CASAS, 2005.
[128] SHETH, Jagdish et al. Marketing theory: evolution and evaluation. New York: John Wiley & Sons, 1988.
[129] BUCKLIN, Louis. Retail strategy and the classification of consumer goods. *Journal of Marketing*, Chicago, v. 27, p. 50-55, out. 1962.
[130] KAISH, Stanley. Cognitive dissonance and the classification of consumer goods. *Journal of Marketing*, Chicago, v. 31, n. 4, p. 28-31, out. 1967.

de compra e venda, e os níveis de renda dos consumidores. Na outra ponta dessa dimensão, estão as escolas que fortemente refletem uma influência não econômica.

Essa breve incursão inicial pelo termo "marketing" sugere que a sistematização do conceito se dá a partir da percepção de transformações históricas e culturais, que interferem tanto no funcionamento do marketing na vida social quanto nos modos como os autores analisam essas mudanças. Nos diferentes autores, o uso de termos, como "eras", "períodos", "etapas" e "estágios", indica que os estudos do marketing seguem uma linha histórica cujas definições evoluem à medida que mudanças no mercado vão sendo percebidas. O conceito é analisado sob uma perspectiva evolucionista e até "natural", que se modifica com o tempo, apontando inclusive marcos históricos para embasar as transformações ocorridas na conceituação do campo.

Nesse sentido, para Jenny Darroch e demais autores,[131] a American Marketing Association, surgida em 1937, a partir da National Association of Teachers of Advertising (NATA) e da American Marketing Society (AMS), ao trazer as definições para a palavra "marketing", fortaleceu a evolução do campo de estudo. Iniciativas, como a criação do *Journal of Marketing*, considerada a publicação mais influente em marketing, seguida por publicações relevantes, como o *Journal of Marketing Research* e o *Journal of Consumer Research*, denotam o enorme prestígio da AMA na postulação dos conceitos de marketing que serão analisados aqui desde sua fundação até a última atualização em 2004.

A primeira definição da AMA, de 1935, reflete a preocupação da maximização da utilidade econômica para o vendedor. Marketing consistia numa atividade de negócios, exercida de modo a incrementar a eficiência da produção e distribuição de bens e serviços. Sua ênfase está na função gerencial de alocação da produção de bens e serviços e o coloca como uma atividade de negócios. "Marketing é o desempenho de atividades que direcionam o fluxo de bens e serviços dos produtores aos consumidores".[132]

Interessante notar que a segunda definição da AMA só ocorreu em 1985, ou seja, foram 50 anos mantendo o mesmo conceito, apesar de todas as transformações sociais e culturais do período, bem identificadas pelos autores nas "etapas" ou "eras" do marketing. Essa nova definição de 1985

---

[131] DARROCH, Jenny et al. The AMA definition of marketing and its relationship to a market orientation: an extension of Cooke, Rayburn & Abercrombie. *Journal of Marketing Theory and Practice*, Oxfordshire, v. 12, n. 4, p. 29-38, 2004.
[132] AMERICAN MARKETING ASSOCIATION, 2013.

reflete a preocupação em garantir a criação de valor para os compradores nos processos de trocas. O sucesso da companhia, expresso na obtenção dos objetivos, como maximização de vendas ou lucros, é decorrente da satisfação das necessidades e desejos dos consumidores. Marketing torna-se uma função gerencial, cujo objetivo é garantir satisfação nas trocas. Assim, a AMA, em 1985, define

> [...] marketing como um processo de planejamento e execução do conceito, do preço, da comunicação e da distribuição, de ideias, bens ou serviços, de modo a criar trocas que satisfaçam objetivos individuais e organizacionais.

Essa definição aproxima o conceito dos famosos quatro Ps do marketing.

Em 1960, Jerome E. McCarthy, na primeira edição do seu livro *Basic marketing: a managerial approach*, apresentou uma proposta bastante esquemática para explicar marketing.[133] Ele definiu o *marketing mix* como um conjunto de ferramentas que a empresa pode usar para influenciar a procura por seu produto ou serviço alcançando o nível desejado de vendas. O *marketing mix*, ou *mix* de marketing, aponta quatro pontos de interesse os quais as organizações devem gerenciar, planejar e influenciar para atingir seus objetivos de marketing, são eles: produto, praça, promoção e preço, que originalmente foram definidos em inglês como *product, price, promotion* e *place*.

Voltando à terceira e mais recente definição da AMA, de 2004, temos que marketing é uma função organizacional e uma série de processos para a criação, comunicação e entrega de valor para clientes, bem como para o gerenciamento de relacionamentos com eles. Nesse sentido, ele beneficia a organização e seus *stakeholders*, termo usado na administração pelo filósofo americano Robert Edward Freeman, referindo-se a qualquer pessoa ou entidade que afeta ou é afetada pelas atividades de uma empresa, como acionistas, investidores, funcionários, fornecedores, sindicatos, associações, entre outros.[134] Essa definição realça o marketing como uma função organizacional, cujo objetivo é criar valor, gerindo o relacionamento com todos os *stakeholders*.

Parece haver uma lucidez de que existe a necessidade de se ter uma definição de marketing que ajude a dimensionar o campo, que dê clareza e direção, que oriente acadêmicos e estudantes, que delimite as diferenças de

---

[133] McCARTHY, 1978.
[134] FREEMAN, Robert Edward. *Strategic management*: a stakeholder approach. Boston: Pitman, 1984.

um campo para o outro e unifique os esforços para se construir uma teoria geral de marketing. Em inúmeros livros, manuais, coletâneas e revistas acadêmicas, é possível identificar essas definições do conceito de marketing.

O objetivo deste capítulo é entender as visões sobre essa definição, marcar suas diferenças, pôr luz sobre suas conexões e explorar seu debate, analisando diversos autores para evidenciar as correntes que marcam o pensamento no campo, entender quais são as razões que parecem impedir uma definição unificada de seu propósito, sublinhando, assim, os pontos de desacordo sobre o conceito de marketing.

Aparentemente, não existe um debate entre os autores sobre esse conceito com o objetivo de entender quais são suas matrizes paradigmáticas, de que maneira discordam e se confrontam quanto ao papel que o marketing deve exercer. Este capítulo busca estabelecer esse diálogo.

Depois de refletir sobre essas definições, passei a me indagar como os professores que ensinam a disciplina marketing, em diferentes cursos de graduação e pós-graduação, explicam "o que é marketing" e quais autores tomam como base conceitual na sua atividade profissional. Para isso, entrevistei nove docentes, todos com doutorado em marketing, para descobrir quais autores eles consideravam mais importantes no campo para conceituar a atividade. As entrevistas foram feitas da seguinte maneira: busquei professores que davam aula de introdução ao marketing e, pela rede de contatos, cheguei a nove. A formação dos docentes é em Economia, Administração e Comunicação Social. Dois professores lecionam na PUC; um leciona exclusivamente na ESPM; um, na FGV e no IBMEC; um leciona exclusivamente na FGV; uma, na Uerj e na ESPM; dois, na PUC e na ESPM, e o último, na UFF e na ESPM. Alguns são colegas de trabalho, outros foram indicados por amigos. As entrevistas ocorreram por telefone entre os dias 6 e 27 de fevereiro de 2018; inicialmente, expliquei que estava fazendo uma pesquisa de doutorado e que uma parte relevante do trabalho se referia a conceituar marketing; para isso, precisava saber quais autores eles me indicariam na melhor definição do conceito.

Cada professor era livre para elencar quantos autores quisesse, apesar disso nenhum citou mais do que cinco. À medida que eram citados, eu anotava os nomes.

Em seguida, enviei um e-mail para cada um deles com a lista dos autores citados para que me confirmassem se estavam corretas as indicações. Todos responderam ao e-mail, e dois deles, após receber minha mensagem, se lembraram de mais dois autores que foram incluídos na listagem.

As respostas dos professores foram muito valiosas, pois encontrei 17 autores, cujas definições de marketing serão analisadas aqui com o objetivo de entender seus pontos de atração e suas divergências.

Os autores listados pelos professores nas entrevistas, em ordem alfabética de seus sobrenomes, são: Aaker, Baker, Boone e Kurtz, Churchill Jr. e Peter, Drucker, Ferrell e Hartline, Grewal e Levy, Kotler e Keller, Levitt, McKenna, Richers e Porter.

Philip Kotler foi citado nove vezes, ou seja, todos os professores colocaram-no entre os autores que melhor conceituam marketing. Ele é conhecido como o "papa" do marketing.

O segundo autor mais citado foi a dupla Louis E. Boone e David L. Kurtz, referenciados por sete professores, depois Theodore Levitt com cinco citações, Michael J. Baker com quatro Gilbert A. Churchill, Jr. e J. Paul Peter com três e os demais citados apenas uma vez.

Para visualizarmos melhor a listagem dos autores citados, montei um quadro para facilitar a leitura que faremos a seguir.

Quadro 1 – Autores indicados pelos entrevistadores

Entrevistado	Autor(a) A	Autor(a) B	Autor(a) C	Autor(a) D	Autor(a) E
1	Philip Kotler	Gilbert A. Churchill, Jr e J. Paul Peter	Michael J. Baker	Theodore Levitt	David A. Aaker
2	Theodore Levitt	Philip Kotler	Peter Drucker	Raimar Richers	Regis Mc Kenna
3	Philip Kotler	Michael Porter			
4	Louis E. Boone e David L. Kurtz	O.C. Ferrell e Michael D. Hartline	Gilbert A. Churchill, Jr e J. Paul Peter	Dhruv Grewal e Michael Levy	Philip Kotler e Kevin L. Keller
5	Gilbert A. Churchill, Jr e J. Paul Peter	Michael J. Baker	Theodore Levitt	Philip Kotler	

Entrevistado	Autor(a) A	Autor(a) B	Autor(a) C	Autor(a) D	Autor(a) E
6	Philip Kotler	Louis E. Boone e David L. Kurtz	O.C. Ferrell e Michael D. Hartline	Gilbert A. Churchill, Jr e J. Paul Peter	Raimar Richers
7	Theodore Levitt	Philip Kotler	O.C. Ferrell e Michael D. Hartline	Gilbert A. Churchill, Jr e J. Paul Peter	
8	Philip Kotler	Michael J. Baker	Gilbert A. Churchill, Jr e J. Paul Peter	Louis E. Boone e David L. Kurtz	
9	O.C. Ferrell e Michael D. Hartline	Philip Kotler e Kevin L. Keller	Theodore Levitt	Michael J. Baker	Gilbert A. Churchill, Jr e J. Paul Peter

Fonte: a autora

Vale destacar que a maior parte dos autores citados está viva, o que contribui para constatar que se trata de um campo jovem. Eles ainda atuam como consultores de empresas e têm cargos em universidades americanas. A formação original de alguns, como Levitt e Kotler, vem da Economia, o que reforça que o marketing surgiu dentro desse campo. Todos são norte-americanos, exceto o suíço Rimar Richers e o austríaco Peter Drucker, e viveram a maior parte de sua carreira nos Estados Unidos; de fato, o berço do marketing está nessa região.

Ressalta-se ainda o fato de nenhuma mulher ter sido citada entre os mais importantes para conceituar o campo.

Autores, como Kotler e Baker, têm mais de 50 livros publicados, alguns têm artigos publicados em revistas acadêmicas, embora a robustez de suas teorias não tenha sido alterada ao longo de suas carreiras, como veremos neste capítulo.

O livro de Kotler e Keller *Administração em marketing*, por exemplo, é vendido na Amazon por duzentos e trinta reais. Todos os citados tiveram suas obras traduzidas para o português.

A seguir, passaremos a analisar os autores citados, de acordo com a data em que publicaram, pela primeira vez, suas obras mais relevantes. Desses nomes, não avaliaremos apenas a obra de Peter Ferdinando Drucker, considerado o pai da administração moderna, que publicou livros, como: *O gestor eficaz*; *Inovação e espírito empreendedor: Prática e princípios* e *Desafios gerenciais para o século XXI*. Sua obra não tem relação com os conceitos de marketing, uma vez que Drucker está mais interessado em gestão empresarial. Ao ser mencionado pelos entrevistados, notamos uma enorme zona de interseção entre estratégia, gestão e marketing, o que atesta a aproximação do campo de marketing ao da administração de empresas. Kotler, por exemplo, cita Drucker em seu livro.

Títulos de livros também foram citados pelos entrevistados, e me pareceu mais interessante analisar livros em vez de artigos em periódicos, dado que estes podem permanecer mais restritos aos pesquisadores, enquanto aqueles disseminam ideias do marketing nas universidades para estudantes e profissionais da área.

O único artigo analisado foi "Miopia em Marketing", de Theodore Levitt, apontado com um texto seminal no campo. Um dos professores entrevistados disse inclusive que o artigo abre todos os cursos porque é impossível "ensinar" marketing sem começar por ele.

A seguir, uma tabela com os títulos das obras investigadas, seus respectivos autores e suas datas de lançamento. As obras estão separadas em três grandes grupos: os primórdios do marketing, publicados entre 1960 e 1989; o marketing dos anos 1990, com os autores que publicam nessa década, e o marketing do século XXI, com os autores que escrevem entre os anos 2000 e 2011.

Quadro 2 – Obras analisadas

Momento histórico	Autores	Obras analisadas	Ano de publicação
Primórdios do marketing: 1960 – 1989	Theodore Levitt	"Miopia em marketing"	1960
	Philip Kotler; Kevin Keller	*Administração de marketing*	1974
	Louis Boone; David Kurtz	*Marketing contemporâneo*	1974

Momento histórico	Autores	Obras analisadas	Ano de publicação
	Michael Baker	*The marketing book*	1987
	Michael Porter	*As cinco forças competitivas que moldam a estratégia*	1979
Marketing nos anos 1990	Regis McKenna	*Marketing de relacionamento*	1993
	O.C. Ferrell; Michael Hartline	*Estratégia de marketing*	1994
	Gilbert Churchill, Jr; Paul Peter	*Marketing, criando valor para o cliente*	1995
Marketing no século XXI: 2000-2011	Raimar Richers	*Marketing uma visão brasileira*	2000
		O que é marketing	1993
	David A. Aaker	*Administração estratégica de mercados*	2009
	Dhruv Grewal; Michael Levy	*Marketing*	2011

Fonte: a autora

2.2 OS PRIMEIROS AUTORES E O SURGIMENTO DO CAMPO

Theodore Levitt escreveu, em 1960, o precursor texto "Miopia em marketing" na *Harvard Business Review*, importante publicação no campo da administração de empresas, no qual relata a visão estreita das empresas em relação a seus negócios, seu ramo de atuação e, consequentemente, sua estratégia.[135] Um dos raros autores que não está mais vivo, Levitt faleceu em 2006. Sua argumentação sinaliza o perigo que as empresas correm

---
[135] O autor, nascido na Alemanha e radicado nos Estados Unidos, era economista e mestre pela Harvard. Escreveu o livro *A imaginação de marketing* e o artigo "Miopia em marketing". Ele foi associado durante anos à Harvard Business School e foi o primeiro acadêmico a sublinhar a importância do marketing. Sua reputação de "guru" construiu-se pelo artigo "Miopia em marketing", publicado em 1960, na *Harvard Business Review*, no qual referiu que uma indústria é um processo de satisfação do cliente, em vez de produção de bens. Levitt ficou também conhecido pela separação que sempre defendeu entre as funções de marketing e de vendas e pelo conceito de marca global (Theodore [...], 2019).

quando se voltam para o produto em vez de se orientarem para o mercado e as necessidades de seus clientes. Segundo Levitt (1960), quando o crescimento das empresas é ameaçado, desacelerado ou estagnado, a culpa não é proveniente de uma possível saturação do mercado, mas sim de uma falha na administração da organização. Essa falha pode ocorrer por diversas razões, todavia, segundo o autor, ela acontece porque a organização não conhece de forma completa seu negócio a ponto de focar a satisfação das necessidades dos clientes.

O autor trata de vários exemplos de indústrias e empresas que sofreram "miopia em marketing", porque não ajustaram a lente para uma visão mais ampla dos seus mercados e seus consumidores. Ele defende essa ideia apoiando-se no que aconteceu com as ferrovias e na indústria cinematográfica, afirmando que o declínio delas não se deu pelo fato de outros segmentos terem tirado seus clientes, mas justamente por elas não terem percebido a tempo como ser mais úteis para os clientes.

Para Levitt[136], a orientação voltada ao produto é a causa do enfraquecimento de muitas indústrias, e, nesses casos, pode-se verificar um comportamento padronizado, que ele denomina "ciclo autoilusório", determinado por quatro condições: a crença de que o crescimento é assegurado por uma população em expansão; a crença de que não existe um substituto competitivo para o principal produto da empresa; o excesso de fé na produção em massa e nas vantagens do rápido declínio do custo unitário com o aumento da produção e a preocupação com um produto que se preste à experimentação científica cuidadosamente controlada, ao aperfeiçoamento e à redução dos custos de produção. Uma das indústrias que se expõem a esse fluxo autoilusório, principalmente no que diz respeito à crença de que não existe um substituto competitivo para seu principal produto, é a petrolífera em relação à gasolina.

Para sintetizar, Theodore Levitt[137] afirma que, enquanto uma organização ou segmento se apoiar em uma visão restrita de negócios, fechada a possibilidades e acreditando não existir um produto que melhor substitua o seu, um destino cruel estará por vir, seja pelo declínio ou extinção da empresa, seja pelas oportunidades perdidas em virtude do romantismo com seu produto, seja pela concorrência que saberá entender as necessidades do mercado e supri-las da melhor forma. Ou seja, pela falta de compreensão de que, para sobreviver, é necessário utilizar-se do que o autor chama de

---

[136] LEVITT, Theodore. Marketing myopia. *Harvard Business Review*, Brighton, p. 45-56, jul./ago. 1960.
[137] LEVITT, 1960.

destruição criativa, que é a disposição das empresas em buscar uma nova oportunidade, isto é, deixar sua zona de conforto à procura de algo que, provavelmente, é uma lacuna no mercado.

O artigo "Miopia em marketing", seminal para o campo, marca a diferença entre produção e marketing, assim como Boone e Kurtz,[138] que analisaremos adiante, tratam de produção e marketing. Enquanto Levitt[139] diferencia marketing de vendas e critica o poder que produção tem nas organizações, Boone e Kurtz estabelecem que produção e marketing são a essência da vida econômica nas sociedades e que toda organização utiliza produção e marketing para satisfazer seus compromissos com a sociedade, com seus clientes e com os donos.

> Todos os esforços se concentram na produção. O resultado é que a parte de marketing fica esquecida. John Kenneth Galbraith sustenta que acontece exatamente o contrário. A produção é tão prodigiosa que todos os esforços se concentram em sua colocação. Diz ele que isto explica os anúncios musicados, a profanação do campo com painéis de propaganda e outras atividades ruidosas e vulgares. Galbraith chamou a atenção para um fenômeno real, mas não soube ver o que nele há de mais importante. A produção em massa efetivamente gera grande pressão para que o produto seja colocado. Mas em geral aquilo a que se dá ênfase é a venda e não o marketing. Por ser uma atividade mais sofisticada e mais complexa, o marketing é posto de lado.[140]

Levitt tem uma visão crítica do papel da produção quando colocada em destaque em relação ao marketing, já Boone e Kurtz tratam produção e marketing com a mesma intensidade. Para Levitt, a diferença entre marketing e venda vai além das palavras, pois esta se concentra nas necessidades do vendedor, enquanto aquele enfatiza as necessidades do comprador. A venda se preocupa com a necessidade do vendedor de converter seu produto em dinheiro, e o marketing, com a ideia de satisfazer às necessidades do cliente por meio do produto e de todo o conjunto de coisas ligadas à sua fabricação, à sua entrega e, finalmente, ao seu consumo.

O autor argumenta ainda que, em uma organização voltada para marketing, a venda é a consequência de um processo anteriormente pensado e planejado para atender às necessidades dos clientes. Dado que o conceito

---

[138] BOONE, Louis E.; KURTZ, David L. Marketing contemporâneo. 12. ed. São Paulo: Cengage Learning, 2009.
[139] LEVITT, 1960.
[140] LEVITT, 1960, p. 7.

dos quatro Ps é de 1978, seria errôneo apontar que, no entendimento de Levitt, marketing passa pelo planejamento do composto de marketing, mas há evidências de que essa mentalidade estivesse presente em 1960, quando escreveu o artigo, já que cita produto ou serviço, maneira como chega ao consumidor e condições comerciais, como podemos notar:

> Em alguns setores, a tentação da total produção em massa tem sido tão grande que durante muitos anos a cúpula administrativa tem efetivamente dito aos departamentos de vendas: 'Vocês coloquem a mercadoria; nós nos preocupamos com os lucros.' Contrastando com essa atitude, uma firma verdadeiramente preocupada com as atividades de marketing procura produzir mercadorias e serviços que valham o que custam e que os consumidores desejarão comprar. O que ela põe à venda compreende não somente o produto ou serviço, mas também a maneira pela qual chega ao consumidor, sob que forma, quando, em que condições, inclusive comerciais. O que é mais importante, aquilo que é posto à venda, é determinado não pelo vendedor, mas pelo comprador. O vendedor recebe sugestões do comprador de tal forma que o produto se torna uma consequência das atividades de marketing e não o contrário.[141]

Sete anos depois do artigo "Miopia em marketing", surge o segundo trabalho precursor da área. Escrito por Philip Kotler[142] e Kevin L. Keller[143] em 2012, o livro *Administração de marketing* é leitura obrigatória nos cursos de todas as universidades de marketing no mundo, tanto por ter sido um dos primeiros trabalhos a ser publicado na área quanto pela identidade de um dos autores, Philip Kotler, o mais famoso.[144]

---

[141] LEVITT, 1960, p. 9.

[142] Para entendermos a importância de Philip Kotler no campo do marketing, vale destacar que o economista já prestou consultoria para empresas, como IBM, Michelin, Bank of America, Merck, General Electric, Honeywell e Motorola, sempre na área de marketing. Além de consultor e atuar no mercado empresarial, Kotler é professor na Kellogg School of Management, escola de negócios da Universidade Northwestern. Destacamos esta dupla missão tão comum entre os autores do campo: acadêmico e consultor. Ele é ainda autor de quase 20 livros na área de marketing e foi selecionado, em 2005, como o quarto maior guru de negócios pelo Financial Times (atrás de Jack Welch, Bill Gates e Peter Drucker), considerado pelo Management Centre Europe "o maior dos especialistas na prática do marketing", listado ainda, em 2008, pelo *Wall Street Journal* como a sexta pessoa mais influente no mundo dos negócios (Philip [...], 2019).

[143] Keller é professor de Marketing da Tuck School of Business da Dartmouth College. Era anteriormente parte do corpo docente da Escola de Graduação em Negócios em Stanford, da Universidade da Califórnia, de Berkeley e da Universidade da Carolina do Norte em Chapel Hill. Ele atuou como professor visitante na Universidade de Duke e da Australian Graduate School of Management. É um ex-aluno da Universidade de Cornell, Carnegie-Mellon University e da Universidade de Duke. No setor privado, Keller atua como consultor de branding, fala em conferências da indústria e ajuda a gerenciar a banda de rock The Church (Kevin [...] 2019).

[144] KOTLER; KELLER, 2012.

O livro foi estruturado em oito partes com 22 capítulos: 1) O que é administração de marketing; 2) Captação de oportunidades de marketing; 3) Conexão com os clientes; 4) Construindo marcas fortes; 5) Desenvolvimento das ofertas de mercado; 6) Entrega de valor; 7) Sucesso de longo prazo e 8) Sucesso de longo prazo: apresentação de novas ofertas no mercado.

O livro, em sua 14ª edição brasileira, é periodicamente atualizado e conta, já no primeiro capítulo, com um exemplo de estratégia de marketing que foram as eleições presidenciais americanas de 2008, em que Obama utilizou o que os autores chamaram de um bom marketing: aquele que está sempre evoluindo e se transformando. A introdução reforça uma das definições presentes desde a primeira edição da obra, segundo a qual, o bom marketing é resultado de um cuidadoso processo de planejamento e execução que utiliza as mais avançadas ferramentas e técnicas disponíveis. Para eles, marketing é, ao mesmo tempo, "arte" e "ciência", em que os profissionais da área se esforçam para encontrar novas soluções criativas diante dos enormes e complexos desafios decorrentes das mudanças no ambiente do século XXI.

Em uma introdução ao tópico "O que é marketing", os autores deixam claro que o livro se destina a futuros profissionais da área com a passagem: "[...] ao se preparar para trabalhar com marketing, você precisa entender o que é marketing, como ele funciona, por quem é feito e a que se aplica".[145]

Os autores afirmam que marketing envolve a identificação e a satisfação das necessidades humanas e sociais e arrematam dizendo que a melhor e mais sucinta definição de marketing é "suprir necessidades gerando lucro". Essa definição, ainda hoje, é uma das mais utilizadas no campo. Os autores colocam a frase entre aspas, mas não lhe atribuem autoria. Assim que definem marketing, utilizam exemplos sobre eBay e IKEA para reafirmar seu conceito.

Os autores trazem a definição mais atualizada da AMA, aprovada em 2013, segundo a qual, "[...] o marketing é a atividade, o conjunto de conhecimentos e os processos de criar, comunicar, entregar e trocar ofertas que tenham valor para consumidores, clientes parceiros e sociedade como um todo".[146] Ao refletirem sobre ela, afirmam que lidar com esses processos de troca exige uma boa dose de habilidade e trabalho, mas não a contestam. A definição da AMA, na realidade, apenas lhes serve como alicerce para conceituar administração de marketing, termo que dá título ao livro e assunto principal da obra. A administração de marketing seria a arte e a ciência de

---

[145] *Ibidem*, p. 3.
[146] KOTLER; KELLER, 2012, p. 3.

selecionar mercados-alvo e captar, manter e fidelizar clientes por meio da criação, da entrega e da comunicação de um valor superior para o cliente. A declaração de que marketing é arte e ciência também é mencionada por Ferrel e Hartiline[147] e Baker.[148]

Kotler e Keller defendem o marketing como um agente que atua na perspectiva social e gerencial; na primeira, o objetivo é proporcionar um padrão de vida melhor; na segunda, trata-se da arte de vender produtos.[149] O marketing social é um processo pelo qual indivíduos e grupos obtêm o que necessitam e desejam por meio da criação, da oferta e da livre troca de produtos de valor entre si; já no marketing gerencial, o mais importante não é vender, e sim entender as necessidades do cliente e adequar produtos e serviços a elas. Para endossar o ponto de vista, os autores trazem um argumento de Peter Drucker.

> Pode-se considerar que sempre haverá a necessidade de vender. Mas o objetivo do marketing é tornar supérfluo o esforço de venda. O objetivo do marketing é conhecer e entender o cliente tão bem que o produto ou o serviço possa se adequar a ele e se vender sozinho. De maneira ideal, o marketing deveria resultar em um cliente disposto a comprar. A única coisa necessária, então, seria tornar o produto disponível.[150]

Esse pensamento de Drucker, endossado por Kotler e Keller, parece mágico ao afirmar que o resultado do marketing é ter um cliente disposto a comprar, o que é análogo a vender; parece também inocente quando apresenta expressões, como "tornar supérfluo o esforço de vendas" e "vender sozinho".[151] A intenção é vender sem parecer que está vendendo, como se a venda fosse resultado do desejo de comprar do consumidor que foi previamente trabalhado pelo marketing. Por que não afirmar que marketing fomenta o consumo? Além disso, percebemos, mais uma vez, assim como no termo "miopia em marketing", de Theodore Levitt, o uso de uma expressão impactante — "o mais importante não é vender" — para dar força a uma ideia defendida, ainda que a argumentação apresentada não sustente, de maneira robusta, essa ideia.

No tópico "Quem faz o marketing", os autores afirmam que o profissional dessa área é alguém que busca uma resposta (atenção, compra, voto,

---

[147] FERRELL, O. C.; HARTLINE, Michael. Estratégia de marketing. São Paulo: Cengage Learning, 2010.
[148] BAKER, 1987.
[149] KOTLER; KELLER, 2012.
[150] DRUCKER, 1973 *apud* KOTLER; KELLER, 2012, p. 4.
[151] DRUCKER, Peter. *Management*: tasks, responsabilities, practices. New York: Harper and Row, 1973.

doação etc.) de outra parte, denominada cliente potencial.[152] Se as duas partes estão buscando vender algo uma para a outra, ambas são consideradas profissionais de marketing. O que, portanto, contradiz o argumento anterior de que a parte mais importante não é vender.

Os autores apresentam uma concepção de que os profissionais de marketing estão capacitados para estimular a demanda pelos produtos de uma empresa; essa é uma visão simples, mas bastante poderosa das tarefas desempenhadas pelo marketing[153]. Estimular a demanda ou fomentar o consumo de fato diferencia marketing de venda e marketing de publicidade, que passam a ser componentes ou ferramentas que o marketing utiliza para levar a produção ao consumo. Marketing passa a ser um instrumento de transferência que leva a produção ao consumo, como a moda e a publicidade, mas que muitas vezes define inclusive o que a produção fornecerá.

O livro de Kotler e Keller[154] é bastante amplo e, ao mesmo tempo, detalha todas as etapas do marketing. Apesar disso, se aproxima de Levitt[155] na visão mais holística de mercado, e não de produto, na conceituação; ainda trata de analisar o mercado, identificar segmentos não atendidos, posicionamento e quatro Ps.

O livro todo nos apresenta várias pistas do papel executado pelo marketing, mas concluímos que Kotler e Keller não o delimitam; ao contrário, eles o expandem, desde apresentar as orientações que uma empresa deve ter que podem ser para produção, produto, vendas, marketing, marketing holístico até afirmar que o sucesso de longo prazo depende de ideias e inovação. Ao mesmo tempo que detalham as especialidades do marketing, como marketing direto, marketing interativo, venda pessoal e marketing interno, expõem estratégias e planos, bem como aprofundam o papel de marketing de gerenciar canais, comunicação e o longo prazo da empresa.

O livro, assim, parece se ancorar em uma visão abrangente denominada "estratégias de marketing", que envolve definir a missão do negócio e o uso da SWOT, técnica creditada a Albert Humphrey, líder de pesquisa na Universidade de Stanford nas décadas de 1960 e 1970. SWOT é um acrônimo de forças (*strengths*), fraquezas (*weaknesses*), oportunidades (*opportunities*) e ameaças (*threats*). Outros aspectos envolvidos seriam: definição de metas,

---

[152] KOTLER; KELLER, 2012.
[153] *Idem.*
[154] *Idem.*
[155] LEVITT, 1960.

elaboração da estratégia e dos programas de marketing, realização de feedback e controle do que foi executado. Além disso, os autores especificam que, para captar as oportunidades do mercado, é preciso coletar as informações internas e externas para prever a demanda, bem como usar pesquisas de marketing.

Depois de elaborar esse diagnóstico, os autores apresentam a necessidade de se conectar com os clientes mediante a construção de valor, satisfação e fidelidade, criando um banco de dados suas informações a fim de cultivar relacionamentos que aumentem o valor do cliente para a empresa.

Definem que, para se conectar com o consumidor, é necessária ainda a análise dos fatores que impactam seu comportamento — que, segundo Kotler e Keller, são culturais, sociais, pessoais, psicológicos — e o estudo que chamam de "o processo de decisão de compra", que se apresenta em cinco estágios: reconhecimento do problema, busca de informações, avaliação das alternativas, decisão de compra e comportamento pós-compra.[156] Os autores dividem o mercado entre *Business to Consumer* (B2C), significa que uma empresa tem como clientes o consumidor individual, e o mercado *Business to Business* (B2B), que significa que o cliente da empresa é outra empresa e que o marketing também atua nesse perfil de negócios.

Outro o aspecto do marketing abordado pelos autores refere-se à identificação de segmentos existentes no mercado para, em seguida, selecionar o mercado-alvo, ao qual a empresa atenderá. O critério utilizado por Kotler e Keller para segmentar o mercado parte de variáveis geográficas, demográficas, psicográficas e comportamentais. A segmentação geográfica usa parâmetros, como estado, cidade, bairro e endereço dos clientes. A demográfica se refere a classe, idade e sexo; a comportamental usa dados sobre a compra dos clientes, como frequência, e a psicográfica trata de valores e estilo de vida dos clientes.

Ainda no prefácio 14ª edição brasileira, ao explicar do que se trata a administração de marketing, é apresentada a ideia de que existem quatro dimensões que permeiam todo o livro: marketing interno, o qual assegura que todos na organização adotem os princípios de marketing; marketing integrado, o qual assegura que múltiplos meios para criar, entregar e comunicar valor sejam empregados; marketing de relacionamento, que estabelece relacionamentos profundos e multifacetados com clientes, membros de canal e outros parceiros, e marketing de desempenho, que compreende os ganhos do negócio como decorrência de suas atividades e programas. Essas dimensões servem de suporte para o que os autores especificam como tarefas que constituem a

---

[156] KOTLER; KELLER, 2012, p. 164.

gestão de marketing, que são: desenvolver estratégias e planos de marketing, capturar insights e desempenho de marketing, estabelecer conexões com os clientes, construir marcas fortes, modelar ofertas de mercado, entregar e comunicar valor e gerar com sucesso crescimento a longo prazo.

Vale pontuar que um dos papéis do marketing abordado pelos autores é a construção de marcas fortes, que diz respeito a escolher os elementos da marca, planejar sua estratégia e buscar um posicionamento que diferencie a empresa das demais no mercado. Além disso, afirmam que existem estratégias de produto diferentes de acordo com seu ciclo de vida, que podem ser introdução no mercado, crescimento de mercado, maturidade e declínio; dependendo da situação, deve-se definir uma estratégia diferente.

Para desenvolver uma oferta para o mercado, é necessário construir uma estratégia de produto, gerenciar os serviços, determinar preços, orientar os canais e comunicar o valor dessa marca no mercado. Esses temas são os famosos quatro Ps de marketing.

Kotler e Keller detalham os diversos tipos de comunicação de massa e dirigida, passando por propaganda, promoção, eventos, experiências, relações públicas, marketing direto, vendas pessoal e boca a boca, para finalmente sugerir que o sucesso de longo prazo depende da exploração de novos produtos no mercado, da decisão sobre em quais mercados ingressar e do marketing holístico, que se refere a uma visão que integra todas as etapas do processo de desenvolver, implementar e controlar os processos, gerenciando o marketing interno, o marketing socialmente responsável e os controles de marketing.

Se entendermos que o livro de Kotler e Keller aborda todo o escopo de atividades no campo de marketing, fica evidente que sua atuação é demasiadamente ampla. Esse conjunto de atividades apontado pelos autores se aproxima da estratégia que uma empresa deve ter caso queira prosperar, obter lucro e vantagem no longo prazo. Fica tênue a linha entre marketing e estratégia empresarial, seu escopo não fica claro e, mais uma vez marketing, se aproxima da administração; se não fossem pelas partes operacional e financeira, seriam idênticos.

Louis E. Boone[157] e David L. Kurtz[158] escreveram *Marketing contemporâneo* em 1976. Assim como o livro de Kotler e Keller, a obra de Boone e

---

[157] Louis E. Boone foi acadêmico de marketing nos Estados Unidos. Suas obras cobrem negócios contemporâneos e economia, e incluíam textos de nível universitário de marketing. Sua última residência foi em Mobile, Alabama, onde ele era o professor emérito de negócios no Universidade do Sul do Alabama. Ver: BOONE, 2019.

[158] David L. Kurtz leciona na Universidade do Arkansas, depois de passar por Ypsilanti, Michigan, Seattle e Melbourne e mantem docência universitária ainda na *Sam M. Walton College of Business*, próxima a Fayetterville.

Kurtz é periodicamente atualizada. Analisamos aqui a 12ª edição brasileira, publicada em 2009, um ano após a morte de Boone. *Marketing contemporâneo* está divido em sete partes num total de 19 capítulos. No prólogo, os autores explicam como direcionar uma carreira em marketing, discorrendo inclusive sobre como fazer entrevistas ou preparar cartas de referência, o que nos faz entender que o livro tem uma proposta bem "pragmática", de ser para estudar apenas, mas para fazer a diferença para quem busca atuar no mercado de trabalho e "colocar a mão na massa". De todos os livros analisados, esse é o único que deixa claro o público a que se destina, o que pode explicar muito em termos de linguagem, abordagem e didática.

> Escolher uma carreira pode ser a decisão mais importante de sua vida. Por isso, o livro *Marketing contemporâneo* começa com discussões sobre a melhor forma de tomar decisões relacionadas à carreira e sobre como se preparar para um cargo inicial – seu primeiro emprego duradouro após terminar os estudos. Em seguida abordamos várias carreiras em marketing e discutimos oportunidades de emprego em áreas relacionadas a cada parte principal do texto.[159]

Os títulos das sete partes são: 1) Estratégias de marketing voltadas ao consumidor; 2) Entendendo compradores e mercados; 3) Seleção de mercado-alvo; 4) Decisões de produtos; 5) Decisões de distribuição; 6) Decisões de comunicação e 7) Decisões de determinação de preço. Os Ps de McCarthy estão presentes, e cada um é apresentado em uma parte do livro, o que denota importância do assunto no campo.

Dado o objetivo desta pesquisa, cabe analisar os capítulos um e dois já que, no primeiro, a subseção inicial refere-se ao que é marketing; a segunda aborda as eras da história do marketing e a terceira indica como poderia se evitar a miopia em marketing, evocando o conceito de Levit[160] analisado anteriormente. No capítulo dois, entenderemos o planejamento estratégico e o processo de marketing.

Os autores começam caracterizando as seguintes frases: "aquele é meu restaurante favorito", "sempre compro roupas nesta loja", "só dirijo um tipo de carro" e "eles têm o melhor atendimento ao cliente"[161] como expressões desejadas por todos os profissionais de marketing. Por meio

---

Ver: BOONE; KURTZ, 2009.
[159] BOONE; KURTZ, 2009, p. xxxv.
[160] LEVITT, 1960.
[161] BOONE; KURTZ, 2009, p. 4.

delas, os autores demonstram, segundo a linguagem de marketing, que fidelidade do consumidor é algo desejado, um objetivo ou, segundo eles, um lema do século XXI. Ao mesmo tempo, sublinham que atualmente, com tantos produtos e serviços disponíveis para escolher e tantas formas diferentes de comprá-los, os profissionais de marketing precisam sempre buscar maneiras novas e melhores para atrair e manter os consumidores.

Esse apontamento, de que o objetivo de marketing é conquistar a fidelidade dos consumidores, parece utópico à medida que diversas marcas são lançadas diariamente, que a sociedade moderna se pauta no efêmero e que a quantidade de estímulos a que o consumidor está exposto é cada vez maior, conduzindo-o, cada vez mais, a um cenário de diversas possibilidades de escolha — o que logicamente diminuiria a fidelidade ao invés de aumentá-la. Construir-se, portanto, sobre os pilares da fidelidade tornaria o marketing frágil e prescindível. Ao mesmo tempo, essa definição talvez indique que o papel do marketing esteja cada mais próximo de destacar as organizações das demais, tornando-a mais desejada e perceptível.

Na subseção denominada "O que é marketing", os autores afirmam que produção e marketing são a essência da vida econômica em qualquer sociedade. Isso sugere que eles colocam marketing e consumo como centrais na sociedade moderna.

> Produção e marketing de produtos e serviços – seja uma nova safra de vegetais orgânicos ou serviços de TV a cabo digital – são a essência da vida econômica em qualquer sociedade. Todas as organizações desempenham esses dois serviços básicos para satisfazer seus compromissos com a sociedade, com seus clientes e com seus donos.[162]

Segundo os autores, todas as organizações desempenham produção e marketing para satisfazer seus compromissos com a sociedade, com seus clientes e com os donos. Eles destacam que a função do marketing está focada em influenciar consumidores e suas preferências. Diferentemente de grande parte da literatura — como veremos adiante —, Boone e Kurtz colocam luz sobre a capacidade do marketing de provocar novas demandas, em vez de satisfazer as necessidades existentes. Trazem ainda um novo registro de que o marketing está "subindo na hierarquia" das empresas, com o papel de colocar no mercado produtos, serviços e ideias, o que denota que ele começa antes da produção e vai além do consumo.

---

[162] BOONE; KURTZ, 2009, p. 6.

Estabelecem ainda um questionamento de que uma organização cria um consumidor mediante três passos: identificando as necessidades do mercado, descobrindo quais necessidades as empresas podem atender de forma favorável e desenvolvendo uma oferta para transformar compradores em potenciais consumidores. Além disso, o marketing é responsável pela maioria das atividades contidas nesses passos, tais como: identificar as necessidades do consumidor, desenvolver produtos e serviços que satisfaçam aquelas necessidades, dar informações sobre aqueles produtos e serviços para compradores em potencial, disponibilizar os produtos ou serviços em tempos e lugares que vão ao encontro das necessidades do consumidor, fixar preços em produtos ou serviços que consideram custos, competição e a capacidade de compra dos consumidores e fornecer o serviço necessário para garantir a satisfação do consumidor após a compra.

Identificar necessidade tem relação direta com o papel do marketing de pesquisar seus públicos e desenvolver produtos; trata da geração de necessidades que é a tangibilidade do "p produto", dar informações representa o "p promoção", disponibilizar produtos aponta para o "p praça", fixar preços retrata o "p preço", e fornecer serviços reflete o pós-venda. Esse pensamento caracteriza o marketing como uma função na organização que começa antes da produção e vai além da venda.

Quando abordam as definições de marketing, enfatizam que a palavra incorpora um âmbito de atividades e ideias tão amplos que escolher uma definição é muitas vezes difícil; salientam ainda que, se alguém pedir para três pessoas diferentes definirem marketing, provavelmente três conceitos diversos serão dados. Esse, aliás, parece um mito contido no campo, dado que, ao analisarmos todos os livros citados, podemos perceber mais congruências que divergências.

Para Boone e Kurtz, a exposição contínua a propaganda e vendas pessoais — entendendo vendas pessoais como o processo pelo qual o vendedor identifica, aproxima, realiza a comercialização e satisfaz as necessidades e desejos do comprador — leva a maioria das pessoas a ligar marketing a vendas ou a pensar que as atividades de marketing começam após um produto ou serviço ser produzido. Porém, como veremos, marketing envolve analisar as necessidades do consumidor, garantir informações precisas para desenhar ou produzir produtos ou serviços que estão de acordo com as expectativas dos compradores, satisfazer preferências do consumidor e criar e manter relacionamentos com consumidores e fornecedores.

Para eles, a definição atual considera todos os fatores e revelam que:

> [...] marketing é o processo de planejar e executar a concepção, a fixação de preço, a promoção e a distribuição de ideias, produtos, serviços, organizações e eventos para criar e manter relacionamentos que satisfarão objetivos individuais e organizacionais.[163]

Os autores o denominam um conceito expandido, que permeia todos os serviços organizacionais, presumindo que o esforço de marketing procederá com práticas éticas e servirá, ao mesmo tempo, aos interesses da sociedade e da organização. O conceito identifica ainda as variáveis de marketing (quatro Ps) que são usadas para prover satisfação ao consumidor e admite que a organização começa com a identificação e a análise dos segmentos do mercado consumidor que, depois, satisfará com suas atividades de produção e marketing. Realçam ainda que o foco do conceito em criar e manter relacionamentos é consistente com o objetivo em negócios a longo prazo, vendas e outras interações com consumidores e fornecedores que se satisfazem mutuamente.

É interessante perceber que Boone e Kurtz utilizam consumidores e fornecedores com a mesma potência, mas, apesar disso, toda a conceituação, teoria e estratégia de marketing trata apenas de consumidores, o que fragiliza o conceito de que eles têm a mesma força. Para fechar o subtópico, os autores colocam luz sobre a afirmativa de que os conceitos e as técnicas de marketing se aplicam a empresas com e sem fins lucrativos.

Boone e Kurtz refletem que, apesar de o marketing sempre ter feito parte dos negócios das empresas, sua importância variou muito ao longo da história, por conta disso descrevem quatro eras na história desse campo: antes de 1920 seria a era da produção, entre 1920 e 1950 seria a era das vendas, a partir de 1950 seria a era do marketing, e a partir de 1990 (última década do século XX) seria a era do relacionamento.

Segundo os autores, a era da produção era o momento que havia uma enorme orientação para o produto, em que a crença dominante era de que um bom produto se vende sozinho. Os fabricantes enfatizavam a produção de artigos de qualidade e depois procuravam pessoas para comprá-los. Eles citam ainda que os carros de Henry Ford representam o padrão daquela era já que vendiam em massa carros pretos, o que demonstra que as atividades de produção tinham prioridade dado que não havia preocupação

---

[163] BOONE; KURTZ, 2009, p. 8.

com os desejos do consumidor, e sim com a capacidade de produção. Essa mentalidade fazia sentido em um momento em que a oferta de produtos era inferior à demanda das pessoas.

O que os autores não evidenciam, apesar de chamarem as quatro eras de eras da história de marketing, é o papel do marketing nessa fase. O que ele fazia pela organização nesse estágio descrito como parte de uma história que define sua evolução.

Na era das vendas, o marketing assume o papel de convencer consumidores a comprar produtos por meio da propaganda e da venda pessoal. Segundo Boone e Kurtz, o marketing começa a sair das sombras da produção, da engenharia e das finanças, apesar de ainda ser percebido como subordinado. Havia uma confusão entre marketing e vendas, já que muitos executivos de marketing tinham o título de gerentes de vendas. O lema dominante nesse período era: "[...] propaganda e venda criativas ultrapassarão a resistência do consumidor e irão convencê-lo a comprar".[164] Os autores afirmam que vender é apenas um componente de marketing e recorrem a Theodore Levitt que, segundo eles, afirmava que: "[...] marketing é tão diferente de vendas quanto química de alquimia, astronomia de astrologia, xadrez de damas".[165]

Entendendo que a era das vendas vai até 1950 e que os quatro Ps de Mc Carthy datam de 1978, parece que ainda não havia, naquele momento, a consciência de que vendas eram apenas um componente dentre os demais papéis de marketing.

Na era do marketing, que emerge a partir de 1950, a tônica dominante era: "O consumidor domina! Encontre uma necessidade e a satisfaça". Para Boone e Kurtz, o conceito de marketing surge em 1942, com uma mudança na filosofia de gerenciamento das organizações, em que o eixo se desloca de um mercado vendedor, em que havia mais comprador do que produto disponível para ser vendido, para um mercado comprador, em que havia mais produtos do que pessoas dispostas a comprar. Esse cenário se estabelece porque muitas das fábricas que produziam tanques e navios, após o fim da Segunda Guerra, precisam produzir artigos para os consumidores a fim de sobreviver. Essa perspectiva de mercado comprador gerou a necessidade de uma orientação para o consumidor, isso representava fazer o marketing dos produtos e serviços, e não apenas produzi-los e vendê-los, o que os

---

[164] BOONE; KURTZ, 2009, p. 11.
[165] LEVITT, 1960 *apud* BOONE; KURTZ, 2009, p. 11-12.

autores definiram como o aparecimento do conceito de marketing que foi reconhecido pela General Electric (GE), em 1952, por meio da publicação de uma nova filosofia de gerenciamento:

> [O conceito] introduz o [profissional de marketing] no começo em vez do final do ciclo de produção, e integra marketing em cada fase do negócio. Assim, o marketing, mediante estudos e pesquisas, estabelecerá para o engenheiro, o designer e o fabricante [pessoa], o que o consumidor quer em um determinado produto, que preço está disposto a pagar e onde e quando vai querer. O marketing terá autoridade no planejamento do produto, timing do produto e controle de estoque, assim como nas vendas, distribuição e manutenção do produto.[166]

Interessante notar que essa filosofia da GE, datada de 1952, expressa os conceitos dos quatro Ps que só serão anunciados por Mc Carthy em 1978. Significa que o marketing assume um papel principal no planejamento do produto.

O conceito defendido por Boone e Kurtz é uma orientação voltada ao consumidor na empresa inteira, com o objetivo de conseguir sucesso de longa duração, pois afirmam que essa indicação levará a maior lucro, a longo prazo, do que as filosofias gerenciais voltadas a alcançar metas a curto prazo.

A quarta era, vigente a partir de 1990, chamada era do relacionamento, tem uma concepção de que "[...] relacionamentos de longo prazo com consumidores e outros sócios levam ao sucesso".[167] Alianças estratégicas e sociedades entre fabricantes, varejistas e fornecedores são práticas que começam a fazer parte do mercado, porque beneficiam a todos.

As "eras" apresentam uma evolução do conceito de marketing de uma visão focada na produção para uma orientação que vai desde a produção até depois da venda, que seria o relacionamento de longo prazo. Ela retrata a importância do marketing para orientar a produção na medida em que é responsável por entender as necessidades do consumidor e por gerenciar a definição de preços, a divulgação para vender o produto e a disponibilidade dele (os quatro Ps). Acrescenta que o marketing vai além da venda, dado que seu objetivo é desenvolver relacionamentos de longo prazo, o que estende seu papel para além do momento em que o consumidor concretiza a compra.

---

[166] ROSENBUSH, 2001 *apud* BOONE; KURTZ, 2009, p. 12.

[167] BOONE; KURTZ, 2009, p. 13.

Porém, algo que não foi descrito pelos autores, apesar de advogarem pela criação de necessidades, é o papel do marketing de gerar novas demandas para o consumidor. Ter as necessidades do consumidor como pano de fundo não abre espaço para pensar no marketing como algo que inventa demandas que não foram identificadas pelo consumidor.

Uma seção que os autores exploram é o "evitando a miopia no marketing", termo de Theodore Levitt que, como vimos, significa uma falha da administração em reconhecer o escopo do negócio, o que sugere que a gestão orientada ao produto, em vez de orientada aos clientes, coloca em risco o crescimento futuro.[168] Para evitar miopia em marketing, as empresas devem definir completamente as metas organizacionais voltadas às necessidades dos clientes. Para fechar a seção, Boone e Kurtz exploram algumas referências de empresas cuja mentalidade seria descrita como míope e orientada ao marketing. Para a definir uma empresa no mercado de telecomunicações de forma singular, a visão com miopia seria "somos uma companhia de telefônica", e a orientada ao marketing seria "somos uma empresa de comunicação"; para a companhia aérea Jetblue Airways, miopia seria "estamos no negócio de viagens aéreas" versus "estamos no negócio de transporte"; para a empresa de investimentos Morgan Stanley, "estamos no negócio de mercado de valores" comparada a uma visão de marketing "estamos no negócio de serviços financeiros"; para a Sony, seria "estamos no negócio de videogame", o oposto de "estamos no negócio de entretenimento".

A diferença que marca, de forma mais perceptível, a visão com miopia daquela orientada para marketing é que a primeira tem uma perspectiva mais literal do mercado em que a empresa atua, enquanto a segunda é mais abrangente e diz respeito ao segmento, o que os autores denominam necessidades dos consumidores: comunicação, transporte, serviços financeiros e entretenimento.

No capítulo dois, que trata do planejamento estratégico e o processo de marketing, os autores definem planejamento como um processo contínuo que inclui a identificação de objetivos e a determinação de ações por meio das quais uma empresa pode atingi-los. Para eles, o processo de planejamento requer criar especificações a serem seguidas por profissionais de marketing, executivos, equipe de produção e todas as pessoas da organização para contribuir para atingir os objetivos. Na exposição do conceito plane-

---

[168] LEVITT, 1960.

jamento de marketing, há uma diferença no nível de abrangência quando comparado ao planejamento organizacional, já que o primeiro orienta linhas de produto, decisões sobre preços, seleção de canais de distribuição adequados e decisões relacionadas a campanhas promocionais. O conceito parece remeter à abordagem dos quatro Ps.

Entretanto, os autores apontam que as etapas no processo de planejamento de marketing são: definir a missão da organização; determinar os objetivos organizacionais; avaliar os recursos organizacionais e verificar as oportunidades e os riscos ambientais, elaboração da estratégia, implementação da estratégia, por meio dos planos operacionais e monitoramento e adaptações estratégicas quando necessárias com base no feedback.[169]

Nesse momento, percebe-se um afastamento da ideia central dos quatro Ps, inclusive, por meio dessas etapas, notamos uma aproximação com o campo da administração, na medida em que o processo de planejamento de marketing precisa avaliar recursos disponíveis na empresa e riscos ambientais. Evidencia-se aqui que, ao conceituar esse planejamento, há uma coerência em relação a teorias anteriores de que marketing se refere às atividades de produto, preço, promoção e distribuição (praça); mas, ao elencar as etapas do processo de planejamento, há uma dissonância, já que são apontadas atividades da natureza do campo da administração de empresas.

Michael J. Baker[170] escreveu o livro *The marketing book* em 1987. Ele está estruturado em quatro grandes partes, que são: 1) Organização e planejamento de marketing; 2) O contexto de marketing; 3) Gerenciando a função de marketing e 4) A aplicação do marketing. O livro conta com 30 capítulos ao todo, mas apenas o primeiro, que trata das definições de marketing e suas funções, nos interessa aqui.

Na primeira parte, que é subdivida em cinco capítulos, o autor inicia com o título "Mais uma vez – o que é Marketing?". Ao iniciar o texto, ele traz a seguinte frase: "O enigma do marketing é que é uma das atividades mais antigas do homem e, no entanto, é considerada a mais recente das

---

[169] BOONE; KURTZ, 2009.
[170] Baker é graduado pela Durham, Londres, e pela Harvard Universities. Fundou o Departamento de Marketing da Strathclyde Business School em 1971, o primeiro a oferecer curso de graduação em Marketing no Reino Unido. Autor e editor de mais de 50 livros e 150 trabalhos acadêmicos, supervisionou estudantes de doutorado, dos quais mais da metade se tornaram professores de Marketing. Ex-presidente e presidente da Academia de Marketing e presidente nacional do Chartered Institute of Marketing, ele agora atua como administrador eleito no Conselho da CIM. Ver: BAKER, 2019.

disciplinas de negócios".[171] Isso contrasta com o título que apresenta uma dualidade — se, por um lado, podemos entendê-lo como uma repetição, afinal, marketing já foi explicado várias vezes, talvez, ao ler a frase, o título tenha uma conotação diferente e pode significar: vamos explicar marketing mais uma vez porque talvez até aquele momento ninguém o tenha entendido. Apesar da afirmativa, o autor não apresenta os argumentos que suportam o argumento de que marketing é uma atividade antiga do homem.[172]

Antes de conceituar o termo, Baker explica que marketing está em processo de transição de uma arte que é praticada como profissão para um campo com forte fundamentação teórica.[173] Vale destacar que aqui o autor já aborda a necessidade de que o marketing precisa fortalecer suas bases teóricas. Ele trata com naturalidade a falta de profundidade teórica, deixando claro que esse é um estágio pelo qual qualquer outra disciplina já passou, fazendo analogias com a medicina, arquitetura e engenharia, que foram praticadas por milhares de anos, criando uma enorme quantidade de informações descritivas, até que evoluíram da descrição para a análise.

> Como uma disciplina, marketing está no processo de transição de uma arte que é praticada por uma profissão com fortes fundações teoréticas. Ao fazê-lo seguindo estritamente os precedentes feitos por profissões como medicina, arquitetura e engenharia, todos os quais também tem praticado por milhares de anos e construíram a riqueza relativa de uma discrição informativa da arte que tanto narrou e avançou na evolução. Em algum momento, contudo, continuaram demandas de progresso de uma transição de descrição para análises, como as que iniciaram pelas descobertas de Harvey da circulação de sangue. Se o marketing vai desenvolvê-lo, também, deve fazer a transição de arte para ciência aplicada e desenvolver fundações de som teórico, domínio de o que deve se tornar uma essencial qualificação para prática.[174]

Finalmente, ao conceituar marketing, afirma que ele surgiu intrinsecamente ligado à fabricação e que é uma orientação gerencial — segundo o autor, alguns preferem reivindicar como uma filosofia empresarial — e uma função de negócios. Baker acaba o subcapítulo com essa explicação, mas não desenvolve o significado de orientação geral ou filosofia empresarial. Perguntas

---
[171] BAKER, 1987, p. 3.
[172] BAKER, Michael John (ed.). *Marketing*: theory and practice. London: Macmillan, 1976.
[173] *Op. cit.*
[174] BAKER, 1987, p. 3.

pairam sobre essa conceituação, como: do que se trata essa orientação gerencial? Qual seu objetivo? A que se refere? No que se diferencia das outras práticas gerenciais? Se marketing é uma das funções de negócios, quais são as outras?

O autor aborda, ainda no primeiro capítulo, que, apesar de a função de marketing variar enormemente de acordo com a natureza da empresa ou a organização e os mercados a que serve, ele é basicamente responsável pela gestão do marketing *mix* que, na sua forma mais simples, foi exposta por McCarthy como os quatro Ps de marketing: produto, preço, promoção e praça.[175] Baker define ainda que a natureza dessa atividade tem muitas peculiaridades e mistérios, como pesquisa e desenvolvimento, finanças e produção, mas o ponto importante para o autor é que uma empresa, ao adotar uma orientação para marketing, não deve tornar essa atividade mais importante que outras.[176]

A utilização da palavra "mistério" pelo autor afasta marketing da ciência e o aproxima de algo etéreo e, portanto, difícil de compreender. Baker referencia saberes muito distintos, por exemplo, finanças, pesquisa, desenvolvimento e produção, como itens que compõem algo que definiu como filosofia empresarial e diz respeito a uma orientação de marketing que permeia todas as áreas e articula todas as atividades de uma empresa. Difícil imaginar como marketing pode aglutinar saberes tão diferentes, cujas competências necessárias para um profissional sejam tão díspares. Talvez isso explique a dificuldade de se conceituá-lo já que o próprio campo admite essa heterogeneidade de disciplinas que possuem bases teóricas diferentes e interesses acadêmicos distintos.

Já a orientação para marketing trata-se de uma filosofia empresarial que necessita articular todas as atividades de uma empresa. A palavra filosofia parece ser usada para reforçar uma unidade de pensamento, um alinhamento organizacional, e isso me parece um mito, porque será muito difícil direcionar toda a organização para um pensamento em marketing se o campo ainda não conseguiu definir que pensamento é esse.

Michael Eugene Porter[177], também citado pelos entrevistados como importante para conceituar marketing, tem livros publicados sobre estra-

---

[175] MCCARTHY, 1978.
[176] BAKER, 1987.
[177] Michael Eugene Porter é professor da *Harvard Business School* e autor de diversos livros sobre estratégias de competitividade. Estudou na Universidade de Princeton, onde se licenciou em Engenharia Mecânica e Aeroespacial. Obteve um MBA e um doutoramento em Economia Empresarial, ambos em Harvard, onde se tornou professor, com apenas 26 anos. Foi consultor de estratégia de muitas empresas norte-americanas e internacionais e tem um papel ativo na política econômica. Do seu trabalho, resultaram conceitos, como análise de indústrias em torno de cinco forças competitivas, e das três fontes genéricas de vantagem competitiva: diferenciação, baixo custo e focalização em mercado específico. Ver: MICHAEL, 2019b.

tégia e vantagem competitiva e tornou-se conhecido na área de estratégia empresarial. Acredito que ele tenha sido citado porque criou o modelo das "Cinco Forças de Porter", publicado como artigo intitulado "As cinco forças competitivas que moldam a estratégia", em 1979, na revista *Harvard Business Review*, no qual analisa a competição entre empresas.

O modelo de Porter trata da rivalidade entre os concorrentes, do poder de barganha dos fornecedores, do poder de barganha dos clientes, da ameaça à entrada de novos concorrentes e da ameaça de produtos substitutos. Esse modelo é muito usado na área de diagnóstico em marketing e, com a SWOT, representa ferramentas muito comumente utilizadas no planejamento de marketing.

Interessante notar o aspecto esquemático utilizado pelos autores analisados até aqui; como veremos, pelo marketing em geral, tanto a SWOT quanto as Forças de Porter são consideradas ferramentas e apresentadas em forma de diagrama. Como os livros são escritos por consultores, parece haver um esforço em criar conceitos e teorias a partir da realidade cotidiana do trabalho. Com isso, uma suposta "teoria", publicada de maneira acadêmica e dotada de aspirações lógico-formais (observada na organização dos livros em capítulos, argumentação progressiva, utilização de referências etc.) aparece de modo reduzido, traduzido, facilitado e simplificado, para ser apreendido pelos profissionais do mercado e pelos estudantes de marketing e áreas afins, públicos-alvo das obras.

O livro mais conhecido de Regis McKenna[178], citado pelos professores, trata de marketing de relacionamento. Além desse, ele publicou dois outros: *Estratégias de marketing em tempos de crise* e *Competindo em tempo real*. Sobre o livro *Marketing de relacionamento*, avaliaremos os três primeiros capítulos, já que podem nos trazer trilhas sobre a definição de marketing. Os capítulos são denominados: "Marketing é tudo"; "Novos temas para o novo marketing" e "Marketing de relações: tudo começa com o consumidor".

Em "Marketing é tudo", McKenna sublinha as diferenças entre o antigo e o novo marketing.[179] Para o autor, antes, era uma função distinta

---

[178] Regis McKenna é profissional de marketing, responsável por introduzir muitas das ideias que agora fazem parte do *mainstream* no marketing de tecnologia. Ele e sua empresa foram fundamentais no lançamento de alguns dos produtos mais inovadores da era da informática, incluindo o primeiro microprocessador (Intel Corporation), o primeiro computador pessoal da Apple (Apple Computer), o primeiro produto de engenharia genética de DNA recombinante (Genentech Inc.) e a primeira loja de computadores de varejo (The Byte Shop). Ver: REGIS, 2019.

[179] MCKENNA, Regis. *Marketing de relacionamento*: estratégias bem-sucedidas para a era do cliente. Rio de Janeiro: Campus, 1992.

na empresa responsável por identificar grupos de possíveis clientes — o que já foi discutido por Kotler e Keller, definido como segmentação — e descobrir formas de convencê-los a comprar (venda).[180] Ele exemplifica que um profissional de marketing contratado nesse modelo tradicional selecionaria uma agência de publicidade, mudaria a campanha de publicidade, redesenharia o logotipo da empresa, refaria folhetos, treinaria o pessoal de vendas, contrataria uma boa firma de relações públicas e alteraria a imagem da empresa. O autor aproxima essa visão tradicional do marketing da publicidade, que seria apenas um dos Ps de McCarthy.[181]

Para contrapor essa visão tradicional, McKenna expõe que o marketing é uma forma de fazer negócios; não se trata de uma nova campanha, mas uma atividade difundida por toda a empresa desde as recepcionistas até a diretoria.[182] Afirma ainda que sua tarefa final é servir às verdadeiras necessidades do cliente e comunicar o que a empresa faz, reforçando que o objetivo é ganhar o mercado, não apenas vender o produto. Significa que a empresa precisa desenvolver produtos para atender especificamente a esse mercado e alocar os melhores recursos para fazer isso. Essa visão de McKenna, de certa maneira, já havia sido elaborada por Levitt, no conceito de miopia de marketing[183], como uma visão da empresa restrita aos produtos ou às habilidades da empresa, em vez de focar o mercado e as necessidades dos clientes.

Outra questão abordada pelo autor é que o marketing evolui com a tecnologia. Para ele, em um mundo de produção em massa, a contrapartida era o marketing de massa, mas, como a produção avançou, tornando-se mais flexível, o marketing também precisa ser mais flexível. Segundo esse conceito, a tecnologia vem antes da comercialização e envolve a capacidade de adaptação, programação e customização, em seguida entra o marketing para fazer essas qualidades chegarem aos clientes. Já que a tecnologia criou a promessa de "qualquer coisa, de qualquer forma, a qualquer momento" — com isso, os clientes podem ter sua própria versão de praticamente qualquer produto —, o marketing precisa sair do apelo da identidade de massa e chegar na customização, que nada mais é do que a capacidade de lidar com o cliente de forma singular e individualizada. Aqui, notamos um conceito que ainda não havia sido abordado por outros autores: a ideia de que o marketing evolui à

---

[180] KOTLER; KELLER, 2012.
[181] McCarthy, 1978.
[182] McCKENNA, 1992.
[183] LEVITT, 1960.

medida que a produção se transforma. Essa formulação respalda a afirmativa de que o marketing, assim como a moda e o consumo, transfere significado da produção para o consumo. O autor se apoia em muitos exemplos e casos da Apple, IBM, General Motors, Xerox, entre outros.

Outra afirmação contundente de McKenna é que "vender o produto é vender o serviço"; para ele, a fronteira entre produto e serviço está desaparecendo rapidamente, o que chama de híbrido. Quanto mais eles se juntam, mais os comerciantes precisam reconhecer o que faz parte do marketing. Caso ignorem o componente serviço, se concentrarão na diferenciação competitiva e nos instrumentos para penetrarem no mercado, enquanto, na visão híbrida, a essência está no desenvolvimento de relações de fidelidade com os clientes.

Para fechar o primeiro capítulo, McKenna retrata, na subseção chamada "Tecnologia vende tecnologia", que o casamento entre tecnologia e marketing alterou drasticamente a relação entre cliente e empresa e o trabalho do vendedor. Os vendedores tornaram-se consultores de marketing. Tecnologia e marketing se retroalimentam, conforme a primeira permite que a informação circule entre cliente e empresa em duas vias e permite que a empresa estabeleça um diálogo e customize produtos e serviços para seu cliente. Essa junção deve trazer consigo o renascimento da pesquisa e o desenvolvimento em marketing para explorar ideias, testar a reação dos clientes e avançar baseando-se nas experiências dos clientes. Sendo assim, a tecnologia coloca o cliente dentro da empresa e, o marketing no centro da empresa.

No segundo capítulo, McKenna apresenta cinco temas que ajudam a entender o que é o marketing para ele: marketing é como ir à lua, é uma questão de criar mercados, não de participar do mercado, tem a ver com processos, não com táticas promocionais, é qualitativo, não quantitativo, e é trabalho de todos.

Em "Marketing é como ir à lua", o autor dá ênfase ao movimento constante do mercado e que é preciso analisar o ambiente e fazer ajustes mesmo em pleno voo. Para McKenna, as forças exercidas sobre o produto que precisam ser analisadas durante o movimento do mercado são: produto, tecnologia, recursos financeiros, tempo, serviço e suporte e pessoal; já as forças de mercado são: relações estratégicas com o cliente, infraestrutura de mercado, MID (medo, incerteza e dúvida), concorrência, sequência de adaptação e tendências sociais.

Quanto a criar mercado, em vez de participar, o autor afirma que são raciocínios muito diferentes. Participar do mercado significa dar ênfase à propaganda, na promoção, preço e distribuição, já que os clientes estão interessados, principalmente, em preço e disponibilidade do produto. Na criação de mercado, o destaque está na aplicação da tecnologia, no treinamento do mercado, no desenvolvimento de relações com a infraestrutura do setor e na criação de novos padrões. A empresa com a maior capacidade de inovação e criatividade conseguirá se diferenciar e ganhar o mercado desejado.

Para definir marketing como processo, e não como táticas promocionais, o autor destaca que anúncios e promoções são apenas uma pequena parte da estratégia, já que a propaganda reforça posições de mercado, mas não as cria. McKenna diz que, para criar posições duradouras, a empresa precisa ter relações fortes com clientes, fornecedores, distribuidores, revendedores, pessoas influentes no setor e comunidade financeira; mesmo conceito de *stakeholder* abordado anteriormente. Autores, como Kotler e Keller ou Boone e Kurtz, e inclusive os conceitos da AMA tratam marketing como um processo exatamente por essa característica de ser responsável por todas as etapas chave da empresa que se referem a atender aos clientes.[184]

McKenna afirma que existe uma abordagem voltada para o marketing e outra voltada para o mercado e que, na primeira, o marketing usa um saco de truques, macetes e promoções de vendas para capturar a mente do consumidor. Já nas abordagens voltadas para o mercado, há um diálogo entre a empresa e os clientes e entre a empresa e o mercado e que produtos, serviços e abordagens para o mercado são alterados em função desse diálogo. Curioso perceber o autor usando palavras, como "truques" e "macetes", extremamente pejorativas, para se apoiar na construção da sua opinião de que a abordagem de mercado é superior à de marketing. Esse traço também é bastante comum entre os autores: trazer um aparente rompimento com conceitos anteriores e enfraquecê-los com demasiada potência para justificarem que suas proposições têm maior valor.

Quanto ao quarto tema, McKenna reflete sobre marketing como uma disciplina qualitativa, e não quantitativa, o que significa que os "homens de negócio" adoram números para se sentirem mais seguros, mas, para ele, as análises quantitativas usam o passado para prever o futuro, mas, na época em que vivemos, o futuro quase nunca lembra o passado, portanto o profissional do marketing que se baseia em números tem poucas possibilidades de sucesso.

---

[184] KOTLER; KELLER, 2012; BOONE; KURTZ, 2009.

Segundo o autor, as estatísticas não traduzem as nuances do mercado, já que um levantamento poderia mostrar que 60% de todos os consumidores usam os produtos de uma empresa, mas apenas uma abordagem qualitativa revelaria que estão insatisfeitos com o serviço da empresa e que, por isso, estão pensando em adotar o produto da concorrência. McKenna (1992) finaliza dizendo que, para comercializar um produto de forma eficiente, os gerentes de marketing precisam entender o funcionamento do ambiente, ser sensíveis às tendências e opiniões dos consumidores, entender como as várias forças interagem umas com as outras e estar alertas às mudanças; acrescenta que eles: "[...] têm que ver seus produtos como os clientes veem, através das lentes do ambiente".[185]

No tema cinco, o autor defende o argumento de que marketing é um trabalho de todos e que, portanto, é preciso integrar os clientes no projeto, desenvolvimento e processo de vendas da empresa; para isso, a empresa inteira precisa pensar marketing.

No terceiro e último capítulo analisado, o autor apresenta uma citação do Tom Peters: "[...] ouvir os consumidores têm que ser do interesse de todos".[186] Para McKenna, o posicionamento de uma empresa começa com os consumidores, já que eles pensam nos produtos e serviços comparando-os com outros produtos e empresas. O que importa para o autor é como os clientes veem a empresa em relação a seus concorrentes. Ele diferencia posicionamento no modelo tradicional do posicionamento que chamou de mercados dinâmicos (atuais). Para ele, no modelo tradicional, a empresa primeiro decide como deseja se posicionar, ou seja, como ser percebida no mercado, e pode exemplo querer ser percebida como a empresa de baixo preço em seu setor; em seguida cria um slogan que resume a mensagem desejada; depois, investe em anúncios e promoções para que o slogan seja reconhecido e, finalmente, manipula a mente do consumidor por meio de truques de marketing para seduzi-lo a reconhecer a posição desejada pela empresa; o que denominou teoria do posicionamento centrada na empresa, e não no consumidor.

Mais uma vez, o autor reduz o modelo anterior à simplicidade, usando palavras que depreciam a visão atuante e chegam até a insinuar uma falta de seriedade ao falar em truques e manipulação, deixando claro que esse modelo não tem nada de construtivo para, então, colocar luz sobre o que acredita

---

[185] MCKENNA, 1992, p. 39-40.
[186] PETERS, 1987 *apud* MCKENNA, 1992, p. 45.

que são os métodos de posicionamento em mercados dinâmicos, em que os produtos evoluem rápido, o mercado muda e surgem novas tecnologias. Para McKenna, sobreviver em mercados dinâmicos exige estratégias que resistam às mudanças turbulentas. Ele arremata com uma metáfora: "[...] construir alicerces fortes que não sejam derrubados pelas tempestades"[187], uso que também é muito comum no campo.[188]

O livro *Estratégia de marketing*, de O. C. Ferrel[189] e Michael Hartiline[190], se apresenta em 12 capítulos, além de incluir no final 14 casos de empresas mais dois apêndices com planilhas do plano de marketing e exemplos de plano de marketing.[191] Como dito, a apresentação de casos, planilhas e exemplos de planos reforça o caráter prático do marketing e sua necessidade de ser aplicado.

O prefácio se inicia sem que a palavra marketing seja explicada, a referência é "estratégia de marketing"; os autores afirmam que é uma mistura de arte e ciência. Ao ler o prefácio, alguns argumentos sustentam essa proposição. Para os autores, a estratégia de marketing se refere a pessoas que, dentro de uma organização, buscam meios para oferecer valores excepcionais, preenchendo os desejos e as necessidades de outras pessoas (consumidores, acionistas, parceiros de negócios e a sociedade em geral), assim como as da própria organização. Para resumir, eles apontam que a estratégia de marketing se refere a "pessoas servindo pessoas"[192] e que é desenhada pela Psicologia, pela Sociologia e pela Economia para melhor

---

[187] MCKENNA, 1992, p. 48.

[188] As metáforas buscam acessar o lado direito do cérebro que está relacionado à mente inconsciente, intuitiva, criativa, emocional e sábia. A metáfora usa uma linguagem simbólica característica da linguagem primária do inconsciente. Além disso, está presente nas fábulas, parábolas e histórias infantis que mais nos marcaram. As mensagens da *Bíblia*, os textos sagrados, as músicas, os poemas, as piadas e até mesmo a propaganda estão repletas de metáforas. Elas não são comuns na produção de conhecimento científico já que parte da comunicação coloquial das pessoas e se trata de uma linguagem inocente sem compromisso com a veracidade ou as comprovações.

[189] Ferrell é Ph.D. pela Universidade do Estado de Louisiana e professor de Ética Empresarial na Universidade de Belmont. Serviu nove anos como professor de Marketing e estudioso de Empresas Criativas pela Universidade do Novo México. É ex-presidente do Conselho Acadêmico da American Marketing Association e presidiu o Comitê de Ética da American Marketing Association por duas vezes. Sob sua liderança, a comissão desenvolveu o Código AMA de Ética e o Código de Ética AMA para Marketing na Internet. É coautor de 20 livros e de mais de 100 artigos publicados. Ver: FERRELL, 2013.

[190] Michael D. Hartline é PH.D pela Universidade do Memphis e professor associado, chefe de departamento de marketing e professor da Charles A. Bruning do Business Administration no College of Business, na Florida State University (FSU). Lecionou na Universidade do Arkansas, na State University e na Samford University. Atua como consultor de empresas com ou sem fins lucrativos e publica artigos em vários periódicos, como o *Journal of Marketing, Journal of Service Research, Journal of Relationship Marketing* entre outros. Ver: MICHAEL, 2019a.

[191] FERRELL; HARTLINE, 2010.

[192] Ibidem, p. prefácio.

entender as necessidades básicas e as motivações dessas pessoas. Sendo assim, revelam que, como as pessoas mudam, o que funciona hoje pode não funcionar amanhã, sublinhando ainda que uma estratégia de marketing perfeita e executada perfeitamente pode falhar, porque, segundo eles, a ausência de regras concretas, somada às constantes mudanças nos cenários econômicos, sociocultural, competitivo, tecnológico/legal, torna a estratégia de marketing um assunto fascinante e maravilhoso.

Entendendo ciência como um conjunto de saberes cujas teorias são elaboradas por meio de métodos rigorosos e que arte é uma atividade humana ligada a manifestações de ordem estética, feitas a partir de percepção, emoções e ideias, com o objetivo de estimular esse interesse de consciência em um ou mais espectadores, e que cada obra de arte possui um significado único e diferente; a argumentação usada pelos autores parece não ratificar estratégia de marketing nem como arte, nem como ciência. Se dizem que não há comprovação da eficiência das estratégias de marketing, como demonstrar que há relevância e, portanto, necessidade de ser usada pelas empresas? Os autores finalizam a primeira parte do prefácio, estabelecendo que a natureza do marketing pode tornar seu planejamento frustrante na medida em que, algumas vezes, organizações que têm estratégia e/ou execução de má qualidade podem ter sorte e ser bem-sucedidas.

Dois pontos chamam atenção: o primeiro é a palavra "sorte", usada nesse contexto; dada a sua subjetividade, é, no mínimo, surpreendente encontrar essa abstração em um livro cujo caráter científico e aplicado está tão evidente. O segundo é a falta de correlação entre estratégias de marketing e desempenho da empresa.

Apesar de o primeiro capítulo se intitular "Marketing na nova economia", das 27 páginas apresentadas, apenas duas tratam desse tema, apontando que o fato de o poder se deslocar para o consumidor, o aumento do sortimento de produtos, a fragmentação da audiência e da mídia, a mudança nas proposições de valor e nos padrões de demanda, as novas fontes de vantagem competitiva, a privacidade, segurança e preocupações éticas e a jurisdição legal incerta vão requerer, segundo os autores, mais atenção na prática de marketing e dos negócios.

Ainda no primeiro capítulo, Ferrel e Hartiline apresentam um subcapítulo chamado "Conceitos básicos de marketing" em que apontam duas perspectivas de marketing: para aqueles que não trabalham na área e para aqueles que trabalham. Para os que não trabalham, o marketing tem uma função de negócios e é paralelo a outras funções, como: produção, pesquisa, administração em geral, recursos humanos e contabilidade; sua meta é conectar a organização com os clientes. Já para os que trabalham na área, há uma visão de marketing como um processo de gerenciamento do fluxo de produtos do local de concepção para o local de consumo. Os autores começam o subcapítulo com a frase "[...] o marketing são muitas coisas diferentes",[193] o que reforça a amplitude do tema, abordada por outros autores, e a falta de um foco que nos permita analisar marketing como um conceito claro cuja teoria pode ser desenvolvida sobre a mesma base de conhecimento. Depois, revelam dois aspectos que até então não surgiram na visão de outros autores: o marketing como um sistema que conecta a produção ao consumo, o que difere de Boone e Kurtz, que o apontam começando antes da produção e indo além da venda.[194] Apesar de serem argumentos cuja sustentação ficou frágil, se marketing puder ser entendido como um sistema que relaciona produção e consumo, ele assume um papel similar à publicidade e à moda, como abordou McCracken, ao sugerir que a moda e a publicidade transferem significado da produção para o consumo.[195]

Em seguida, os autores apresentam os conceitos da AMA de 1985 e de 2004 — uma vez que estamos analisando a 4ª edição da obra, publicada em 2010 — e sublinham que a mudança na definição foi realizada para refletir melhor as realidades de concorrência no mercado atual. Comparando as duas definições, percebemos que marketing deixa de ser "o processo de planejar e executar" para ser "uma função organizacional e um conjunto de processos".[196] Não parece haver uma diferença muito clara, uma vez que ambas falam em processos; a primeira ainda especifica que processos são esses, enquanto a segunda não o faz e acrescenta a expressão "função organizacional", que remete à "filosofia empresarial" abordada por Baker.[197] Além disso, na primeira planeja-se e executa-se "a concepção, definição de preço, promoção e distribuição de bens e serviços", enquanto na segunda o conjunto de processos serve para "criar, comunicar e fornecer valor a clientes".[198] Nesse ponto, a segunda definição parece ser mais genérica, pois não explica como se cria, comunica e fornece valor, nem explica que valor é esse, já que valor é algo tão subjetivo.

---

[193] FERREL; HARTILINE, 2010, p. 6.
[194] BOONE; KURTZ, 2009.
[195] McCRACKEN, 2003.
[196] FERREL; HARTILINE, 2010, p. 7.
[197] BAKER, 1987.
[198] AMERICAN MARKETING ASSOCIATION, 2013.

Na primeira, a AMA se apoia nos quatro Ps, apesar de McCarthy não ser citado; enquanto a segunda fala em geração de valor ao cliente sem que esse conceito seja explicado. Por fim, na primeira definição, fala-se em "[...] criar trocas que satisfaçam os objetivos individuais e organizacionais", enquanto a segunda apresenta como finalidade "[...] gerenciar relacionamentos que beneficiem organização e seus stakeholders"[199], o que aponta para outra visão, mais focada no longo prazo, já que trata de relacionamentos em vez de troca. Ambas as definições estão de acordo quanto a satisfazer ou beneficiar clientes e organização, embora a segunda amplie o espectro para todos os públicos de interesse.

Os autores afirmam que as mudanças nas definições da AMA não forma cosméticas, o que contraria nossa percepção. Para eles, enfatizar valor e relacionamento com clientes é crucial ao sucesso de marketing hoje em dia. Na interpretação de Ferrell e Hartline, a noção de valor reconhece que a satisfação do cliente pode ser obtida com muitos aspectos diferentes da oferta total do produto, não apenas pelo acesso a produtos de alta qualidade a preço baixo. Também acham que, na primeira definição, o foco do marketing é transacional, enquanto a segunda evidencia relacionamentos de longo prazo. Os autores fecham o subcapítulo com a seguinte afirmação:

> Uma última forma de pensar o marketing está relacionada à satisfação das necessidades humanas e sociais. Essa visão mais ampla relaciona o marketing com o nosso padrão de vida, não só em termos de aumento do consumo e da prosperidade, mas também em termos de bem-estar da sociedade.[200]

Não percebemos esse aspecto de bem-estar da sociedade na segunda definição do autor, tampouco conseguirmos identificar em que aspectos dessas definições os autores se apoiaram. No entanto, supomos, apesar de acreditar ser uma conclusão distante, que isso se dá pelo fato de que a segunda definição falar em *stakeholder*, que, conforme explicamos anteriormente, preocupa-se com a satisfação de todos os públicos de interesse, e a sociedade é um deles.

Na segunda subseção, Ferrel e Hartiline descrevem sete atividades e decisões de marketing como as principais do campo, são elas: planejamento estratégico, responsabilidade social e ética, pesquisa e análise, desenvolvimento da vantagem competitiva, decisões de estratégia de mar-

---
[199] FERRELL; HARTLINE, 2010, p. 7.
[200] Idem.

keting, implementação e controle e desenvolvimento e manutenção de relacionamento com clientes. Mais uma vez, notamos uma aproximação do marketing com a estratégia, principalmente quando os autores afirmam que a estratégia é o plano de competição da organização para o sucesso. Na parte em que discutem estratégia de marketing, abordam novamente os quatro Ps de McCarthy, usando os termos: decisões de produto, decisões de preço, decisões de distribuição e cadeia de suprimentos, decisões de promoção e segmentação de mercado e marketing direcionado. Esse ponto também converge com autores anteriormente citados: quando se fala em estratégia de marketing, apoiam-se nos quatro Ps e incluem segmentação como algo relevante.

Ainda no primeiro capítulo, uma seção é apresentada sob o título "Aceitando os desafios da estratégia de marketing". Os autores apresentam a mudança como uma das maiores frustrações e oportunidades de marketing. Apoiam-se na afirmação de que os consumidores mudam, os concorrentes mudam e a organização muda, para destacar que uma estratégia muito bem-sucedida hoje não funcionará amanhã. Sublinham ainda que esse é um truísmo em marketing, que torna o marketing interessante e gratificante.

Outro fato apontado nessa seção refere-se ao fato de que a estratégia de marketing é orientada para indivíduos, ou seja, são pessoas dentro de uma organização tentando encontrar os meios de oferecer um valor excepcional ao atenderem às necessidades e às vontades de outras pessoas (consumidores, acionistas, parceiros de negócio, sociedade em geral) e da própria organização.

Novamente, os autores nos apresentam um axioma difícil de ser comprovado. Se a estratégia muda o tempo todo, qual seria a real contribuição dela para o desempenho das organizações? Se estivermos diante de pessoas dentro da organização funcionando como mediadoras dos interesses dos acionistas e das necessidades dos clientes, não seria utópico acreditar que o objetivo de ambas as partes será potencializado?

Os autores acrescentam que a estratégia de marketing trata de pessoas servindo pessoas, por isso se utiliza da Psicologia, Sociologia e Economia para entender as necessidades básicas e as motivações dessas pessoas, sejam elas clientes, funcionários ou acionistas. Não serão analisados os capítulos dois e três, que tratam de planejamento estratégico e marketing e responsabilidade ética e social de marketing no planejamento estratégico, porque não são objeto deste estudo.

No capítulo quatro, os autores explicam como coletar e analisar informações de marketing no ambiente interno, junto aos consumidores, com a concorrência e usando outras fontes de dados, o que poderia dar bastante suporte à afirmativa de que se utilizam de outros campos; apesar disso, não há conexão entre os três campos nem demonstração de como eles podem auxiliar na captação de informações para suportar as estratégias de marketing.

Os autores até aqui se apresentam de forma positivista já que acreditam em uma teoria bastante convergente e que se basta para explicar o que é marketing. Um aspecto importante ainda trata de uma certa credulidade, à medida que não se autocritica e não se contesta, como se pode notar neste exemplo citado pelos autores para dar veracidade às afirmativas e comprovar sua lógica:

> Uma estratégia notável executada perfeitamente ainda pode falhar. Isto acontece porque há pouquíssimas regras sobre como fazer marketing em situações específicas. Em outras palavras, é impossível dizer que o Produto A, o Preço B, a promoção C e a distribuição D devem ser utilizadas dadas as "necessidades deste cliente" e esses "concorrentes" e este "nível de regulamentação do governo".[201]

Os autores finalizam afirmando que uma organização pode ter sorte e ser bem-sucedida mesmo com uma estratégia e execução terríveis, como já haviam citado no prefácio; mas, em nenhum momento, defendem a real contribuição que ela tem. Eles utilizam nessa subseção diversas vezes a palavra "desafiador" para tratar da estratégia de marketing, mas não abordam estratégia de marketing como essencial, fundamental ou necessária. Finalizam dizendo que o livro não ensinará a desenvolver a estratégia "certa", mas que dará um modelo para organizar o processo de planejamento e a capacidade de ver como todas as peças se encaixam. O uso das aspas dá uma conotação de que a estratégia de marketing certa não existe. Ainda paira sobre mim a seguinte questão: para que ela serve então?

Em um resumo do capítulo chamado "Lições do capítulo 1", os autores dizem que marketing é paralelo a outras funções do negócio, como produção, pesquisa, gerenciamento, recursos humanos e contabilidade[202]. Sua meta seria conectar a organização com seus clientes.

---

[201] FERREL; HARTILINE, 2010, p. 23.
[202] *Idem.*

Gilbert A. Churchill Jr[203] escreveu o livro *Marketing: criando valor para o cliente* com J. Paul Peter.[204] A obra está organizada em 20 capítulos, com os seguintes tópicos: marketing: criando valor para os clientes; análise ambiental; os desafios do marketing global; planejamento de marketing e estratégia organizacional; pesquisa de marketing: informação e tecnologia; comportamento do consumidor; comportamento do comprador organizacional; segmentando o mercado; administrando produtos existentes; desenvolvendo novos produtos; marketing de serviços; fundamentos da formação de preços; precificando produtos e serviços; administrando os canais de distribuição; atacado e distribuição física; administrando a comunicação marketing; propaganda, promoção de vendas e publicidade; venda pessoal e administração de vendas e implementando e controlando as atividades de marketing.

Ao analisar o capítulo 1, a conceituação de marketing se resume a dois parágrafos de um subtítulo cujo nome é "O que é marketing?". O autor recorre a exemplos de como o marketing está num comercial de sabão em pó Omo na TV ou no corredor do supermercado. Apesar de citar diversos exemplos cotidianos, como fazem Grewal e Levy[205], conforme veremos mais adiante, e começar o segundo parágrafo com a frase: "Todas essas situações envolvem marketing"[206], os autores não elaboram uma teoria que apresenta o que há em comum em todas essas situações para sustentar seu argumento de que envolvem marketing. Em vez disso, buscam na AMA a definição de que marketing é o processo de planejar e executar a concepção, estabelecimento de preços, promoções e distribuição de ideias, produtos e serviços a fim de criar trocas que satisfaçam metas individuais e organizacionais.

Para os autores, o marketing é usado para desenvolver trocas que visam ou não a lucros, ressaltando que existem seis tipos principais de marketing: 1) Produto, troca entre produtos tangíveis; 2) Serviço, troca entre produtos intangíveis; 3) Pessoa, criar ações favoráveis a pessoas; 4) Lugar,

---

[203] Gilbert A. Churchill Jr. é doutor em administração, pela Universidade de Indiana, e docente da Universidade de Wisconsin. Recebeu os títulos de Eminente Educador em Marketing e Profissional de Marketing do Ano da American Marketing Association. É autor de vários livros na área de pesquisa de marketing, administração de vendas e marketing básico. Seus artigos apareceram em várias publicações, como *Journal of Marketing Research*, *Decision Sciences* e *Journal of Business Research*. Ver: HURCHILL JR.; PETER, 2012.

[204] J. Paul Peter é professor de Marketing na Universidade de Wisconsin, já lecionou uma série de cursos e ganhou vários prêmios, como o de Professor Eminente de Marketing, o Prêmio John R. Larson e o prestigioso Prêmio William O'Dell do *Journal of Marketing Research*. Ver: CHURCHILL JR.; PETER, 2012.

[205] GREWAL, Dhruv; LEVY, Michael. *Marketing*. 2. ed. Nova York: McGraw Hill: Irwin, 2011.

[206] CHURCHILL JR., Gilbert A.; PETER, J. Paul. *Marketing*: creating value for customers. 2. ed. Boston: Irwin: McGraw Hill, 1998, p. 5.

atrair pessoas para determinado local; 5) Causa, mudar comportamentos socialmente indesejáveis; 6) Organização, atrair doadores, membros, participantes ou voluntários.[207] Além da característica de ser aplicado tanto a empresas que visam quanto as que não visam ao lucro, os autores apresentam quatro orientações de marketing, que são: orientação para produção, que significa produzir bens e serviços, informar os clientes e deixar que eles venham comprar; orientação para vendas, que se diferencia da primeira porque a empresa vai até o cliente para levá-lo a comprar; orientação para marketing, que representa descobrir o que os clientes precisam e desejam, produzir bens e serviços adequados às suas necessidades e oferecê-los e, por fim, marketing orientado a valor, que significa entender os clientes, concorrentes e ambientes, criar valor para eles, considerando outros públicos de interesse, como os *stakeholders*, conforme já explicado na definição da AMA de 2004.[208]

As orientações se aproximam das eras de Produção, Vendas e Marketing abordadas por Boone e Kurtz.[209] Apesar de os autores afirmarem que o marketing serve ao lucro ou não, todas as orientações (produção, vendas, marketing e valor) referem-se a lucro. Outro aspecto que merece destaque trata-se do tautológico do campo: afirmar que uma das orientações de marketing é a orientação a marketing é redundante.

Em um dos tópicos, intitulado "O que é administração de marketing?", é interessante notar que a administração e o marketing são debatidos lado a lado, com ênfase no entendimento de que fazem parte do mesmo campo. Os autores pontuam que existem diversos tipos de marketing, mas que o foco do livro é discutir o organizacional visando lucros. Sendo assim, apontam a administração de marketing como tudo o que as empresas fazem e devem fazer para criar valor para os clientes e alcançar seus objetivos, para tal precisa desenvolver planos e estratégias de marketing, bem como executar atividades, para implementá-los e controlá-los. Churchill Jr. e Peter resumem esse pensamento afirmando que "[...] administração de marketing é o processo de estabelecer metas de marketing para uma organização e planejar, implementar e controlar as estratégias para alcançá-las".[210] Nesse ponto, não é possível entender a que se propõe a administração de marketing dado que não foram conceituadas as metas, tampouco as estratégias.

---

[207] CHURCHILL JR; PETER, 1998.
[208] *Idem*.
[209] BOONE; KURTZ, 2009.
[210] CHURCHILL JR; PETER, 1998, p. 20.

O que nos faz cair em uma proposição cujas bases conceituais não foram explicadas e, portanto, deixam os leitores livres para interpretar, cada um à sua maneira, esses dois pressupostos fundamentais para a apreensão do significado de administração em marketing.

No item "Administração de marketing", os autores criam dois subitens que são: "Desenvolvendo planos e estratégias de marketing" e "Desenvolvendo compostos de marketing". Vale destacar que colocam planos e estratégias de marketing como sendo a mesma coisa, embora, ao explicar, construam uma definição apenas para planos de marketing, que dizem ser um documento criado por uma organização para registrar os resultados e as conclusões da análise ambiental e estratégia de marketing planejada e os resultados pretendidos por ela. Essa definição, como veremos, foi usada por Grewal e Levy.[211] Os autores voltam a falar em estratégia de marketing sem conceituá-la.

Abaixo do item "Desenvolvendo planos e estratégias de marketing", eles apresentam um novo ponto chamado "compreender clientes e mercado", que não foi citado na definição de planos e estratégias de marketing, o que parece solto. Nele, partem para compreender clientes e mercados, defendendo que os clientes sejam divididos em segmentos para que a empresa selecione a quais grupos atenderá. Pela maneira como foi exposto, parece que o critério de segmentação é a única forma para definir as estratégias das organizações; apesar disso, os autores não explicam como fazer e se há outra alternativa a esse pressuposto de compreender os clientes. Essa ideia de segmentação faz com que Churchill Jr. e Peter[212] venham a convergir com a proposta de segmentação apresentada por Grewal e Levy. Nota-se, pois, que há uma tentativa de criar conceitos a partir de outros sem que as bases teóricas estejam construídas

2.3 A VIRADA DO MILÊNIO E A CONVERGÊNCIA TEÓRICA

Passando para os nomes mais contemporâneos, Raimar Richers[213] é um dos poucos autores do campo falecido. Ele atuou como consultor e em

---

[211] GREWAL; LEVY, 2011.
[212] CHURCHILL JR.; PETER, 1998.
[213] Raimar Richers foi um dos fundadores da Fundação Getúlio Vargas (FGV). Estudou Economia na Universidade de Berna, onde obteve o título de doutor em Ciências Econômicas com a distinção *Summa Cum Laude* em 1952. Trabalhou na GM como Gerente do Departamento de Análises Econômicas até 1956. Naquele ano, foi selecionado para participar do treinamento dos primeiros professores da Escola de Administração de Empresas de São Paulo da FGV, na Michigan State University, onde obteve o título de Master of Arts em Administração de

instituições de ensino. Richers nasceu em Zurique e ficou grande parte da sua carreira no Brasil, ao contrário da maioria dos teóricos do campo, que, como dissemos, tem origem norte-americana.

O autor tem dois livros, que serão analisados: *Marketing: uma visão brasileira* e *O que é Marketing*. Esse último faz parte da coleção Primeiros Passos publicada da Editora Brasiliense.

No primeiro livro, é muito significativo notar as duas divisões feitas pelo autor: caminhos que conduzem à estratégia de marketing e um conceito de marketing e sua aplicação. A parte um subdivide-se em "Marketing; estratégia; planejamento de marketing"; "Potencial de mercado"; "Posicionamento" e "Consumo e consumidor". Já a parte dois trata de marketing integrado e apresenta a teoria dos quatro As.

Ele defende que as finalidades básicas do marketing são detectar oportunidades abertas no mercado e demandas mal atendidas e ocupar esses espaços. Por conta dessa crença, não é suficiente ter um bom produto e fazer uma expressiva promoção. Para que isso ocorra de forma satisfatória, existem as quatro funções do marketing, ou "Teoria dos quatro As" de Richers: Análise (investigação para compreender as forças do mercado); Adaptação (ajustamento da oferta da empresa às forças externas); Ativação (medidas para fazer o produto chegar aos mercados definidos, entre elas a propaganda); Avaliação (investigação e interpretação dos resultados, preparando-se para o futuro). Essas quatro funções devem girar em torno dos objetivos e metas gerais da empresa, portanto a propaganda é apenas uma parte do "composto", ou "mix de marketing". A teoria dos quatro As explica bastante da organização que o livro apresenta, especialmente na segunda parte.

O autor afirma que o berço do marketing são os Estados Unidos e que sua difusão pelo mundo foi lenta; mesmo na Europa, só foi aceito após a Segunda Guerra Mundial. No Brasil, houve uma missão americana da qual Richers fazia parte para organizar os primeiros cursos de Administração, em meados de 1954; na época, a palavra marketing foi traduzida para mercadologia.

Empresas. Ainda em 1956, iniciou sua carreira na EAESP/FGV como professor assistente. Durante sua carreira, assumiu também os diversos cargos de coordenação e chefia na escola. Criou a *Revista de Administração de Empresas* RAE e foi seu redator chefe e diretor responsável de 1960 a 1965. Em 1973 fundou a empresa RR&CA – Raimar Richers e Consultores Associados, por meio da qual atuou como consultor em mais de 200 empresas brasileiras até seu falecimento em 2002. Foi membro dos Conselhos de Administração das empresas: Bicicletas Caloi S.A., em São Paulo, Zivi-Hercules S.A., em Porto Alegre, e da Brasilinterpart Intermediações e Participações S.A., em São Paulo (RAIMAR, 2019).

Richers[214] aponta que as definições de marketing se concentravam nos aspectos primordialmente legais, relacionados à transferência de posse e à compra e venda de bens. Contudo, em seguida, foi dada ênfase aos aspectos relacionados à distribuição, quando surgiram conflitos de interesse entre produtores e distribuidores de bens. Apesar dessa análise, o autor não apresenta quais definições seriam essas.

Logo depois, ele diz que o conceito da AMA prevaleceu, por muito tempo, e caracterizava a área como abrangendo todas as atividades que envolvem o fluxo de bens e serviços entre o produtor e o consumidor. Porém, segundo o autor, devido a muitas críticas, essa definição deu lugar a uma interpretação mais ampla e voltada para dois aspectos primordiais: a responsabilidade das funções administrativas no processo de marketing e a abordagem sistêmica. Ele arremata dizendo que a mais recente modificação conceitual ocorreu graças a dois aspectos: os movimentos consumidores mundiais e o reconhecimento de que o marketing vai além da aplicação a empresas privadas, o que, segundo ele, fez com que a atividade atingisse funções sociais e culturais.

Partindo dessas bases, o autor apresenta sua própria definição de marketing, que é a intenção de entender e atender ao mercado, chegando a afirmar que tudo o que vai, além disso, é adereço.

Para Richers, todas as funções do marketing remetem a duas finalidades primordiais; a primeira seria a identificação de nichos de mercado em que haja oportunidade de demandas não atendidas ou mal atendidas pelas ofertas existentes pela própria empresa ou pelos concorrentes; a segunda consiste em conquistar e preencher esses espaços com o mínimo de recurso e custos operacionais. Para alcançar essa dupla tarefa de identificar e satisfazer, os profissionais precisam adaptar os recursos controláveis da organização, referindo-se a linhas de produto e estrutura administrativa às forças incontroláveis do mercado; segundo o autor, não se pode modificar forças externas.[215]

Para Richers, é utópico imaginar que qualquer produto tecnologicamente funcional seja vendável quando for promovido com devida intensidade. Para ele[216], a demanda é quem define o potencial sucesso de um produto, independentemente das estratégias utilizadas. O autor finaliza o capítulo dizendo que, para tirar total proveito do conceito integrado de

---

[214] RICHERS, Raimar. *Marketing*: uma visão brasileira. São Paulo: Editora Negócio, 2000.
[215] RICHERS, 2000.
[216] *Idem*.

marketing, não basta que a empresa crie um setor de pesquisa de mercado ou passe a adotar um plano de publicidade, ambos só contribuirão quando forem integrados a uma visão sistêmica definida como os quatro As, que é a base para o livro.

O livro *O que é marketing*, da coleção Primeiros Passos, publicado em 1981, precedeu *Marketing: uma visão brasileira*, publicado em 2000, dois anos antes da morte do autor. Ambos têm uma estrutura bastante comum. O primeiro traz uma seção inicial chamada "Por que marketing", em seguida usa a mesma estrutura do livro anterior, que é "Marketing ou mercadologia" e "Uma definição de marketing". No tópico seguinte, fala do sistema integrado de marketing (quatro As), de forma geral, e segue detalhando cada um dos As — análise, adaptação, ativação e avaliação — reforçando que são sua principal contribuição para o campo.

Na obra, que o próprio autor descreve como "livrinho", Richers pontua a diferença entre marketing e vendas, afirmando que o primeiro é um conceito muito mais amplo que o segundo já que, além da transação de bens e serviços, o profissional precisa realizar pesquisas de mercado, formular e executar a política de produtos, escolher e controlar um sistema adequado de distribuição e divulgar e promover. Richers[217] se apoia nos quatro Ps para marcar a diferença entre marketing e vendas, situando aquele de uma forma mais ampla do que vendas. Em ambos os livros, o texto que conceitua o marketing é exatamente o mesmo.

Por conta de a contribuição de Richers estar nos quatro As, julgamos explicá-los um pouco melhor. Análise significa compreender as forças vigentes no mercado que operarão ou que já operam; adaptação representa ajustar a oferta da empresa (linhas de produto) às forças do mercado identificadas na fase de análise; ativação significa gerenciar um conjunto de medidas destinado a fazer com que o produto atinja os mercados predefinidos e seja adquirido pelos compradores com a frequência desejada; e avaliação se propõe a exercer controles sobre os processos de comercialização e interpretar seus resultados a fim de racionalizar os futuros processos de marketing.

Richers[218], com os quatro As, se aproxima de outros autores, como McCarthy[219] e Porter[220], no uso de esquemas de simplificação e siglas que

---

[217] RICHERS, 2000.
[218] *Idem*.
[219] McCARTHY, 1978.
[220] PORTER, 2004.

enfatizam a necessidade de memorização e a facilidade de assimilação por parte do seu público. A análise das obras até aqui nos leva a indagar para quem esses autores escrevem. Será que para seus pares acadêmicos? Ou para o mercado? Para estudantes? Ou para profissionais? Ao analisar os livros, percebemos que eles têm um caráter bastante didático e que as editoras, como Pearson e Campus, têm uma instrução educacional. Se as obras são direcionadas a estudantes e adotadas nas universidades com o objetivo de formar profissionais para o mercado, torna-se mais claro ainda que o objetivo não é produzir conhecimento para o campo, mas sim capacitar profissionais de marketing que no futuro atuarão nas empresas e fomentar as táticas aprendidas na faculdade.

David A. Aaker[221] é notadamente reconhecido no campo de marketing e escreveu muitos livros sobre estratégias de marca, mas uma de suas obras, chamada *Administração estratégica de mercados*, nos chamou atenção e parece mais aderente aos nossos objetivos.

O autor constrói o livro em duas partes com 15 capítulos e, curiosamente, não traz a palavra marketing em nenhum dos seus títulos; as "partes" fazem referência à temática estratégia, intituladas: 1) Análise estratégica e 2) Criando, adaptando e implementando estratégia. A palavra marketing aparece, pela primeira vez, na página 18, ainda no primeiro capítulo, denominado "Estratégia empresarial: introdução e visão geral". Aaker aponta quatro papéis fundamentais para o marketing, sendo o primeiro o de orientador primário da análise estratégica, que seria responsável por compreender clientes, concorrentes, mercados, submercados, forças ambientais e tendências, por meio de pesquisas e dados de mercado.[222] O segundo papel é o de direcionar a estratégia de crescimento da empresa, dado que as opções para tal estratégia virão das análises extraídas dos estudos com clientes e mercados. O terceiro seria lidar com disfunções do produto e do mercado geográfico, ou seja, exercer um controle central sobre

---

[221] David Aaker é vice-presidente da Prophet, empresa de consultoria de marcas. Professor emérito de Marketing Strategy na Haas School of Business, Universidade da California, além de conselheiro da Dentsu Inc, uma das maiores agências de publicidade do mundo, sediada no Japão. Aaker é reconhecido pelo seu conhecimento na área de estratégia de marca, tendo recebido o MIT Buck Weaver Award pelas contribuições para o avanço da teoria e prática da ciência de marketing, além de ter sido nomeado como um dos cinco mais importantes gurus de marketing/negócios em uma pesquisa entre executivos de marketing. Autor de mais de cem artigos, Aaker ganhou prêmios pelo melhor artigo no *California Management Review*and e, por duas vezes, no *Journal of Marketing*. Seus 14 livros foram traduzidos para 18 idiomas e já venderam cerca de 1 milhão de cópias. Consultor e palestrante, ele participa ainda do Conselho de Diretores da California Casualty Insurance Company, Food Bank of Contra Costa e Solano Counties (DAVID, 2019).

[222] AAKER, David Allen. *Administração estratégica de mercado*. 5. ed. Porto Alegre: Bookman, 2001.

a marca corporativa e as marcas principais que podem trazer ineficiências ou inconsistências que podem prejudicar o negócio. Por último, participar do desenvolvimento da estratégia de negócios. Aprofundando um pouco o quarto papel, o autor acredita que o marketing é a voz do cliente dentro da estratégica de negócios. É ele quem vai garantir que a proposta de valor definida na estratégia de negócio será significativa para o cliente, proposta de valor é uma combinação entre produto e mercado e diz respeito ao que será ofertado pela empresa.

Na visão de Aaker, a estratégia de marketing fundamenta uma estratégia de negócios, identificando, criando e priorizando suas ações por meio de ativos, como marca e distribuição, e competências, como expertise em patrocínios e capacidade de introdução de novos produtos. Trata-se ainda de estratégias que o autor define como funcionais, tais como publicidade de marca, propaganda, tecnologias sociais, mídia, *call center* e treinamento do pessoal de contato com o cliente. Dessa maneira, o escopo proposto pelo autor aproxima o marketing da estratégia, ao mesmo tempo que o posiciona abaixo dela, definindo estratégia como algo mais amplo. O marketing faria parte desse todo. Além disso, o autor constrói em torno desse campo um escopo que se refere ao mercado, aos clientes e aos concorrentes, funcionando como uma ponte entre as definições internas e as possibilidades externas. Aproxima-se ainda de outros autores, citados ao tratar de produto, preço, promoção (propaganda) e distribuição, os quatro Ps de marketing propostos por McCarthy.[223]

O livro *Marketing*, de Dhruv Grewal[224] e Michael Levy[225], publicado pela primeira vez em 2011, apresenta uma promessa forte ainda na capa: "Um livro-texto diferente de tudo que você já viu". A aparência da obra de fato chama atenção, pois parece uma revista, com um papel brilhante e uma capa cuja gramatura é menor do que os livros convencionais com capa dura.

---

[223] McCARTHY, 1978.

[224] Dhruv Grewal, PhD (Virginia Tech), é presidente da Toyota em Comércio e Negócios Eletrônicos e professor de Marketing na Babson College. Publicou mais de 70 artigos em periódicos, como o *Journal of Marketing*, o *Journal of Consumer Research*, o *Journal of Marketing Research*, o *Journal of Retailing* e o *Journal of the Academy of Marketing Science*. Professor Grewal ministrou seminários e cursos para executivos e trabalhou em projetos de pesquisa com várias empresas, como IRI, TJX, Radio Shack, Monsanto, McKinsey, Motorola e vários escritórios de advocacia (DHRUV, 2019).

[225] Michael Levy é PhD, professor de marketing e diretor do Retail Supply Chain Institute no Babson College. Ele se graduou em Administração de Empresas, pela Universidade do Estado de Ohio, e fez mestrado em Administração de Empresas pela Universidade do Colorado em Boulder. Lecionou na Southern Methodist University antes de ingressar na faculdade como professor e presidente do departamento de marketing da Universidade de Miami (MICHAEL, 2019c).

É organizado em sete módulos, que se dividem em capítulos, sendo 18 no total, somando 360 páginas. Os módulos são: 1) avaliação do mercado; 2) entendendo o mercado; 3) seleção do mercado-alvo; 4) criação de valor; 5) captação de valor; 6) entrega de valor e 7) comunicação de valor. No primeiro, o capítulo inicial nos interessa porque se chamada "Visão geral do marketing", e a primeira pergunta do subcapítulo é "O que é marketing?".

Os autores afirmam que marketing é diferente de todas as matérias que já foram estudadas, mas que, apesar disso, é muito familiar. Nesse momento, expõem ao leitor situações muito cotidianas relacionadas ao ato de comprar um produto ou um serviço, como: abastecer o carro no posto de gasolina, assistir a uma aula paga, almoçar em uma lanchonete, cortar o cabelo comprar um filme no iTunes e ir ao cinema. Em seguida, apresentam a definição da AMA, afirmando que marketing é a atividade, o conjunto de instituições e processos de criação, captura, comunicação, entrega e troca de ofertas e acrescentam que tem valor para consumidores, clientes, parceiros e a sociedade como um todo. [226]

A seguir, afirmam que o bom marketing exige um planejamento cuidadoso com ênfase em implicações éticas de qualquer decisão tomada em relação à sociedade como um todo e apontam que esse plano é dividido em diversos componentes: 1) como o bem ou serviço será concebido ou projetado; 2) quanto custará; 3) onde e como será promovido e 4) como chegará ao consumidor. "O plano de marketing é dividido em diversos componentes – como o bem ou serviço será concebido e projetado, quanto custará, onde e como será promovido e como chegará ao consumidor".[227]

Mais uma vez, apesar de os autores não fazerem referência alguma, essa ideia nos fez convergir para os quatro Ps de McCarthy, como fez Baker. Para finalizar o capítulo, apresentam um diagrama se apoiando na afirmativa de que, em qualquer transação comercial, as partes envolvidas precisam estar satisfeitas e que, portanto, os principais aspectos de marketing são: ajuda a criar valor, significa satisfazer as necessidades e os desejos dos consumidores, implica uma troca, exige decisões sobre produto, preço, distribuição e comunicação, pode ser realizado tanto por pessoas quanto por empresas, ocorre em muitos ambientes.

O diagrama é apresentado, mas não é explicado ou analisado. É interessante notar que todos os autores, além de se apoiarem em siglas,

---

[226] GREWAL; LEVY, 2011.
[227] GREWAL; LEVY, 2011, p. 5.

como os quatro Ps, usam bastante recursos visuais, como diagramas, fluxogramas e esquemas. Pela sua dupla função, acadêmica e de mercado, os modelos visuais ficam mais fáceis de serem entendidos pelas empresas e, assim, facilitam a venda de consultoria de marketing aplicada às empresas.

Uma expressão usada por Grewal e Levy que chama atenção é "o bom marketing", também utilizada por Kotler e Keller, sugerindo que existe um mau marketing e reforçando a falta de teorização no campo.[228] Afinal, em vez de existir o bom e o mau marketing; em um campo com bases teóricas fortes, existiria apenas o marketing, a ser debatido em termos teórico-metodológicos.

Apesar de a definição da AMA trazer a noção de "gerar valor", como vimos, não há, por parte da associação, um esforço para discutir os significados e as implicações desse processo. Grewal e Levy, talvez inspirados por essa ausência, apresentam o segundo subcapítulo do primeiro módulo com o título "O que é marketing baseado em valor?".

Para explicar essa ideia, Grewal e Levy afirmam que os consumidores buscam opções que forneçam os maiores benefícios pelos menores preços e que as empresas tentam encontrar o equilíbrio entre fornecer benefícios aos clientes e manter seus próprios custos baixos. Nesse momento, os autores recorrem ao uso de exemplos para explicar essa afirmativa; outra estratégia argumentativa muito comum: não há uma sustentação teórica, e sim uma abordagem prática, o uso de exemplos reforça isso. No exemplo, dizem que os benefícios de se hospedar no Hotel Sheraton podem incluir o alto nível da qualidade de serviço proporcionada pelos funcionários, a conveniência de fazer a reserva pelo site e a qualidade dos quartos e refeições. Nesse caso, a empresa precisa ter a capacidade de fornecer o maior nível de qualidade conveniência pelo mesmo custo ou menor; os autores definem esse modelo como equação de valor. Segundo os autores, valor significa mais do que preço, representa a importância atribuída ao produto ou serviço, estabelecendo uma equação custo e benefício, denominada por eles de equação de valor.

Ao explicar estratégia de marketing, os autores apontam que ela identifica o mercado-alvo de uma empresa, o composto de marketing relacionado aos quatro Ps e a base sobre a qual a empresa pretende construir sua vantagem competitiva. Grewal e Levy novamente recorrem a exemplos, como o Starbucks e Duckin' Donuts, mas não explicam como se identifica o

---

[228] KOTLER; KELLER, 2012.

mercado-alvo, a melhor estratégia de composto de marketing tampouco a vantagem competitiva. No módulo três, há um capítulo sobre segmentação, seleção e posicionamento, e os autores recorrem a cinco métodos para a segmentação de mercado: geográfica, demográfica, psicográfica, benefícios, geodemográfica e lealdade. Eles definem essas cinco lentes de análise do mercado para que a empresa escolha a quais mercados-alvo atenderá. Apesar disso, não explicam por que não se pode ter outros métodos de segmentação ou por que esses cinco foram os escolhidos pelos autores.

Por fim, explicam que, para se construir vantagem competitiva, há quatro estratégias importantes que focam os aspectos do composto de marketing para agregar e fornecer valor e desenvolver vantagens competitivas sustentáveis: excelência com clientes, que se propõe reter clientes fiéis e oferecer ótimo atendimento; excelência operacional, que diz respeito a realizar de maneira eficiente as atividades operacionais e possuir uma gestão excelente da cadeia de suprimento e de recursos humanos; excelência em produto, isto é, produtos com alto valor percebido, posicionamento e gestão de marca eficaz, e excelência de localização, significando ter boa localização física e presença na internet. Ainda que não tenham citado diretamente, os autores, mais uma vez, relembram dois dos quatro Ps de marketing: produto e praça.

Na descrição do que é plano de marketing, Grewal e Levy dizem ser um "documento escrito" composto de uma análise da situação atual, pelas oportunidades e ameaças à empresa, pelos objetivos de marketing, pela estratégia detalhada pelos planos de ação (quatro Ps) e pelas demonstrações dos resultados financeiros. A importância do documento escrito é sublinhada pelos autores para cumprir a missão de alinhar todos os envolvidos na realização do projeto e servir como um ponto de referência para avaliar se a empresa atingiu ou não seus objetivos.

Eles enumeram, então, cinco etapas para a realização do plano de marketing que são: 1) Declaração da missão e dos objetivos da empresa, que seria uma descrição dos objetivos e do escopo das atividades a serem empreendidas; 2) Análise da situação por meio de SWOT, que significa observar o ambiente interno, por meio das forças e fraquezas (SW), e o ambiente externo, por meio das oportunidades e ameaças (OT); 3) Identificar as oportunidades por meio do STP (*segmentation, targeting e positioning*), que significa dividir o mercado em grupos (segmentação), definir um alvo (seleção ou *targeting*) e posicionar, que é a escolha do composto de marketing (quatro Ps) para que o público-alvo tenha compreensão clara, distinta e desejável sobre a essência do produto ou o que ele representa diante dos seus concorrentes; 4) Implementação do composto de marketing e alocação de recursos, que representa a etapa em que se deve implementar as ações de produto, preço, propaganda e praça, e 5) Avaliar o desempenho por meio das métricas de marketing, etapa final do plano, que inclui a avaliação dos resultados da estratégia e a implementação do programa por meio de métricas de marketing.

Quando Grewal e Levy citam que é preciso construir uma vantagem competitiva nas estratégias de marketing e que uma das formas de se obter esta vantagem é por meio da excelência operacional, eles aproximam o marketing do campo a administração. Ainda cabe destacar o uso demasiado de siglas, como quatro Ps, bastante citado por vários autores, os quatro As, SWOT, STP e outras. Ao mesmo tempo que há uma codificação no campo que dificulta o entendimento de quem não pertence a ele, o uso de siglas simplifica a apreensão de alguns termos e, com isso, facilita a memorização. Esse pode ser outro elemento que atrapalha a teorização no campo, dado que as siglas simplificam conceitos, que poderiam ser mais bem elaborados.

Depois de analisar essas obras, percebe-se que há muitas similaridades entre elas; em vez de linhas de pensamento divergentes, encontra-se uma enorme sobreposição de conceitos e, muitas vezes, até redundância acerca da definição de marketing. Os autores olham o campo de uma forma positivista, o que significa que não se contestam entre si. Esses teóricos se dividem por especialidade ou foco de atuação, em que uns estão mais dedicados ao marketing de relacionamento, como McKenna[229], alguns dominam posicionamento, como Aaker[230], e outros são mais generalistas dando ênfase ao planejamento de marketing como sendo a própria execução do marketing.

Podemos deduzir que, no campo de marketing, a conceituação é um saber "pré-conhecido" pelo leitor. Ou os autores não se preocuparam com a taxonomia ou esse é um pré-requisito para se estudar o campo, a questão é que nem mesmo os autores citados por especialistas no assunto se concentraram em postular uma definição para o termo "marketing" que nomeie todos os estudos do campo. Vários dos autores renomados, incluindo Kotler e Keller ou Ferrell e Hartline, que discutem marketing em seu campo, iniciam seus livros já discorrendo sobre a palavra marketing sem conceituá-la.[231]

---
[229] McKENNA, 1992.
[230] AAKER, 2001.
[231] KOTLER; KELLER, 2012; FERRELL; HARTLINE, 2010.

Isso também acontece com autores como Aaker, Levitt, Boone e Kurtz, Ferrel e Hartline, Richers e McKenna, que sequer definem marketing de forma explícita em suas obras e começam a usar a palavra "marketing" sem ao menos conceituá-la, o que demonstra que a definição de marketing parece ser um conhecimento prévio para o leitor.[232]

Em relação ao conceito apresentado AMA, das 12 obras, cinco o citam como sendo a definição de marketing. São eles: Grewal e Levy; Ferrel e Hartline; Churchill Jr. e Peter; Richers; Kotler e Keller.[233] Esses últimos ainda apresentam uma definição própria, sendo ambas as definições congruentes.

O conceito dos quatro Ps foi referenciado por Baker, Grewal e Levy, Boone e Kurtz, McKenna, Richers e Kotler e Keller,[234] o que representa uma tautologia para o campo falar em marketing e nos quatro Ps. Não há um autor que o critique. Kotler e Keller apenas atualizam o conceito dos quatro Ps de McCarthy[235], incluindo pessoas, processos, programas e performance no que chamou da moderna administração de marketing. No livro analisado, os autores dedicam capítulos específicos para cada um dos Ps de McCarthy, que o autor define como "canais".

Portanto, falar em marketing, por meio de produto, preço, promoção e praça, é um pleonasmo baseado nos livros analisados. A ausência de crítica manifesta, mais uma vez, um campo concordante em pensamentos e propostas analíticas, sem debates ou correntes de pensamento. O não estabelecimento de linhas ideológicas torna o campo demasiado linear, sequencial e repetitivo, fazendo com que cada autor varie seu estilo, seus exemplos e sua abrangência, mas convergindo nas questões centrais do marketing, como conceito, profundidade e utilidade. Conforme dito antes, o marketing só se desdobra por aspectos que dizem respeito à especialização técnica, e não por aspectos de natureza ideológica.

Outro ponto que vale ser destacado é que, pelas definições, marketing parece abrangente demais, como diz a célebre frase "Marketing é tudo e tudo é Marketing". O fato de ser uma filosofia empresarial que alinha todas as partes da empresa, que surge antes da produção e vai além do consumo,

---

[232] *Op. cit.*; LEVITT, 1960; BOONE; KURTZ, 2009; FERREL; HARTLINE, 2010; RICHERS, 2000; McKENNA, 1992.
[233] GREWAL; LEVY, 2011; FERREL; HARTLINE, 2010; CHURCHILL JR.; PETER, 1998; RICHERS, 2000; KOTLER; KELLER, 2012.
[234] BAKER, 1987; GREWAL; LEVY, 2011; BOONE; KURTZ, 2009; McKENNA, 1992; RICHERS, 2000; KOTLER; KELLER, 2012.
[235] McCARTHY, 1978.

torna complexa a definição de um foco de análise e de uma fronteira para outros campos de conhecimento.

Marketing tem a dupla missão de construir conhecimento científico, sobretudo voltado à formação acadêmica dos profissionais, e, ao mesmo tempo, servir aos interesses das empresas, produzindo conhecimento aplicado ao mercado empresarial. Esses conhecimentos científicos e aplicados muitas vezes podem ser contraditórios.

Marketing traz em sua essência esquemas conceituais. Ao longo de toda a produção de teoria no campo, há estruturas, esquemas e diagramas, o que pode ser interpretado como falta de robustez e profundidade; além de uma simplificação para que seja facilmente assimilado e utilizado no mercado.

Como percebemos, não há debate, no campo de marketing, quanto ao conceito que o define. Os autores não discordam, não existem linhas de pensamento ou correntes teóricas. Há consenso, unanimidade e tautologias.

Todos os autores se apoiam no conceito postulado pela AMA e nos conceitos dos quatro Ps de McCarthy, apontando para a importância de entender as necessidades do consumidor e para a segmentação de mercado. Todos se aproximam da administração ao abordar estratégia como algo fundamental para a execução do marketing.

Nessa incursão, encontramos ausência de um debate teórico mais profundo, seja entre os próprios autores, seja com relação aos conceitos que propõem. O fato de não haver correntes de pensamentos e discordância denota uma área que se autorreferencia, que parte da premissa de que há um conhecimento prévio sobre o assunto, que se simplifica por meio de exemplos, siglas e esquemas, o que é redundante em sua teoria.

Entendemos, neste capítulo, como o marketing se apresenta, se define e se expressa. Analisar a narrativa dos autores do campo foi fundamental para compreender suas crenças, seus valores e seus paradoxos. Marketing se apresenta como teoria por meio dos livros eleitos como fundamentais na área.

Essa "narrativa teórica" associa-se às evidências históricas de que um "pensamento de marketing" surgiu antes de o campo se consolidar. Notamos que seu propósito foi ser um agente que promoveu a formação do consumo de massa, transformando a sociedade de produtos artesanais para uma sociedade de consumo essencialmente focada nos produtos industrializados.

No próximo capítulo, por meio de um estudo de caso de Coca-Cola, poderemos avaliar na prática essa trajetória histórica/teórica examinada até aqui. Observaremos o que marketing representa para as organizações, seu papel na construção do consumo e suas congruências teóricas com os capítulos anteriores.

CAPÍTULO 3

COCA-COLA

The Coca Cola Company é uma empresa de atuação global, não comercializada apenas em dois países do mundo: Cuba e Coreia do Norte, segundo o Portal Terra.[236] Além disso, segundo Abreu, 94% da população mundial reconhece o logotipo da marca.[237] A Coca-Cola alcançou o quarto lugar no ranking Best Global Brands de 2017 pelo quinto ano consecutivo,[238] e seu valor está estimado em US$ 69,7 bilhões. A empresa continua no topo da lista divulgada pela consultoria Interbrand como uma das marcas mais valiosas do mundo, atrás apenas de Apple, Google e Microsoft. Completando o top dez das marcas mais valiosas do mundo, estão Amazon, Samsung, Toyota, Facebook, Mercedes-Benz e IBM.[239]

A Coca-Cola é a marca mais escolhida pelos consumidores globais, segundo estudo Brand Footprint, elaborado pela Kantar Worldpanel.[240] É a sexta vez consecutiva que a multinacional de bebidas lidera o ranking que mede a escolha do consumidor por meio de uma métrica chamada Consumer Reach Point (CRP). Com uma penetração global de 42%, em nove países, ela vai além e alcança mais de 80% da população.

A revista *Superinteressante* destacou, em 2016, várias estatísticas que demonstram a importância da marca Coca-Cola no mercado de consumo de massa: são vendidas por dia mais de 1,7 bilhão de latas, copos ou garrafas das bebidas; a empresa possui mais de 3.500 marcas — significa que, caso alguém queira experimentar um produto do portfólio Coca-Cola por

---

[236] COCA-COLA volta a Mianmar; só 2 países não vendem a bebida., *Terra*, São Paulo, 11 set. 2012. Disponível em: https://www.terra.com.br/economia/coca-cola-volta-a-mianmar-so-2-paises-nao-vendem-a-bebida,c398e500e9c31410VgnCLD200000bbcceb0aRCRD.html. Acesso em: 26 set. 2018.

[237] ABREU, Katia. Quantas Coca-Colas são vendidas por segundo no mundo? *Super Interessante*, São Paulo, 7 jun. 2016. Disponível em: https://super.abril.com.br/mundo-estranho/quantas-coca-colas-sao-vendidas-por-segundo-no-mundo/. Acesso em: 17 set. 2018.

[238] COCA-COLA. *Interbrand*, New York, 2017. Disponível em: https://www.interbrand.com/best-brands/best-global brands/2017/ranking/cocacola/. Acesso em: 18 set. 2018.

[239] BEST global brands 2017 rankings. *Interbrand*, New York, 2017. Disponível em: https://www.interbrand.com/best-brands/best-global-brands/2017/ranking/. Acesso em: 18 set. 2018.

[240] RANKING.

dia, levará nove anos.[241] Existem cerca de 150 mil empregados no mundo todo; das cinco marcas de bebidas não alcoólicas mais vendidas no mundo, quatro – Coca-Cola, Diet Coke, Fanta e Sprite – são da empresa. No banco de dados de cinema IMDb, 207 filmes têm "Coca-Cola" como uma de suas palavras-chaves; existem 2,8 milhões de máquinas de Coca-Cola no mundo — se empilhadas, teriam a mesma proporção que quatro prédios Empire State. Por fim, a revista calcula que 300 mil toneladas de alumínio são gastas só para produzir as latas do mercado norte-americano.[242]

De acordo com a edição de 2018 do levantamento Brand Footprint da Kantar Worldpanel, 17 marcas de Fast Moving Consuming Goods (FMCG), bens de consumo rápido, foram escolhidas pelos consumidores mais de 1 bilhão de vezes em 2017 no mundo todo.[243] Os rankings apontam quais marcas estão sendo compradas com mais frequência pela maioria dos consumidores. A Coca-Cola apareceu em primeiro lugar pelo sexto ano consecutivo, sendo eleita 5,8 bilhões de vezes em um ano.

Em si mesmos, esses atributos seriam suficientes para reforçar a importância da Coca-Cola no mercado de consumo. Entretanto, para o objetivo deste estudo, vale ainda destacar que o investimento em marketing na empresa é de quase US$ 3,3 bilhões por ano.[244] Isso significa que estudar o papel do marketing na Coca-Cola pode trazer preciosas contribuições para entender o significado dele na prática das empresas.

Inicialmente, como metodologia de estudo, fizemos uma pesquisa bibliográfica; para nossa surpresa, encontramos poucos artigos publicados sobre a Coca-Cola no Brasil, tanto na administração quanto na comunicação. Na Associação Nacional de Pós-graduação e Pesquisa em Administração (ANPAD), localizamos quatro trabalhos:

1. "Tem um rato na Coca-Cola?: a lenda urbana que surpreendeu o Brasil", de Emanuel Dheison dos Santos Penha, Eugênia Vale de Paula e Áurio Lúcio Leocádio;[245]

---

[241] ABREU, 2016.
[242] ABREU, 2016.
[243] RANKING aponta as 17 marcas mais lembradas do mundo. *O debate*, Belo Horizonte, 16 maio 2018. Disponível em: https://www.odebate.com.br/mundo-empresarial/ranking-aponta-as-17-marcas-mais-lembradas-do-mundo-16-05-2018.html. Acesso em: 18 set. 2018.
[244] COCA-COLA, 2017.
[245] PENHA, Emanuel Dheison dos Santos *et al*. Tem um rato na Coca-Cola?: a lenda urbana que surpreendeu o Brasil. *In*: ENCONTRO DA ASSOCIAÇÃO NACIONAL DE PÓS-GRADUAÇÃO E PESQUISA EM ADMINISTRAÇÃO, 38., 2014, Rio de Janeiro. *Anais eletrônicos* […].

2. "Fotoetnográfico da presença imagética da Coca-Cola numa grande região metropolitana brasileira, inspirado no método arqueológico de Michel Foucault", de Flávia Zimmerle da Nóbrega Costa e André Luiz Maranhão de Souza Leão;[246]
3. "A elaboração da face em comunidades virtuais de marca: um estudo de caso sobre uma comunidade virtual de consumidores da Coca-Cola", de Grayci Kelli A. de Freitas e André Luiz M. de Souza Leão;[247]
4. "Marketing de gerações: construção e teste de escala para avaliação da marca de refrigerante Coca-Cola por jovens na fase de transição entre as gerações X e Y", de Fabiano Notti Laux, Stefânia Ordovás de Almeida e Rita de Cássia de Faria Pereira.[248]

Já no site da Associação Nacional de Pós-graduação e Pesquisa em Comunicação (Compós), identificamos apenas o texto de Vander Casaqui, "Publicização da felicidade, entre a produção e o consumo: estratégias comunicacionais da marca Coca-Cola".[249]

No portal da Sociedade Brasileira de Estudos Interdisciplinares da Comunicação (Intercom), identificamos o maior acervo:

1. "A Coca-Cola e os princípios do marketing: um casamento que deu certo", de Suzienne Dayse Carvalho Araújo;[250]
2. "Coca-Cola e o REF PET: uma avaliação sobre a concepção do consumidor em relação à sustentabilidade e seus hábitos de compra na cidade de Bauru", de Greicy Kelly Martins Silva Guerra, Carolina Brosco e Renato Valderramas;[251]

---

[246] COSTA, Flávia Zimmerle da Nóbrega; LEÃO, André Luiz Maranhão de Souza. Fotoetnográfico da presença imagética da Coca-Cola numa grande região metropolitana brasileira, inspirado no método arqueológico de Michel Foucault. *In*: ENCONTRO DE MARKETING DA ASSOCIAÇÃO NACIONAL DE PÓS-GRADUAÇÃO E PESQUISA EM ADMINISTRAÇÃO, 4., 2010, Florianópolis. *Anais eletrônicos* [...].

[247] FREITAS, Grayci Kelli A. de; LEÃO, André Luiz M. de Souza. A elaboração da face em comunidades virtuais de marca: um estudo de caso sobre uma comunidade virtual de consumidores da Coca-Cola. *In*: ENCONTRO DA ASSOCIAÇÃO NACIONAL DE PÓS-GRADUAÇÃO E PESQUISA EM ADMINISTRAÇÃO, 33., 2009, São Paulo. *Anais eletrônicos* [...].

[248] LAUX, Fabiano Notti *et al*. Marketing de gerações: construção e teste de escala para avaliação da marca de refrigerante Coca-Cola por jovens na fase de transição entre as gerações X e Y. *In*: ENCONTRO DA ASSOCIAÇÃO NACIONAL DE PÓS-GRADUAÇÃO E PESQUISA EM ADMINISTRAÇÃO, 29., 2005, Brasília. *Anais eletrônicos* [...].

[249] CASAQUI, Vander. Publicização da felicidade, entre a produção e o consumo: estratégias comunicacionais da marca Coca-Cola. *In*: CONGRESSO DE CIÊNCIAS DA COMUNICAÇÃO, 35., 2012, Fortaleza. *Anais eletrônicos* [...].

[250] ARAÚJO, Suzienne Dayse Carvalho. A Coca-Cola e os princípios do marketing: um casamento que deu certo. *In*: CONGRESSO BRASILEIRO DE CIÊNCIAS DA COMUNICAÇÃO, 35., 2012, Fortaleza. *Anais eletrônicos* [...].

[251] GUERRA, Greicy Kelly Martins Silva *et al*. Coca-Cola e o REF PET: uma avaliação sobre a concepção do consumidor em relação à sustentabilidade e seus hábitos de compra na cidade de Bauru. *In*: CONGRESSO BRA-

3. "Em nome do pai, do filho e da Coca-Cola: a divina relação entre marca e religião", de Camila de Souza Lima e Luiz Cezar Silva dos Santos;[252]
4. "Embalagens sustentáveis e as questões ambientais: uma análise da PET retornável da Coca-Cola", de Leandro de Resende e Kenya Adryene Valadares Moreira Cruz;[253]
5. "Nação vermelha e branca: análise de um dos rótulos mais conhecidos do mundo", de Jéssica Santana Lopes e Laene Mucci Daniel;[254]
6. "Comunicação interna e mídias sociais: como usar os funcionários conectados a favor da organização", de Carolina Frazon Terra;[255]
7. "Da Relação entre Don Draper e o Comercial da Coca-Cola 'It's The Real Thing' no Final do Seriado Mad Men: reflexões sobre publicidade e o cotidiano", de José Inácio de Souza Jr. e Liana Viana do Amaral;[256]
8. "Marketing de relacionamento: estudo do caso 'Bebendo Uma Coca-Cola Com'", de Amanda Gizelly Oliveira dos Santos, Guilherme Lopes dos Santos, Matheus Carvalho de Freitas, Wláubia Mickaelle Arruda Silveira e Moema Mesquita da Silva Braga;[257]
9. "O estudo netnográfico do lançamento da Coca-Cola Life na Argentina e sua relação com o debate ambientalista", de Matheus Pereira Mattos Felizola;[258]

SILEIRO DE CIÊNCIAS DA COMUNICAÇÃO NA REGIÃO NORTE, 12., 2013, Manaus. *Anais eletrônicos* [...]. Disponível em: http://portalintercom.org.br/anais/sudeste2013/resumos/R38-1693-1.pdf. Acesso em: 13 abr. 2019.

[252] LIMA, Camila de Souza; SANTOS, Luiz Cezar Silva dos. Em nome do pai, do filho e da Coca-Cola: a divina relação entre marca e religião. *In*: CONGRESSO BRASILEIRO DE CIÊNCIAS DA COMUNICAÇÃO, 39., 2016, São Paulo. *Anais eletrônicos* [...].

[253] RESENDE, Leandro de; CRUZ, Kenya Adryene Valadares Moreira. Embalagens sustentáveis e as questões ambientais: uma análise da PET retornável da Coca-Cola. *In*: CONGRESSO DE CIÊNCIAS DA COMUNICAÇÃO NA REGIÃO SUDESTE, 20., 2015, Uberlândia. *Anais eletrônicos* [...].

[254] LOPES, Jéssica Santana; MUCCI DANIEL, Laene. Nação vermelha e branca: análise de um dos rótulos mais conhecidos do mundo. *In*: CONGRESSO BRASILEIRO DE CIÊNCIAS DA COMUNICAÇÃO NA REGIÃO SUDESTE, 19., 2014, Vila Velha. *Anais eletrônicos* [...].

[255] TERRA, Carolina Frazon. Comunicação interna e mídias sociais: como usar os funcionários conectados a favor da organização. *In*: CONGRESSO BRASILEIRO DE CIÊNCIAS DA COMUNICAÇÃO, 40., 2017, Curitiba. *Anais eletrônicos* [...].

[256] SOUZA JR., José Inácio de; AMARAL, Liana Viana do. Da relação entre Don Draper e o comercial da Coca-Cola "It's the real thing" no final do seriado Mad Men: reflexões sobre publicidade e o cotidiano. CONGRESSO BRASILEIRO DE CIÊNCIAS DA COMUNICAÇÃO, 38., Rio de Janeiro, 2015. *Anais eletrônicos* [...].

[257] SANTOS, Amanda Gizelly Oliveira dos *et al*. Marketing de relacionamento: estudo do caso "bebendo uma Coca-Cola com". *In*: CONGRESSO DE CIÊNCIAS DA COMUNICAÇÃO NA REGIÃO NORDESTE, 37., 2015, Natal. *Anais eletrônicos* [...].

[258] FELIZOLA, Matheus Pereira Mattos. O estudo netnográfico do lançamento da Coca-Cola Life na Argentina e sua relação com o debate ambientalista. CONGRESSO DE CIÊNCIAS DA COMUNICAÇÃO NA REGIÃO

10. "Publicidade e afeto no Natal da Coca-Cola: uma análise sobre o uso da semiótica nos filmes publicitários da marca", de Maria Amanda Ferreira da Silva, Rebeca de Siqueira Silva e Fabrícia Silva Dantas;[259]

11. "Da identidade à reputação: um estudo sobre a marca Coca-Cola", de Cíntia Carvalho e Gislene Feiten Haubrich.[260]

Além dessas publicações, destacamos "A publicidade da Coca-Cola 'Happiness Factory' e o imaginário do sistema produtivo na sociedade de consumo", de João Anzanello Carrascoza, Vander Casaqui e Tânia Hoff, publicado em 2007 na revista *Comunicação, Mídia e Consumo*.[261]

Na Biblioteca Digital Brasileira de Teses e Dissertações do Instituto Brasileiro de Informação em Ciência e Tecnologia (BDTD-IBICT)[262], encontramos 97 ocorrências em diversos campos de estudo, sendo 64 dissertações e 33 teses.

Interessante destacar que, independentemente do campo, Administração ou Comunicação, os estudos de Coca-Cola têm como objetivo comum analisar a marca da empresa, aspecto muito destacado em quase todas as pesquisas encontradas. Em seguida, percebemos outros trabalhos tratando de publicidade e sua linguagem, o que não deixa de trazer uma semelhança com os aspectos de marca; por fim, alguns poucos timidamente tratando de sustentabilidade e presença digital.

Com isso, identificamos que a pauta dos estudos acadêmicos encontrados no campo não se respondia às indagações propostas para este livro, a investigação de como o marketing é entendido e executado na Coca-Cola. Definimos, portanto, que seria interessante tomar a marca como estudo de caso e passamos, assim, a traçar uma estratégia de coleta de dados primários mediante a realização de entrevistas com executivos da empresa. Afinal, são eles que planejam, executam e tomam as decisões de marketing na companhia. Mas, como chegaríamos até eles? Uma autorização da empresa seria algo inviável. Portanto, optamos por usar a opinião dos executivos da marca como evidências do que de fato é marketing na prática da Coca-Cola

---

NORDESTE, 36., 2014, João Pessoa. *Anais eletrônicos* [...].

[259] SILVA, Maria Amanda Ferreira da *et al*. Publicidade e afeto no Natal da Coca-Cola: uma análise sobre o uso da semiótica nos filmes publicitários da marca. *In*: CONGRESSO DE CIÊNCIAS DA COMUNICAÇÃO NA REGIÃO NORDESTE, 38., 2016, Caruaru, 2016. *Anais eletrônicos* [...].

[260] CARVALHO, Cíntia; HAUBRICH, Gislene Feiten. Da identidade à reputação: um estudo sobre a marca Coca-Cola. *In*: CONGRESSO DE CIÊNCIAS DA COMUNICAÇÃO, 33., 2010, Caxias do Sul. *Anais eletrônicos* [...].

[261] CARRASCOZA, João Anzanello *et al*. A publicidade da Coca-Cola "Happiness Factory" e o imaginário do sistema produtivo na sociedade de consumo. *Comunicação, Mídia e Consumo*, São Paulo, v. 4, n. 11, p. 65-77, nov. 2007.

[262] Disponível em: http://bdtd.ibict.br/vufind/. Acesso em: 8 abr. 2019.

Finalmente, após algumas tentativas de contato com executivos da empresa partindo de conhecidos da autora, conseguimos através de um ex-executivo de marketing submeter o roteiro de entrevistas a um diretor que aprovou as perguntas e nos indicou dois executivos que atuam no marketing na época deste estudo para que fizéssemos contato direto e o agendamento dos encontros. Para uma visão mais distanciada e imparcial da companhia, além de entrevistar executivos, decidimos também conversar com ex-funcionários que tinham ocupado cargos executivos. A mesma pessoa que permitiu o contato com os informantes da empresa apresentou quatro ex-executivos e depois de muitas tentativas, conseguimos agendar e realizar as entrevistas com dois. Como havíamos entrevistado dois executivos da empresa, achamos adequado ouvir igualmente dois ex-funcionários. Os quatro informantes são homens; apesar de o objeto deste estudo não ter relação com questões de representatividade de gênero, tentamos entrevistar uma informante mulher, mas não tivemos acesso. Todos afirmaram que o ambiente de marketing de Coca-Cola é masculino, seja pelo perfil das pessoas que trabalham na empresa, seja pela postura ou pela linguagem. Não por acaso, encontramos, no site da empresa, que, apesar de 51% dos funcionários da Coca-Cola Brasil serem mulheres, apenas 27% dos executivos são do gênero feminino. A empresa estabeleceu uma meta de ter, até 2020, 50% das mulheres ocupando cargos de liderança.[263]

Inicialmente, é preciso apresentar uma breve história da Coca-Cola. Em 1886, John Stith Pemberton, um farmacêutico da cidade de Atlanta, no estado da Geórgia, criou uma bebida, que definiu como um "tônico para o cérebro".[264] O farmacêutico, que adorava manipular fórmulas medicinais, ao pesquisar um medicamento para amenizar dores de cabeça e males estomacais no porão de sua modesta casa, criou uma mistura líquida de cor caramelo. Ele levou-a para uma pequena farmácia, a Jacob's Pharmacy, onde, misturada à água carbonada (gasosa), foi oferecida aos clientes, que consideraram a bebida muito saborosa e refrescante. A farmácia colocou o copo do produto à venda por US$ 0,05.

Nota-se que um dos papéis do marketing, como analisado no capítulo anterior, é entender as demandas do consumidor e orientar a produção; na análise histórica, não percebemos essa evidência; ao contrário, a história

---

[263] CALAZA, Luciana. Onde as mulheres encontram mais oportunidades para crescer: Coca-Cola Brasil é destaque em ranking de empresas com lideranças femininas. *Coca-Cola Journey*, Rio de Janeiro, 12 dez. 2017. Disponível em: https://www.cocacolabrasil.com.br/historias/onde-as-mulheres-encontram-mais-oportunidades-para-crescer-coca-cola-brasil-destaque-em-ranking-de-empresas-com-liderancas-femininas. Acesso em: 14 abr. 2019.
[264] COCA-COLA. *Mundo das Marcas*, São Paulo, 5 jun. 2014. Disponível em: http://mundodasmarcas.blogspot.com/2006/05/coca-cola-always.html. Acesso em: 17 set. 2018.

nos apontou que o marketing surgiu para formar o consumo de produtos que já tinham sido inventados. No caso de Coca-Cola, o produto não foi inventado para atender às demandas do consumidor, foi formulado a partir da curiosidade do seu criador para resolver um problema de dor de cabeça; e seu uso final foi ressignificado a partir das experiências de consumo do cliente que o achavam refrescante e saboroso — o produto passou de remédio a uma bebida.

Frank Mason Robinson, contador de Pemberton, batizou a bebida de Coca-Cola, escrevendo o nome com sua própria caligrafia. Desde então, é escrito praticamente da mesma maneira. Curioso que um produto tão massivo, que já alterou tantas vezes o logotipo, o formato e o material da embalagem, mantenha a caligrafia. De alguma forma, ter algo "feito à mão" traz uma conexão com sua história e mantém preservada parte da sua tradição. Pelo fato de o produto ser acondicionado em pequenos barris de madeira vermelhos, a cor foi adotada como oficial da marca. Nos primeiros cinco anos, foram vendidos aproximadamente nove copos (237 ml) por dia. Pemberton, em 1891, vendeu a fórmula para o também farmacêutico Asa Griggs Candler, por aproximadamente US$ 2.300. Candler tornou-se o primeiro presidente da empresa e o primeiro a dar real visibilidade ao negócio e à marca. Asa Candler, um vendedor nato, transformou a Coca-Cola de uma simples invenção em um grande negócio. Descobriu formas criativas de apresentar a nova bebida, ou seja, fez uso de uma série de estratégias que podemos entender como marketing mesmo antes dessa palavra surgir em 1920.

As principais ações naquele período foram: distribuição de cupons para incentivar as pessoas a experimentar o produto; abastecimento dos farmacêuticos com canetas, relógios, balanças, abajures, cartões e calendários com a marca Coca-Cola, o que a espalhou por todos os lugares.[265]

Como visto no capítulo um, em 1870, ano da primeira lei de registro de marcas nos Estados Unidos, 121 foram registradas no país.[266] Poucos anos depois, em 1893, a Coca-Cola teve seu registro oficial.[267] No ano seguinte, Joseph Biedenharn, um comerciante do estado do Mississipi, colocou a bebida em uma garrafa e a ofereceu a Candler. Ele não podia imaginar, na época, que o segredo do sucesso da Coca-Cola estaria em garrafas portáteis que os consumidores pudessem levar a qualquer lugar. Tanto que, cinco anos depois, em 1899, por apenas US$ 1, vendeu os direitos de exclusivi-

---

[265] COCA-COLA, 2014.
[266] STRASSER, 1989.
[267] *Op. cit.*

dade para engarrafar e comercializar a bebida aos advogados Benjamin F. Thomas e Joseph B. Whitehead. As garrafas eram convencionais, lisas, com uma rolha e um rótulo de papel que identificava o produto, como dissemos, com a mesma caligrafia de Frank Mason Robinson, utilizada nos primeiros barris.[268]

Em 1895, a Coca-Cola já era vendida em todos os estados e territórios norte-americanos e, em 1903, alcançou mais de 300 milhões de copos vendidos. A partir daí, houve uma proliferação de bebidas similares à Coca-Cola, aproveitando o sucesso do refrigerante. Para se proteger desse assédio dos concorrentes, a Coca-Cola investiu em duas das dimensões que destacamos, na teoria e na história, como práticas de marketing: produto e promoção.

Em termos de produto, a empresa decidiu criar um formato de garrafa para dar aos consumidores maiores garantias de estarem tomando a Coca-Cola original. A embalagem foi escolhida por causa de sua aparência atrativa, design original — pois tinha a curva perfeita para se encaixar nas mãos do consumidor — e pelo fato de que, mesmo no escuro ou de olhos vendados, o consumidor poderia identificar o produto como Coca-Cola devido à sua forma. Já para promover a marca, foram elaboradas propagandas dando ênfase à autenticidade da marca, sugerindo aos consumidores que exigissem a legítima e não aceitassem nenhum substituto ou imitação.[269]

Para conquistar novos mercados, mais uma vez, a Coca-Cola contou com estratégias de marketing inovadoras para época. A marca "viajou" com a equipe americana para as Olimpíadas de Amsterdã, em 1928; seu logotipo foi estampado nos trenós de corridas de cachorro, no Canadá, e nas paredes das arenas de touros, na Espanha; alavancou o desenvolvimento e a distribuição dos produtos por meio da embalagem com seis unidades (conhecida como *six-pack*), que facilitava o transporte da bebida pelo consumidor; instalou geladeiras horizontais nos pontos de venda. Quando ficou clara a preferência das donas de casa pelas embalagens de seis unidades, a empresa enviou mulheres de porta em porta para instalar gratuitamente um abridor de parede com a marca Coca-Cola.

Segundo o site Mundo das Marcas, em 1941, quando os Estados Unidos entraram na Segunda Guerra Mundial, enviando milhares de homens e mulheres para as frentes de combate, a Coca-Cola acompanhou esses combatentes disponibilizando o produto por US$ 0,05 para todo soldado,

---

[268] COCA-COLA, 2014.
[269] *Idem.*

onde quer que estivesse, mesmo dando prejuízo para a empresa — o preço regular do produto na época era de US$ 0,50.[270] Durante a guerra, 64 instalações de engarrafamento foram criadas para abastecer as tropas que estavam fora do território americano, e, por conta dessa estratégia, milhares de europeus experimentaram a bebida pela primeira vez.

Evidencia-se que Coca-Cola, naquele momento, investiu em outras duas dimensões de marketing apontadas na teoria McCarthy dos quatro Ps: praça e preço.[271] A empresa definiu uma estratégia de preços abaixo do custo para que novos mercados pudessem experimentar seu produto e levou-o para territórios até então não visitados.

Parece que o marketing teve papel essencial na estratégia de formação de um mercado consumidor para o produto. Não tomaremos "como fatos" que as estratégias consideradas de marketing realmente o são. Este estudo de caso objetiva questionar e analisar ações das empresas comumente associadas ao campo a fim de indagar se fazem parte ou não do que examinamos como definições de práticas de marketing na história e na teoria. Ações, como o nome escrito em letra cursiva, a garrafa de design exclusivo, a descoberta do engarrafamento do produto como forma de massificar o uso, um discurso publicitário contundente que valoriza o prazer e a satisfação pessoal e uma estratégia de internacionalização ousada — por meio da distribuição do produto na Segunda Guerra e do patrocínio das Olimpíadas —, são analisadas com o propósito de observar se são ou não estratégias de marketing.

No discurso da marca, todas essas ações são evidenciadas como práticas de marketing bem articuladas. Mais recentemente, a Coca-Cola diversificou seu portfólio incorporando novas habilidades para se tornar uma empresa de bebidas, e não apenas uma empresa de refrigerantes. Na verdade, esse processo de diversificação tem raízes na década de 1960, quando comprou a empresa de sucos Minute Maid. Enfim, ao analisar esses momentos históricos, este tópico trará informações que auxiliarão a compreensão das práticas de marketing atuais da empresa.

O objetivo inicial deste estudo era entender quando houve na Coca-Cola a formalização do departamento de marketing e, com isso, problematizar se a popularidade mundial da marca realmente se deu graças a ações dessa área. A primeira seria a consistência na comunicação, uma vez que a marca busca uma linguagem comum, em qualquer lugar, com um posicio-

---

[270] COCA-COLA, 2014.
[271] McCARTHY, 1978.

namento relativamente padronizado, que se espalhou por todo o mundo. Outra ação de marketing estaria relacionada aos direitos de engarrafamento, vendidos a diferentes empresários em todo mundo; um modelo de franquias fundamental para a expansão do produto. Além disso, a Coca-Cola transformou a imagem de Papai Noel que temos hoje e começou a vender garrafas em embalagens de seis unidades, entre outras muitas ações que levantaremos neste capítulo com o objetivo de entender que ações de marketing são usadas pela marca.

Além de não conseguimos o registro de quando o departamento de marketing surgiu, ao nos aprofundarmos na cultura empresarial da Coca-Cola, entendemos que isso não era relevante em uma empresa que afirma ser toda ela voltada para marketing desde a sua concepção. Nas entrevistas, como explicaremos adiante, mais de um profissional entrevistado associou o surgimento da marca ao marketing, indicando seu pioneirismo nesse campo.

Coca-Cola, baseando-se em dados de mercado, como será detalhado nas seções seguintes, ampliou seus negócios investindo em maior diversificação do mercado, deixando de ser uma empresa de refrigerantes para se tornar uma empresa de bebidas. Para isso, adquiriu empresas já estabelecidas; a Coca-Cola Brasil comprou a Del Valle, em 2006, a Leão Jr., em 2007, e a Ades, em 2017. O fato de essas empresas já operarem nos mercados de sucos e mates nos fez questionar se o consumidor, por si só, começou a se preocupar com o consumo de açúcares e produtos mais saudáveis, como se tivesse tido um "estalo" de lucidez, ou se outras empresas, olhando os mesmos dados de mercado e consumo de Coca-Cola, perceberam que o produto era demasiadamente maléfico à saúde e começaram a usar, em seus discursos de marketing, argumentos que enalteciam os produtos não carbonatados[272], como refrigerantes. Nesse sentido, o consumidor adquiriu um novo comportamento de consumo que fazia sentido para ele: ser mais saudável.

Vale sublinhar que, se a primeira hipótese é verdadeira (o consumidor por si passou a se preocupar com saúde), a Coca-Cola falhou ao analisar seus dados não percebendo essa tendência antes dos seus concorrentes. Apesar disso, foi eficiente em reagir para entrar em mercados que antes não operava. A aquisição fez parte do escopo de marketing para que a empresa pudesse se estabelecer nesses mercados emergentes.

Os resultados foram positivos, afinal a participação de Coca-Cola Company no mundo, segundo dados do Euromonitor International, tor-

---

[272] São produtos compostos por água, gás carbônico e algum tipo de xarope que dá cor e gosto à bebida.

nou-se relevante em vários segmentos de bebidas. A empresa, que já era primeiro lugar em refrigerantes, conquistou a liderança nos segmentos de sucos e cafés.[273] Nos mercados de águas, chás, bebidas esportivas e energéticos, apesar de não estar em primeiro lugar, alcançou a segunda posição.

Depois dessas aquisições, a Coca-Cola parece ter conseguido se transformar em uma empresa multiproduto, criando itens para outras categorias em expansão. Foi acertada a estratégia de penetração nesses novos mercados. O crescimento em milhões de litros de 2018, em relação a 2004, foi de 250% no mercado de águas, 104% no mercado de chás e 193% no mercado de sucos.[274]

Mesmo a Coca-Cola não sendo líder no segmento de águas, por exemplo, ela assume um discurso de liderança e inovação para enaltecer e supervalorizar o papel da empresa, como podemos perceber na fala Luiza Rossi, gerente de água e chá da Coca-Cola Brasil.[275]

> *A indústria de água se encontra em pleno crescimento, mas ainda carente de inovações. Entendemos que a Coca-Cola Brasil, que trabalha para se tornar uma empresa de bebidas cada vez mais completa, pode liderar o desenvolvimento dessa categoria.*

Apesar de todos os avanços na estratégia da Coca-Cola para diversificar seus produtos e expandir sua atuação no mercado, o refrigerante continua sendo seu produto principal com uma participação de 70% no faturamento total da companhia, segundo dados do Euromonitor International.[276] Tal fato é reforçado no discurso do executivo Rapha Abreu, diretor sênior de design global da Coca-Cola Brasil ao Meio e Mensagem.[277]

> *Coca-Cola continua sendo nosso principal produto, mas a companhia desenvolve muitos outros para atender as necessidades dos nossos consumidores. Para mover para a nova estratégia de empresa total de bebidas, precisávamos fazer essa desassociação entre a marca do produto e da companhia para acabar com a confusão. Assim, somos mais "justos" com as demais marcas do nosso portfólio. Temos marcas líderes, muito fortes, mas o peso da*

---

[273] EUROMONITOR INTERNATIONAL. *Soft drinks in Brazil*: analysis. London: Country report, 2019.
[274] Idem.
[275] COCA-COLA lança smartwater no país. ABIR, Brasília, 22 nov. 2018. Disponível em: https://abir.org.br/coca-cola-brasil-lanca-smartwater-no-pais/. Acesso em: 22 mar. 2023.
[276] EUROMONITOR INTERNATIONAL, 2019.
[277] PACETE, Luiz Gustavo. Mudança de logotipo da Coca-Cola Company teve toque brasileiro. Meio & Mensagem, São Paulo, 7 jan. 2019. Disponível em: https://www.meioemensagem.com.br/home/marketing/2019/01/07/mudanca-de-logotipo-da-coca-cola-company-teve-toque-brasileiro.html. Acesso em: 15 abr. 2019.

marca Coca-Cola sobre elas não ajudava na proposta abrangente da nossa companhia. Coca-Cola é de onde nascemos e temos muito orgulho, tanto que seguimos com ela no nome da empresa.

Apesar de a maior parte de sua história estar relacionada a um único produto, atualmente, o sistema Coca-Cola Brasil é o maior produtor de bebidas não alcoólicas do país e atua em sete segmentos — água, café, chás, refrigerantes, néctares, sucos e bebidas esportivas — com uma linha de mais de 140 produtos, entre sabores regulares e versões zero ou de baixa caloria.

3.1 A PRÁTICA DO MARKETING NA COCA-COLA BRASIL

Depois de apresentar os principais momentos do surgimento da Coca-Cola e sua relação histórica com o marketing, partiremos para uma investigação de como é a prática do marketing na empresa, por meio de entrevistas com quatro executivos da área. O contato com os informantes foi possível graças a um ex-funcionário da empresa, que fez a intermediação e agendou as entrevistas.[278] Como mencionamos, dois deles trabalham atualmente na Coca-Cola e ocupam cargos na gerência de marketing da marca no Brasil; os outros dois são ex-funcionários e ocuparam cargos de gerência e diretoria de marketing na empresa na operação brasileira. Fizemos quatro entrevistas para buscar visões diferentes em termos de funções dos funcionários, especialmente com relação ao envolvimento atual ou não com a empresa. O objetivo foi investigar se o ex-funcionário tem uma visão mais crítica, mais distanciada e menos romântica do que o funcionário. Além disso, consideramos que, com quatro pessoas, poderíamos alcançar perfis pessoais distintos, que auxiliariam na investigação do problema de pesquisa.

As entrevistas foram feitas entre 5 de dezembro de 2018 e 19 de fevereiro de 2019, em diferentes locais da cidade do Rio de Janeiro, e duraram cerca de duas horas cada. Os áudios foram gravados com autorização dos informantes; em seguida, todo o material foi transcrito e registrado para ser analisado. A transcrição das entrevistas ficou bastante robusta: quase 200 páginas.

Na realização e análise das entrevistas, um desafio importante foi não nos limitarmos aos conceitos trazidos pela compreensão da história do marketing e pela bibliografia do campo. Buscamos sublinhar diferenças e congruências em relação aos capítulos anteriores, mas foi necessário, natu-

---

[278] Meu muito obrigada ao generoso Ricardo Ladvocat, amigo de longa data que foi fundamental para a minha entrada no campo. Sem ele eu não conseguiria realizar essas entrevistas.

ralmente, definir novos operadores analíticos que pudessem nos explicar o que é marketing na prática da Coca-Cola.

Não há uma listagem simples de que características podem ser relevantes na análise de entrevistas, como explica George Gaskell, mas consideraremos as orientações que o autor nos dá levando em conta os padrões, as conexões, as incoerências e a necessidade de se construir tópicos de análise que embarcam um grupo comum de opiniões de vários entrevistadores, como se criássemos categorias de análise ou operadores que servirão de moldura para nossa investigação.

> À medida que as transcrições são lidas e relidas, tome nota das ideias que vêm à mente. Conserve sempre a sua frente as finalidades e os objetivos da pesquisa, procure padrões e conexões, tente descobrir um referencial mais amplo que vá além do detalhe particular. Às vezes, trabalhe rapidamente e com imaginação, outras vezes trabalhe metodicamente, examinando cuidadosamente as seções do texto em relação a tópicos específicos. Vá em busca de contradições, da maneira como as atitudes e opiniões se desenvolvem nas entrevistas, e de clássicas racionalizações.[279]

Além disso, é necessária uma certa "intuição criativa"[280] para extrair do material das entrevistas conclusões e narrativas sobre o objeto de estudo. Neste trabalho, usamos a intuição criativa por diversas vezes; por exemplo, quando um executivo citou a palavra "sou o guardião", percebemos que a palavra era grandiosa demais para representar o assunto tratado e buscamos outros termos que denotassem a mesma nobreza. Descobrimos que esse é um aspecto que faz parte da narrativa do marketing, como será debatido nas próximas seções.

Para preservar a identidade dos entrevistados, substituímos seus nomes por siglas. O informante que chamaremos de E.K é doutor em Administração de empresas, tem 56 anos, trabalhou na Coca-Cola por dez anos, é separado, tem uma filha de 26 anos e já atuou em diversas empresas, como AC Nielsen e BankBoston. E.K mora na Barra da Tijuca, no Rio de Janeiro, e hoje leciona marketing em uma universidade. O segundo ex-funcionário entrevistado é M.S. Mestre em Administração, trabalhou na Coca-Cola por 12 anos, é casado, morador do Leblon, no Rio, tem dois filhos, duas netas

---

[279] GASKELL, George. Entrevistas individuais e grupais. *In*: BAUER, Martin W.; GASKELL, George. (ed.). *Pesquisa qualitativa com texto, imagem e som*: um manual prático. 2. ed. Petrópolis: Vozes, 2002. p. 64-89. Citação da página 85.
[280] *Ibidem*, p. 86.

e já trabalhou em empresas, como DPZ, Salles e Esso. Aos 65 anos, atua como consultor na área de marketing.

Os dois atuais executivos entrevistados são mais jovens. T.D tem 39 anos, é formado em Administração, casado, morador de Laranjeiras e tem dois filhos. Antes da Coca-Cola, trabalhou na indústria de tabaco e em uma empresa da indústria farmacêutica. B.Q tem 31 anos, é casado, formado em Administração, sem filhos e morador da Barra. Antes de atuar na Coca-Cola, onde estava havia três anos à época, trabalhou na Nestlé.

Os atuais executivos de Coca-Cola foram entrevistados na sede da empresa na Praia de Botafogo, no Rio de Janeiro, em dias distintos. A primeira, duas semanas após o consentimento da empresa, e a segunda 60 dias depois do aceite. As entrevistas foram remarcadas algumas vezes, por conta da agenda dos informantes.

Na primeira entrevista, assim que cheguei ao prédio da Coca-Cola, fui anunciada e tive que esperar no lobby por alguns minutos até que fosse autorizada a subir para o andar da entrevista. Uma secretária me recepcionou e, antes de entrar na sala que estava reservada, me levou até uma antessala que tinha uma geladeira com Coca-Cola e todos os produtos que a empresa comercializa. Ela me perguntou se eu gostaria de beber alguma coisa, e eu agradeci, dizendo que não queria e perguntando se os funcionários podiam consumir livremente os produtos da empresa. Ela me respondeu como se eu estivesse fazendo uma pergunta óbvia — "claro, sem restrição".

Alguns minutos depois, entrou B.Q, meu primeiro entrevistado, tomando uma Coca-Cola Zero e, mais uma vez, me ofereceu algo para beber antes de começarmos a entrevista. Agradeci novamente e começamos a conversar. O andar era bastante colorido, o ambiente descontraído, e as pessoas usavam roupas casuais.

Na segunda entrevista, feita com T.D, o mesmo ritual se repetiu, e eu resolvi aceitar uma bebida na antessala repleta de produtos. Outra secretária me disse: "pode pegar o que você quiser, fique à vontade". Escolhi uma água, e ela me disse: "só água? Pegue uma outra bebida também". Imaginei que talvez água não fosse uma bebida bem avaliada na cultura da empresa. T.D entrou bebendo Coca-Cola normal e sorriu levantando a lata. Além de ter ignorado que eu estivesse bebendo água, em vez de me oferecer uma bebida, ele, ainda com a lata no alto, perguntou se eu gostaria de uma Coca-Cola, na Coca-Cola, para entrevistar um funcionário da Coca-Cola. Rimos alto os dois, não sei exatamente o motivo da risada dele, mas eu ri porque, por alguns segundos, imaginei que estivesse entrando em um comercial publicitário de Coca-Cola. Talvez a risada dele seja exatamente pelo mesmo motivo, porque, de alguma maneira, percebeu que o protagonista do comercial anunciado naquele momento era ele mesmo. E um comercial naquele momento pareceu para nós dois um exagero. Ou talvez, tenha achado que a narrativa do comercial estivesse exagerada demais (pelo menos eu achei).

Com relação aos ex-funcionários, o executivo M.S foi entrevistado em um restaurante próximo à sua casa no Leblon, zona sul do Rio de Janeiro. Ao chegar, percebi que ele estava tomando uma Coca-Cola. Sem que eu tivesse perguntado nada, ele disse: "estou bebendo Coca-Cola para passar o tempo". Perguntei o que essa frase significava, e ele respondeu: "Coca-Cola é isso, um momento de consumo para se passar o tempo". Mesmo não trabalhando mais na empresa, perguntei se ainda sentia um alto envolvimento com a marca, e ele me confessou que a ligação é tão forte que, sempre que sonha com trabalho, sonha com Coca-Cola. Ele trabalhou na empresa por 12 anos e disse que foi o período mais marcante da sua vida profissional.

E.K, o segundo ex-funcionário, foi entrevistado em seu atual ambiente de trabalho. Ele me recebeu em uma sala de reunião com café e água. Depois de ter realizado todas as entrevistas da pesquisa com os informantes bebendo Coca-Cola, perguntei a ele se eu deveria ter levado o refrigerante para bebermos. Ele me disse que havia pensado nisso, mas que achou melhor não. Perguntei, em seguida, se ele bebe o refrigerante, e ele disse que é um vício difícil de se abandonar. O entrevistado posiciona Coca-Cola como vício que quer abandonar, mas não bebeu na entrevista para parecer mais imparcial e menos envolvido. Essa abordagem inicial já definia o tom da conversa que se seguiria. De todos os entrevistados, esse é o mais crítico e mais combativo quanto às práticas de marketing da Coca-Cola.

As entrevistas seguiram o roteiro, que teve como propósito entender o que a empresa classifica como marketing, quais atividades pratica, quais ações desenvolve nessa área, como se estrutura a área e qual o objetivo principal. Vale lembrar que o roteiro serviu apenas como uma trilha para as conversas que, pela dinâmica das entrevistas, levou a outros temas e assuntos não especificados anteriormente, mas que tiveram relevância para o objeto de estudo.

Vamos buscar compreender as definições de marketing para Coca-Cola e o quanto a prática se distancia do discurso da marca, em quais aspectos se contrapõe à teoria e onde há congruências. Examinaremos, ainda, as similaridades e os desencontros existentes entre o que é praticado na Coca-Cola e os conceitos analisados nas matrizes do marketing na história.

Mediante as entrevistas, foi possível identificar seis pontos que julgamos fundamentais para explicar o que é marketing. O primeiro trata-se de uma enorme vontade de diferenciar marketing de vendas — esse aspecto já havia sido identificado na teoria com o delineamento de disciplinas separadas, apesar de na história o marketing surgir justamente para fomentar o consumo, ou seja, para formar o consumo de massa. O segundo aspecto refere-se a entender se o marketing atua ou não antes da produção; pela história, não foi possível indicar conclusões precisas, já que marketing como pensamento surge para formar a demanda por produtos que foram previamente idealizados, embora os livros coloquem muita potência na definição de que ele desenvolve os produtos a partir das necessidades dos consumidores. O terceiro ponto refere-se à teoria apresentada nos livros sobre as competências essenciais para se desempenhar bem o papel de marketing, características amplamente apontadas nas entrevistas, que deram pistas preciosas do que é marketing a partir da análise das habilidades requeridas para que o profissional da área desempenhe seu papel na área.

Em síntese, os três primeiros pontos, marketing e vendas; marketing e produção e competências para o marketing, foram encontrados nas entrevistas, e foram hipóteses levantadas nos capítulos um e dois e que gostaríamos de debater aqui.

Já o quarto ponto indicou a relevância de se estudar o comportamento do consumidor e do mercado. Essa função é primária e essencial para se traçar os planos de ações de marketing. O quinto ponto abordado nas entrevistas foi o discurso adotado pela marca em todas as esferas da vida da empresa. Esse discurso vai além do que a teoria de Aaker[281] aponta como uma estratégia de posicionamento em marketing, trata-se de um total alinhamento na narrativa apresentada aos funcionários, aos clientes e não clientes, à sociedade e aos concorrentes.

Por fim, o sexto ponto trouxe que o marketing é apresentado como uma ferramenta que permite que a empresa consiga seu objetivo fundamental de vender seus produtos mediante alavancas, que podemos chamar

---

[281] AAKER, 2001.

de ações, nas esferas de produto, de preço, de praça e de promoção, o que converge com a teoria de McCarthy sobre os quatro Ps.[282]

3.2 AFINAL, O QUE É MARKETING?

Nesta sessão, apontaremos as definições de marketing segundo os profissionais da área que atuam ou atuaram na Coca-Cola. O objetivo será avaliar como eles definem marketing e contrapor essas visões àquelas levantadas pelos autores na análise teórica do capítulo dois e na análise histórica do capítulo um. Graças ao que foi examinado anteriormente, discutimos as diferenças entre marketing e vendas e o papel de marketing ao influenciar a produção. Ambos os temas serão avaliados neste tópico.

Para começar, a todos os informantes foi feita a seguinte pergunta: "o que é marketing?". Com a resposta *"Marketing é tudo que você faz para vender um produto ou serviço"*, o executivo T.D evidencia a relação estabelecida entre marketing e vendas, o que nos aproxima da história, em que o campo surge para formar um novo mercado de consumo, e nos afasta das definições dos livros, que trazem uma distinção bem marcada entre marketing e vendas, sendo aquele maior que estas, na medida em que define inclusive os produtos que serão lançados para que a área comercial apenas os venda.

O executivo T.D argumenta que a *"Coca-Cola surge com uma plaquinha de vende-se quando o marketing nem existia"*, isso sugere que o discurso de que marketing aparece com a empresa reverbera na organização. Além disso, nas entrevistas, diversos depoimentos deram ênfase ao fato de que Coca-Cola é uma empresa de marketing.

> A Coca-Cola é uma empresa orientada a marketing, toda, toda ela. Finanças sabe disso, a logística sabe disso, contabilidade, RH sabe disso, todo mundo sabe que a Coca-Cola é voltada ao marketing (E.K).

Ao ser indagado sobre o que é ser orientada ao marketing, o ex-funcionário E.K disse significar que as decisões da empresa consideram informações do consumidor, não que a escolha seja pela visão do consumidor, mas sabe-se qual é a visão dele. A decisão é do business, ou seja, visa ao lucro, mas toda a empresa se volta a entender o que está acontecendo com o consumidor.

---
[282] MCCARTHY, 1978.

Para o funcionário B.Q, *"[...] marketing não diz respeito a vender o que faz e sim fazer o que vende"*. Parece haver aqui uma contradição com a definição de T.D. O informante B.Q aproxima-se da teoria que afirma que marketing surge antes da produção e vai além do consumo. De forma similar, Boone e Kurtz acreditam que marketing tem a capacidade de provocar novas demandas, em vez de satisfazer necessidades existentes,[283] tendo o papel de colocar no mercado produtos, serviços e ideias, o que denota o que B.Q relata.

Já o ex-funcionário M.S afirmou que

> [...] *marketing é gerúndio, marketing é uma coisa que está sempre em andamento, está sempre em evolução. Marketing é você entender a pulsação, as pessoas, o mercado como um todo e ofertar coisas que geram interesse para elas.*

Essa definição se aproxima da teoria de McKenna (1992), o qual afirma que os gerentes de marketing precisam entender o funcionamento do ambiente, ser sensíveis às tendências e opiniões dos consumidores, entender como as várias forças interagem umas com as outras e estar alerta às mudanças: "[...] *têm que ver seus produtos como os clientes veem, através das lentes do ambiente"*.[284] Aqui se aproxima também de T.D na medida em que enfatiza que marketing é tudo que se faz.

Por fim, para E.K, "[...] *marketing é quando se estabelece um relacionamento com os stakeholders"*, o que mostra um grande alinhamento com a teoria de Ferrel e Hartiline, os quais apontam que uma das funções de marketing é gerenciar relacionamentos que beneficiem organização e seus *stakeholders*.[285]

Percebe-se que há uma ênfase na questão da prática do campo: todos ressaltam que o marketing é algo que se faz, um processo em constante desenvolvimento e aperfeiçoamento, voltado para fomentar o consumo. Não foi identificado desconforto ou incômodo por realizar uma atividade cuja natureza se refere a convencer pessoas a consumir refrigerante, produto sem nenhum nutriente ou benefícios ao público. Ao contrário, os funcionários se colocam com orgulho e se apresentam como se fizessem atividades nobres e inovadoras. Apenas o ex-funcionário E.K disse que um dos motivos pelos quais saiu da empresa e da área de marketing foi perceber que ele trabalhava para convencer pessoas a comprar coisas que

---

[283] BOONE; KURTZ, 2009.
[284] MCKENNA, 1992, p. 39-40.
[285] FERREL; HARTILINE, 2010.

não precisam, o que gerou uma grande frustração, já que a atividade que desempenhava tinha um grande impacto para os acionistas, mas pouco ou quase nenhum benefício para as pessoas.

De acordo com Everardo Rocha, existem quatro discursos que explicam o consumo: "hedonista", "moralista", "naturalista" e "utilitária".[286] O discurso moralista se apresenta como a principal causa dos males da sociedade, e notamos nesse ex-funcionário um discurso bastante moralista em relação ao marketing, aproximando-o do consumo. E.K disse que, por muitos anos, sequer pensou na natureza do seu trabalho e na causa que defendia. Para ele, trabalhar na Coca-Cola era tão inebriante e charmoso que essa luz o deixava "cego" a ponto de ter participado de várias ações voltadas para o público infantil, como percebemos na frase:

> [...] eu contribuí com muitas estratégias para conquistar cabeças de crianças para tomar refrigerante. Hoje eu tenho bastante prurido ao lidar com isso... E, na época, eu não tinha. Achava que a gente fazia um papel, era um outro mundo, um mundo mais ingênuo mesmo. Eu achava, tinha ali uma inocência até, para nós, sobre os malefícios da Coca-Cola. A Coca-Cola em si ela não é uma ameaça, nem um produto que agride. O abuso sim, se a pessoa só tomar (E.K).

Marketing é tão valorizado na empresa que, segundo os ex-funcionários, nenhum CEO veio de áreas ligadas à produção; a maior parte vem de marketing e alguns de finanças. Assim, os processos decisórios e a cultura organizacional da empresa parecem ser orientados para as atividades de marketing. Um episódio narrado por M.S ilustra isso: ao lançar um produto, Cherry Coke, em 1985, a principal preocupação relacionava-se fundamentalmente ao campo do marketing.

> Era um produto horroroso, um produto que eu detestava, eu lancei Cherry Coke por uma razão estratégica, o que acontecia, tinha Pepsi e Coca, a Coca estava com preço, sei lá, cinco reais o pet, a Pepsi chegou, tinha o preço de quatro, colocou a dois e cinquenta ou dois. Só que o volume de Pepsi é desse tamanho, da Coca-Cola é desse tamanho. A Pepsi pode bancar um desconto de cinquenta por cento num volume desse tamanho. A Coca não consegue bancar o desconto de cinquenta por cento no volume deste tamanho. O que acontecia A Pepsi começou a morder e pegar pedaço. Aí a gente tem que ter um produto que mate Pepsi. Então o que a gente

---

[286] ROCHA, Everardo. Culpa e prazer: imagens do consumo na cultura de massa. Comunicação, Mídia e Consumo, São Paulo, v. 2, n. 3, p. 123-138, 2005. p. 126.

> *fez, se Coca com esse volume estava a cinco reais, Pepsi com esse volume estava dois, eu lancei Cherry Coke a um. Cherry Coke era o produto que demandava menos desenvolvimento nas fábricas, era fácil fazer. Foi um produto de combate* (M.S).

Com esse exemplo, podemos concluir que o lançamento de produtos, diferentemente do que aponta a teoria, não necessariamente serve ao propósito de atender a necessidades dos consumidores, mas sim ao objetivo de proteger a própria rentabilidade da empresa. Em nenhum momento, o ex-funcionário cita o fato de que o consumidor tinha essa necessidade; por uma questão estratégica, o produto foi lançado para combater o concorrente Pepsi e proteger o produto principal.

Ao contrário de indicar que marketing precisa encontrar necessidades não atendidas do consumidor para supri-las, esse exemplo nos apresenta um grande alinhamento com a história do surgimento do campo, quando o mercado consumidor de produtos industrializados foi inventado, em que rentabilidade, eficiência e liderança de mercado passaram a ser privilegiadas. A narrativa de marketing tenta nos convencer de que ele serve genuinamente para preencher lacunas no mercado e que é generosamente um facilitador da vida cotidiana na medida em que atende às demandas dos consumidores. Na prática, entretanto, como sugere o exemplo anterior, a real utilidade do marketing parece impulsionar o consumo, incitar demandas e proteger a rentabilidade da empresa.

Cabe aqui entender se, nas práticas da empresa, marketing e vendas são tratados de forma distinta. É notório que os profissionais, assim como fizeram os autores do campo, sublinham diferenças marcantes entre vendas e marketing e, nas entrevistas, até repetem o discurso encontrado nos livros. Na prática da empresa, pelo que foi possível observar nas entrevistas, o setor de vendas estabelece a relação com os canais de comercialização, negocia, atende e distribui o produto que tem nas mãos. O produto em si, contudo, é desenhado, idealizado e estudado pela equipe de marketing — consequentemente, vendas está no presente, enquanto marketing atua no presente, no passado e no futuro.

Nesse sentido, identificamos diferenças significativas entre vendas e marketing, sobretudo em relação ao tempo em que cada uma das disciplinas opera, em termos do escopo das atividades desempenhadas por cada um e na visão que cada área tem sobre o negócio. O discurso de B.K indica isso:

> [...] *vendas vende o que tem na mão, aí tem uma atenção, traduzindo isso para o tempo, a primeira diferença é o tempo que cada um está olhando a história. O time de marketing está olhando lá na frente e está trazendo isso para o presente. O time de vendas está vivendo o presente e está demandando lá na frente para o time de marketing. Então a perspectiva temporal que é uma das coisas que cria mais tensão entre as duas áreas, já é uma parte importante da diferença.*

Para destacar o escopo das atividades de cada área, percebemos que a narrativa dos executivos enaltece as atividades de marketing em detrimento das desempenhadas pela área comercial, como podemos notar na argumentação de T.D:

> [...] *um vende, outro faz o que vende, um está no tempo presente e às vezes até passado, porque tem que ficar explicando porque não vendeu ontem e o outro está no futuro trazendo para o presente, um é superficial e marketing tem que ter profundidade.*

Marketing é o cérebro, enquanto o comercial é apenas a operação. Há uma tensão entre as áreas, uma convivência não tão pacífica em que marketing estuda, desenvolve e gerencia produtos e cobra da área comercial que os volumes de vendas correspondam aos esforços planejados. Por outro lado, a área comercial também se coloca em evidência apontando que o desempenho da companhia depende das vendas e que o marketing é distante da produção de resultados da área.

O ex-funcionário E.K ratifica a argumentação de T.D e ainda nos leva a questionar por que motivo marketing pode pesquisar o mercado, mas a área de vendas não tem autorização para tal. Como veremos a seguir, o investimento em estudos para entender o mercado e o consumidor foi um dos aspectos destacados com enorme potência. Apesar de ser fundamental para as atividades da área, marketing não valida as questões trazidas pela equipe de vendas porque não valoriza sua visão de curto prazo, sua falta de metodologia e até mesmo as competências para se ser um vendedor, apesar de a área ter intensa interação com os clientes.

> *E eu acho que o time de vendas tem a interlocução, o varejo, no caso da nossa indústria, também cria uma diferença bem importante. Porque uma das coisas mais interessantes que tem é você ter que argumentar para desconstruir verdades na cabeça do time de vendas, porque eles ouviram do cliente. E que tem várias vezes que são verdadeiras mesmo. Vão ter várias horas que você vai*

> [...] *Desculpa* [...]. *Vão ter várias horas que os clientes estão até mais perto do consumidor do que eu, marqueteiro aqui olhando a Praia de Botafogo, que estão vendo as pessoas irem lá comprar. Mas essa interlocução varejo, equipe, comercial, ela é muito intensa. E ela trata de uma tensão, até com essa perspectiva de curto prazo que não se permite ir na atenção, que não se permite ir nas pessoas, não se permite fazer a segunda pergunta, a não ser, fechamos a cota hoje. Isso traz uma profundidade diferente para a história* (E.K).

Provavelmente esse discurso reforça uma suposta "nobreza" da área de marketing, que domina os métodos de pesquisa de mercado. Conceber essa habilidade para o campo comercial embaça as fronteiras entre as duas áreas e, como tratamos anteriormente, não coloca os marqueteiros em superior aos vendedores, tão estigmatizados pela história. O ex-funcionário M.S também acentua tal austeridade em detrimento da área comercial.

> *O horizonte de vendas é fechar o mês, fechar o ano. O horizonte de marketing é construção de marca a longo prazo. Porém, você como diretora de marketing, você deveria separar o orçamento em mais ou menos duas partes, orçamento e estrutura, equipe. Uma parte quem vai construir marca, imagem de marca a longo prazo, essa é uma verba que eu tenho poucos meios para comprovar para empresa resultado. É uma verba quase que sem muita comprovação. E uma outra parte do orçamento é apoio, é suporte aos objetivos comerciais. Aí é início, meio e fim, é ação, vou fazer e tal. Aí eu consigo justificar, é muito mais fácil provar qual foi o resultado ou não.*

Para os informantes, a visão de negócio de marketing é mais completa e imparcial do que a da área de vendas; nesse último tópico, vale frisar que as pessoas da área de vendas são avaliadas e remuneradas pelo resultado final. Portanto, não faria muito sentido se fossem elas mesmas quem mensurassem e controlassem esses dados, pois defenderiam seus próprios interesses. M.S resume dizendo que "[...] *gestão de marketing é planejar, implementar e controlar.*"

Ao analisar a fala de B.Q, o qual aponta que "[...] *consumo é o objetivo final de marketing que é o que gera venda, a venda é a concretização do consumo, da compra*", notamos enorme congruência com o que aborda T.D: "[...] *marketing é meio, não é fim, não é fim de nada. Marketing só ajuda se vender lá no fim, senão não adianta nada*". Embora, de fato, existam distinções entre vendas e marketing, este tem como objetivo vender, ou seja, serve ao propósito de vender.

Nas entrevistas, as definições sobre o que é marketing nos levaram a um debate sobre os requisitos e as habilidades necessários para ser um profissional da área e atuar nela. Assim, o perfil dos profissionais foi um aspecto interessante revelado pelas entrevistas. Imaginar que o profissional de marketing precisa entender o que está acontecendo no mercado e elaborar ações que direcionem a empresa a agir na direção correta nos faz questionar quais habilidades esse profissional precisa ter.

Todos foram enfáticos ao dizer que não há uma formação específica para que se desempenhe bem o papel demandado pelo profissional. Enquanto a maior parte dos autores de marketing tem formação em Economia, segundo B.Q e T.D, na Coca-Cola, há administradores, engenheiros e até advogados. No relato de B.Q, há evidências de características mais relacionadas ao comportamento e às experiências de vida do que associadas à formação.

> Combinar entendimento de cultura, combinar background, combinar experiências, combinar, a gente brinca aqui, de umas internas, o marqueteiro que consegue falar com o time comercial, que fala com o time financeiro, eu acho que esse talvez seja o perfil mais importante (B.Q).

Nas entrevistas, foi solicitada uma enumeração de competências em termos de formação. Tanto B.Q quanto T.D ficaram muito à vontade para dizer que a formação não interessava, e sim habilidades, como capacidade de assumir riscos, curiosidade, criatividade, visão holística, capacidade de estabelecer conexões de diferentes campos, experiências de vida, capacidade de conviver com pessoas com mentalidades e culturas diferentes e conhecimento geral. Isso faz a diferença entre o bom e mau profissional.

O bom profissional faria o bom marketing,[287] o que remete às habilidades necessárias para ser um publicitário, analisadas por Everardo Rocha em um grupo denominado pelo autor de tribo de *white collars*.[288] O saber publicitário, para Rocha, é constituído por elementos de diversos conhecimentos. Quando o pesquisador entrevistou profissionais da área de criação em publicidade, eles se definiam como não especializados em nenhum ramo de conhecimento além de seu ofício, mas detentores de muitos fundamentos gerais sobre diversas outras áreas de saberes humanos. Dessa maneira, é possível aplicar o conceito de bricolagem, firmado por Lévi-Strauss ao

---

[287] Menção ao bom marketing e mau marketing. Ver: GREWAL; LEVY, 2011; KOTLER; KELLER, 2012.
[288] ROCHA, 1995.

fazer criativo.[289] Nesse processo produtivo, o publicitário age como *bricoleur*, montando seu saber pela apropriação de fragmentos de diversos saberes dentro do princípio de que tudo é aproveitável. Quando B.Q e T.D descrevem características como experiências de vida, visão holística e culturas diferentes, podemos classificar o conhecimento do profissional de marketing como uma bricolagem.

Buscando investigar outros aspectos relacionados à formação profissional, foi proposto aos entrevistados o desafio de montar uma faculdade que formasse profissionais de marketing. Apesar de uma aproximação com algo mais tangível, algumas contradições foram percebidas.

Os quatro informantes elegeram áreas, como Antropologia, Sociologia e Psicologia, o que reforça a importância de o profissional de marketing compreender o comportamento do consumidor mediante ferramentas das Ciências Humanas. Complementarmente, apontam o campo da Estatística para ter métricas e estudos quantitativos, o que sublinha uma valorização da compreensão de índices e valores numéricos. Para finalizar, indicaram a utilidade de se estudar publicidade e estudos de casos que ajudem na construção dos quatro Ps de McCarthy[290], além de "[...] *ferramentas que ajudem a traduzir insights e números em ações*" (T.D). Mais uma vez, identificamos a necessidade de se dominar saberes muito distintos. Quando insistimos em como "ensinar" a traduzir em ações os insights de pesquisa, os quatro reforçaram que estudar casos de empresas ajuda a ampliar o repertório, o que demonstra uma habilidade intangível e difícil de replicar.

O uso de casos práticos também foi identificado na teoria quando apontamos que McKenna se apoiou em muitos exemplos da Apple, IBM, General Motors, Xerox, entre outros, para apresentar sua visão sobre o que é marketing.[291] O. C. Ferrel e Michael Hartiline também incluíram, no final do seu livro, 14 casos de empresas mais dois apêndices com planilhas do plano de marketing e exemplos de planos.[292]

Os ex-funcionários revelaram que saíram da empresa porque a Coca-Cola tem um discurso de renovação, e, depois de uma certa idade, as pessoas não são mais valorizadas – troca-se um profissional experiente por um mais jovem.

---

[289] LÉVI-STRAUSS, 1970 *apud* ROCHA, 1995.
[290] McCARTHY, 1978.
[291] McKENNA, 1992.
[292] FERREL; HARTILINE, 2010.

Assim, da coisa de ser ouvido, de eu ter voz, o cara diz, eu vou precisar tomar uma decisão, o que você acha? Acho que a palavra é essa. Eu tive uma chefe belga, insuportável, tratamento, aí, pagamento, tratamento e treinamento, certo, treinamento, porra, foi demais [...] Mas chegou uma hora que eu ficar aprendendo mais de refrigerante, era mais de varejo, mais de garrafa, só que agora eu vou mudar de país, não estou a fim. Pagamento, você troca de pagamento, único lugar do mundo, aliás, sempre falei isso para todo mundo lá dentro, Coca-Cola não paga bem, ela tinha um belo salário, mas você podia ganhar mais fora. Eu dizia assim, Coca-Cola vale muito quando você converte um currículo em grana, por enquanto é currículo, enquanto você está aqui, é currículo, mas têm vários iguais a você, basta eu abrir a janela aqui e deve ter uma fila de gente querendo seu lugar. Isso é uma pressão. Em vários momentos, as pessoas diziam 'cara, dá graças a Deus que você está aqui, tem muita gente querendo seu lugar', e o tratamento que pega. Porque no começo você até atura muitas coisas, chega um momento, você não está mais a fim de aturar, ainda mais de quem, né, essa pessoa é muito Junior. Então essa coisa da senioridade, eu fui perdendo isso, porque começou a chegar uma galera mais Junior, mandando o que eu tinha que fazer (E.K).

Percebemos, com isso, que, além de a Coca-Cola direcionar toda sua comunicação para os jovens como público-alvo de consumo e ter um discurso que valoriza a juventude e o prazer, ela valoriza a juventude no seu quadro de funcionários, o que, mais uma vez, reforça a narrativa que a empresa tem sobre si mesma.

3.3 UM CONSTANTE PESQUISAR EM MARKETING

Nesta parte, trataremos de um aspecto que surgiu nas entrevistas com uma ênfase superior àquela encontrada na análise teórica dos livros: o uso de informações para monitorar o mercado e os consumidores. Faremos uma análise desse tópico considerando que ele foi apontado por todos os entrevistados como a principal atribuição de marketing na prática de Coca-Cola.

Entenderemos, ainda, qual a função dessa constante análise dos dados e quais objetivos precisam ser alcançados para ser considerada uma prática de marketing bem-sucedida. Ao compreender que essas análises cumprem dois papéis fundamentais, entender o mercado para pensar em novas estratégias e criar métricas que monitorem o resultado das ações, poderemos elaborar uma discussão que examine o discurso dos teóricos de que marketing atende às necessidades dos consumidores.

Quando analisamos o marketing na história, percebemos que surge com a missão de desenvolver um mercado consumidor para produtos industrializados; de alguma maneira, ele possibilitou a formação de um mercado de consumo. Na prática, após anos de exposição ao consumo, as pessoas recebem muitos estímulos para consumir, e esse estímulo vem de diversos produtos e marcas diferentes.

Nesse sentido, ao longo da história, o marketing desenvolveu ferramentas para monitorar as reações das pessoas e, com isso, seguir com o que está planejado ou mudar de estratégia. Há anos, a Coca-Cola planejava ações para conquistar a afeição das crianças e formar as novas gerações de consumidores da marca. Os ex-funcionários apontam ações, como brindes, especialmente miniaturas e colecionáveis.

> *Estudei muito isso, através de pesquisa de mercado. Item colecionável é um fenômeno humano, funciona inclusive em outras culturas e como eu te falei, você ia no banco de dados e você via o que funcionava, porque na Coca-Cola tem tudo isso em dados. Um outro fenômeno humano, miniaturas. Não sei o que acontece na cabeça das pessoas, não sei se é cabeça ou se é coração, miniaturas, as pessoas ficam loucas com miniaturas. Você junta itens colecionáveis com miniaturas, não tem erro (M.S).*

Segundo E.K, as crianças eram um público fundamental para que a empresa introduzisse a marca o quanto antes na vida das pessoas. Com o decorrer do tempo, por meio dos diversos monitoramentos, a empresa identificou que essa estratégia passou a ser muito criticada pelas pessoas. Houve transformações na sociedade que fizeram com que algo antes era natural passasse a ser discriminado. Assim que a empresa percebeu esse movimento, antecipou-se e reduziu as campanhas direcionadas às crianças, não porque achou isso importante, mas porque percebeu que a repercussão estava ficando negativa demais.[293]

Marketing é um conjunto de estímulos direcionado ao consumidor para despertar nele o desejo para o consumo. Apesar de ser uma espécie de

---

[293] Apesar desse discurso de E.K, a Coca-Cola fez, em dezembro de 2018, uma promoção de pelúcias no Natal, bastava juntar seis embalagens do produto mais oito reais para trocar por um urso de pelúcia. Essa é uma ação claramente direcionada ao público infantil, o que pode nos sugerir que a marca pode mudar seu discurso sem nenhum apego ou compromisso com o passado.

"mão invisível" que impulsiona o consumo, nem sempre a empresa tem êxito nas suas ações, dado que o consumidor tem um papel ativo na interpretação e absorção dessas interferências. Com isso, o marketing assume na prática o papel de entender como esse consumidor está recebendo, interpretando e sentindo os estímulos que a indústria está emitindo para ele. A teoria trata da mesma forma esse fato por meio de estudos de mercado, que mapeiam o comportamento do consumidor e ajudam a definir desejos e necessidades de consumo. A partir daí, torna-se um ciclo em que as empresas entendem como o consumidor percebe esses estímulos e buscam novas formas de estímulo ao consumo.

Apesar de, na teoria, a utilização de pesquisas ser apontada com o objetivo de identificar necessidades, na prática da Coca-Cola, ela parece ter um papel de criar oportunidades para a empresa, mesmo que nem sempre seja para atender a necessidades. Na verdade, o marketing, às vezes, é um pouco romantizado na teoria e no discurso dos executivos da Coca-Cola, porque torna-se mais genuíno, autêntico e bondoso falar dele como uma disciplina que identifica necessidades não atendidas, em vez de dizer que cria oportunidades de novos negócios e desenvolve novas necessidades de consumo. Como observamos no discurso de B.Q: *"Minha primeira atribuição é entender como as pessoas estão se relacionando com sucos e buscar oportunidades de novos negócios que caibam na jornada deste consumidor. Basicamente, buscar lacunas não atendidas"*.

O ex-funcionário E.K faz um contraponto a esse discurso romantizado, frisando que, apesar de se ter acesso a diversas pesquisas, o que importa no final é ser relevante para o negócio da empresa. Quando perguntado sobre a ideia de que marketing atende às necessidades do consumidor, ele suaviza completando: "[...] *desde que isso gere lucro para a empresa*". E.K concorda que há uma certa romantização: "[...] *o marketing tem sim todo aquele floreio, a teoria romantiza nosso papel*" e, *além de concordar, complementa dizendo*: "[...] *mas para mim marketing é ferramenta mesmo, chave de fenda*".

Além de romântica, ao descrever que a principal atribuição de marketing é monitorar e entender o mercado, percebemos um aspecto de nobreza e grandiosidade nas atividades, especialmente quando se trata de analisar dados e pesquisas. A informação empodera quem o faz e eleva a área para a natureza estratégica da atividade de marketing. Não por acaso, na Coca-Cola, por diversos anos, a área se chamava inteligência de marketing, como se todas as demais não fossem inteligentes, como notamos nesta fala:

> *A primeira grande história é ser o guardião da estratégia desse segmento. Aí o que significa na prática isso? Guardião da estratégia do segmento de sucos significa ter certeza que a gente, tem um entendimento completo do que, completo você nunca tem, eu tenho um profundo entendimento do que está acontecendo com essa categoria, quais são as tensões dos consumidores e se o que a gente tem de solução, seja para o portfólio, arquitetura de marcas, campanhas, ações, se conversa com isso. Então essencialmente parte, minha primeira atribuição é entender como as pessoas estão se relacionando com sucos (B.Q).*

O entrevistado demonstra acreditar ser possível ter um entendimento *"quase completo"* do mercado e ser *"o guardião da estratégia do segmento"*; nos chama atenção o uso dessas expressões nesse contexto. Apesar da força das palavras "quase completo" e "guardião", notamos que seu uso não se dá para enfatizar as atribuições do executivo, mas porque de fato ele acredita ser capaz de fazer isso. Podemos coletar evidências de que há aqui um mito na área de marketing. Conforme analisou Everardo Rocha, o mito é uma narrativa.[294]; trata-se de um discurso, ou uma fala, por meio do qual as sociedades espelham suas contradições, expressam seus paradoxos, dúvidas e inquietações. Pode ser visto como uma possibilidade de se refletir sobre a existência, o cosmos, as situações de "estar no mundo" ou as relações sociais.

Nesse caso, a Coca-Cola preserva, por meio desse discurso mítico, um significado de nobreza, grandiosidade, prestígio e distinção. Everardo Rocha nos desafia a interpretar o mito de uma forma não literal:

> O mito está aí na vida social, na existência. Sua 'verdade', consequentemente, deve ser procurada num outro nível, talvez, numa outra lógica [...] Guarda uma mensagem cifrada. O mito precisa ser interpretado. Finalmente, o mito não é verdadeiro no seu conteúdo manifesto, literal, expresso, dado.[295]

Kotler e Keller afirmam que o objetivo do marketing é conhecer e entender o cliente tão bem que o produto ou o serviço possa se adequar a ele e se vender sozinho.[296] De forma bastante similar, os executivos entrevistados afirmam que a primeira função do marketing é entender e monitorar o mercado com o objetivo de não perder as oportunidades de vendas dos produtos existentes ou criando produtos para atender àquelas que forem identificadas.

---

[294] ROCHA, Everardo. O que é mito. São Paulo: Brasiliense, 1996.
[295] ROCHA, 1996, p. 4.
[296] KOTLER; KELLER, 2012.

> *Basicamente, a gente tem na Coca-Cola um uso muito intenso de pesquisa. Então, a base passa toda por analisar coisas contínuas, pesquisas contínuas, pesquisas de consumo que a gente faz para enxergar o que as pessoas estão bebendo e por quê. Há pesquisas ad hoc que vão me alimentar de respostas específicas para uma tensão que eu quero entender. Então se eu estou vendo que o segmento de energéticos está crescendo, com soluções de alto valor agregado, por que as pessoas estão tomando energéticos mais caros? O que elas buscam quando tomam energético mais caro? O que é o mais caro na cabeça dele? [...] Então, eu tenho uma série de coisas que vão me alimentar no dia a dia, que a gente tem aqui todo mês chegando um dado para trabalhar isso. E eu tenho uma série de coisas que desse entendimento vão levantando perguntas que eu tenho que responder, então vamos enxergar o que significa nutrição e energético para a cabeça dos consumidores no Brasil [...]. Aí eu faço um ad hoc (T.D.).*

Enquanto os executivos se apoiam e reforçam, o tempo todo, o aspecto técnico do marketing, apontando que os estudos de mercado dão direção e orientam a estratégia da empresa, os ex-funcionários contrapõem esse discurso e apresentam um aspecto subjetivo do marketing que ambos denominam feeling. Para eles, por mais informações e pesquisas que se tenha, às vezes, a intuição e a criatividade são fundamentais para traçar ações de marketing. Um deles, M.S, afirma ainda que na Coca-Cola isso é valorizado, "[...] *se você tem uma ideia boa e consistente, o dinheiro para realizar a ação aparece*". Indagados sobre quem julga se a ação é pertinente, todos são enfáticos ao afirmar que a diretoria aprova e que a direção da companhia é de marketing.

Ao explicar como criou uma ação de degustação de Diet Coke, que tinha como objetivo oferecer gratuitamente o produto a não consumidores para aumentar o nível de conhecimento, percebemos que a ação foi desenhada sem embasamento de pesquisas de mercado. Ela contou com a ideia de um grupo de amigos que estavam tomando cerveja em um bar e ganhou o prêmio de melhor promoção do mundo.

> *Aí estava tomando chopp com o pessoal da empresa em um bar e um amigo pediu uma coca. Eu fiquei mexendo com a tampinha e do nada falei assim, vem cá, eu não quero dar Diet Coke da maneira que a gente faz degustação hoje, eu quero dar Diet Coke para pessoa tomar na hora que ele tiver vontade de tomar. Um amigo disse, podia dar um brinde, dar um vale brinde para ela. O outro disse, porque o brinde não é a tampinha? Resumindo, surgiu a ideia do*

> seguinte, pegou tampinhas, produzir tampinhas é muito barato, muito. Produzir um milhão daquilo custa "dois reais". Nada. Vamos fazer assim, vamos fazer cupons, como chamava [...] "Rolha cupom". Tampinha a gente chama de rolha. A gente imprime dizendo assim, vale uma Diet Coke média grátis. Faz milhões disso aqui, bota a pessoa na rua distribuindo na rua... Você, Karine, ganhou aquilo ali, faz o seguinte, guarda. Quando chegar no ponto de vendas você troca por uma Coca-Cola média, você ganha de graça. Você ganha o direito de tomar uma Coca-Cola de graça, esse cara, na hora que ele te der a Coca-Cola de graça, só o líquido, que a garrafa você não vai pagar, eu reponho esse líquido para ele e dou mais um para ele. Então ele ganha dois líquidos de Coca-Cola grátis no restaurante. Você bebe sua Diet Coke quando você tiver vontade, no almoço aqui agora. E quanto custa, distribuiu milhões, tudo que eu distribuir, eu só vou ter despesa naquilo que for resgatado. Ou seja, se você pegou a tampinha e jogou no lixo, eu não tive despesa, só a rolha, não custa nada. Mas se você pegou e trocou, você experimentou, então a degustação cumpriu seu papel (M.S).

Interessante nesse exemplo que, além de a campanha ter sido criada sem apoio de pesquisas de mercado, houve enorme preocupação de gerenciar a ação com o ponto de venda, o que na teoria seria a gestão do "p" praça. Para ser uma campanha bem-sucedida, o ponto de venda não teve ônus com a promoção, ao contrário, ganhou algo a mais para ser um facilitador da promoção.

Um aspecto levantado nas entrevistas como um escopo do marketing é a mensuração dos resultados gerados pelas ações da área. Nesse ponto, há uma enorme divergência entre os executivos e ex-funcionários. Para os primeiros, na Coca-Cola, há uma enorme obsessão pela conquista ou não dos objetivos traçados. Segundo B.Q, a principal métrica é o volume de vendas.

> Na Coca Cola, a gente, na verdade, a indústria de bebida como um todo, tem uma peculiaridade muito interessante que é uma indústria que demanda muito volume, porque você tem que fazer um investimento de ativos alto em fábrica e em linhas para operar. Então por ser um negócio muito, financeiramente falando, muito pesado, a gente tem, sempre teve na história um peso de volume muito forte. Eu estou conseguindo entregar os volumes esperados para tal categoria?.

Indagado se seria possível medir o resultado de cada ação isoladamente ou apenas o volume geral, B.Q explicou que:

> *A gente tem muitas ferramentas internas, pelo nível de investimento que a gente faz no mercado que conseguem medir uma parte importante das ações. Então a gente consegue discutir ROI, a gente consegue olhar e falar, cada um TRP que eu boto no mercado, isso volta tanto para a gente, para o negócio. Isso a gente consegue fazer. Eu consigo investir, ter rol de ações no varejo, então se eu fizer uma ação, compre e ganhe, deveria esperar tal retorno e se eu comprar espaço, deveria esperar tal retorno.*[297]

O discurso do executivo é demasiadamente técnico e ambiciona ter o controle minucioso de aspectos algumas vezes intangíveis, demonstrando um alto grau de precisão e previsibilidade. Para o ex-funcionário M.S, a relação entre investimento e retorno é um pouco diferente:

> *E tem uma coisa lá dentro, se a ideia é boa, o dinheiro aparece. Isso para quem trabalha lá é muito desafiador, ao mesmo tempo é muito angustiante. Fala assim, cara, não tem desculpa dizer que eu não tenho dinheiro, eu tenho que ter uma boa ideia.*

Essas duas visões nos colocam em uma contraposição: ao mesmo tempo que pensamos no ambiente Coca-Cola como um lugar científico, controlado e previsível, percebemos um aspecto subjetivo pautando as decisões. Apesar da grande atração pelas métricas e por manter o ambiente monitorado, há um componente intangível norteando as definições estratégicas, afinal, como definir ou mensurar que uma ideia é potencialmente boa a ponto de se encontrar financiamento, como disse ocorrer M.S.

O informante R.L enfatizou esse ponto: "[...] *o ser humano é imprevisível*", por isso as métricas falham as vezes. "*O marketing tem um Q de, sei lá, de acaso, você planeja, planeja, planeja, mas tem um componente que ninguém mexe*" (R.L).

Um episódio não relacionado à Coca-Cola, narrado por M.S, ilustrou bem esse aspecto. Por mais que uma empresa estude e conheça o mercado, muitas vezes podemos ser surpreendidos com outras lógicas vindas do consumidor. No exemplo, uma ação de marketing foi planejada idealizando uma reação do consumidor que não se concretizou, trata-se do aspecto humano.

> *[...] tinha aula numa creche ali no Leblon, cinco horas tinha que pegar as crianças, não pode passar de cinco horas. As pessoas estavam passando das cinco horas, chegava cinco e dez, cinco e*

---

[297] O Return on Investment (ROI) é uma das métricas usadas para refletir os ganhos financeiros de cada ação implementada por uma empresa, inclusive com campanhas de marketing. *Target Rating Poiting* (TRP) é um índice que dá uma ideia sobre o alcance e a frequência das mensagens publicitárias para um público-alvo. Em termos mais simples, denota basicamente quantas pessoas ou público assiste a um determinado anúncio.

> *quinze, para o colégio era ruim, que ele tinha que pagar um outro turno para deixar alguém cuidando das crianças. Aí o colégio teve a grande ideia para acabar, vamos acabar com isso? Vamos acabar com isso. Vamos cobrar. Se alguém deixar a criança depois de cinco horas, paga uma multa de X reais por minuto. Uma graninha, cinquenta pratas num atraso. Você acha que resolveu? Não. Ao contrário, piorou. Todo mundo sabia que podendo pagar, deixava, então deixa lá, eu pago. Na verdade, o raciocínio das pessoas foi exatamente ao contrário do que se imaginava. Parecia fazer sentido que você cobrar ia diminuir, não, aumentou. Ah, pode pagando? Pode. Então deixa até seis horas, seis e meia (M.S).*

Embora todo o discurso esteja marcado até de forma excessiva pelo controle, quando perguntado sobre questões que não podem ser medidas em termos de desempenho, percebemos um paradoxo. B.Q disse que não conseguia avaliar o efeito de se mudar uma embalagem, nem sequer definir quantos clientes novos uma identidade visual diferente pode trazer. Ao ser questionado sobre como sabem que dá certo e mantém a ação junto à estratégia, sublinhou: *"não consigo medir a risca o retorno"*. De alguma maneira, entretanto, seria necessário obter esses números, uma vez que não se pode estar em um ambiente impalpável.

Na teoria analisada, parece haver uma asserção tautológica de que planejamento de marketing difere de marketing, sem que seja possível compreender exatamente essa distinção. Na prática, os executivos têm uma convicção bastante congruente: planejamento e marketing são distintos. Para todos os entrevistados, se distinguem em termos de dinâmica: enquanto o marketing tem um olhar de especialista, planejamento atua em uma visão holística e global; planejamento atua e pensa no longo prazo, enquanto marketing precisa entregar a venda do mês; marketing vive no presente, planejamento olha para o futuro; planejamento provoca, marketing opera.

Apesar de o discurso apontar divergências conceituais, acreditamos que as diferenças são de natureza superficial, e não semântica, o que nos faz questionar se as distinções existem ou não. A mesma argumentação nos faz lembrar as diferenças apontadas quando separaram vendas e marketing.

> *A galera de planejamento que tem essa visão global, eles conseguem, por ter a visão global, desafiar categorias que têm trends mais fortes, vou falar qualquer exemplo aleatório, água de coco, o pessoal do sucos, vocês estão olhando a água de coco? Negócio está explodindo, estou vendo uma série de coisas aqui dos consumidores, tem 15 player novos entrando, vieram oferecer para o time técnico*

> *uma história, pode ser que isso já tenha entrado no meu radar, eu já esteja trabalhando, pode ser que não. Eu fui para um exemplo, mas isso pode pegar o trabalho de planejamento e desafiar a equipe técnica. Olha, tem uma nova tecnologia surgindo lá na Ásia, para desafiar a nossa equipe comercial, falando, "olha, os próximos dez anos a gente está vendo que com o fim da crise vai ter uma volta de gastos fora de casa, então a gente precisa estar muito bem preparado para trabalhar com restaurantes e lanchonetes. A gente está com uma estratégia boa para isso?", então essa divisão existe. Seria olhar um pouco para o futuro, assim mais [...] Eles olham para o futuro e eles não têm as amarras que a gente tem dentro das categorias ou dos canais e aí tem uma troca importante. E também talvez não tenha capacidade de entregar no presente [...] Eles não mexem. Eles só provocam. Eles fazem muitas outras coisas, além disso, mas nessa pergunta específica sobre como tem esse papel, acho que é mais aí (B.Q).*

O propósito central de se estudar o mercado e o consumo retoma um tema que percorre toda nossa análise, o atendimento das necessidades do consumidor. Ao identificar esse ponto, buscamos examinar argumentos que apontem esse discurso tão falado na teoria e na prática de Coca-Cola, desafiando os argumentos de que marketing não supre necessidades não atendidas, mas cria possibilidades de lucro para as empresas.

Para B.Q, enquanto a empresa olhar "para dentro" e mudar seus produtos baseando-se no que ela julgar ser a melhor a solução, os resultados não prosperarão. Ou seja, os funcionários de marketing ou de qualquer área não podem acreditar que sabem o que é importante e valorizado pelos clientes, enquanto não perguntarem para ele. Apenas quando entende os consumidores, a empresa acredita que pode desenvolver produtos que tenham impacto na vida do consumidor. O olhar "para fora" seria trazer a visão do cliente para tomar as decisões relevantes em termos de desenvolvimento de produtos.

> *A gente fez mudanças de produtos em sucos no passado olhando para dentro. Hoje não estou ganhando dinheiro com um suco A. O que eu posso fazer para ganhar dinheiro? Ah, eu não estou ganhando dinheiro porque as pessoas não estão vendo mais valor. Então vou tentar mudar minha embalagem aqui para ver se as pessoas vêm valor. E não estou ganhando dinheiro porque a linha de produção que eu uso é muito cara, então vou tentar fazer um processo mais barato. Ali eu estou tentando mexer no produto, para tentar vender esse negócio. O que aconteceu na prática? Isso é um*

> *caso real, esse produto que vinha caindo, sei lá, 10%, passou a cair noventa. Porque o composto final foi feito não pensando nele, foi feito para dentro, tentando responder coisas nossas* (B.Q).

Apesar de concordarmos que a visão do consumidor é importante para desenvolver produtos que sejam bem-sucedidos para a empresa, permanece a dúvida se a natureza do desenvolvimento dos produtos seja atender a necessidades ou criar mais uma fonte de rentabilidade para a empresa. Para B.Q, o marketing pode desenvolver produtos ou serviços que entreguem necessidades não atendidas. Um exemplo não relacionado à Coca-Cola foi trazido nesse debate.

> *Eu estava falando dele esses dias e mudou acho que a vida de todo mundo, se você fosse olhar pela lógica de criar demanda para uma coisa que não existe, teve uma época, sei lá, uns dez anos atrás, que todo mundo empurrou GPS do carro, empurrou. E todo mundo começou a usar. E de repente vieram uns caras e falaram, beleza, tem uma indústria aqui crescente, tem uma história que sim, atende a demanda das pessoas, mas muito melhor que você, por que as pessoas estão usando GPS no carro no final, o que está por trás não era não se perder, o que está por trás é a pessoa conseguir sair de casa e ter uma reunião meia hora depois na Barra e chegar meia hora depois na Barra. Aí, os caras criam o Waze. Então, tinha alguma coisa que ajudava ali o GPS? Tinha. Atendeu a camada mais superficial da história. Hoje é difícil você imaginar alguém comprando um GPS. Porque os caras que conseguiram entender de fato o que era a atenção das pessoas ali, esses caras acertaram na mosca e da noite para o dia um aplicativo que custa cinquenta vezes menos do que os caras que estavam bombando na época, ali destruíram uma indústria, em dois, três anos sumiu. Acho que isso vale para todas essas coisas que a gente tem, então, por isso que eu acho que achar o que é atenção e ir no mais profundo ali, é o que vai* (B.Q).

Os desenvolvedores do aplicativo Waze parecem ter entendido melhor os dados que simplificariam a vida das pessoas do que a indústria de GPS. Entretanto, a narrativa é romantizada quando afirma que Waze conseguiu a "atenção" das pessoas. Waze só pôde existir porque a indústria dos smartphones proporcionou a escala e a facilidade tecnológica necessárias para se atingir o público esperado. Nesse sentido, sem tirar o mérito das invenções de qualquer natureza, é preciso pensar se, de fato, as invenções nascem da intuição e da percepção de que algo pode ser útil para a as pessoas por parte de quem cria ou se, quanto mais dados analisarmos e quanto mais entendermos sobre o mercado, a chance de desenvolver produtos importantes para as pessoas aumenta. Talvez, ainda, a criação possa surgir das duas formas. O que o marketing defende é que, estudando mais e melhor o consumidor e o mercado, a empresa terá maiores chances de inventar os produtos e serviços certos.

Ao perguntar aos atuais executivos se a Coca-Cola tinha um exemplo de invenção de produtos baseando-se em demandas não atendidas do consumidor, o assunto foi desviado sem que nenhum dos dois conseguisse apresentar um caso de sucesso nessa área. Já os ex-funcionários lembraram-se apenas de casos de fracasso, segundo eles, com Coca-Cola Stevia e Coca-Cola Café. O que ambos não conseguiram distinguir é se o fracasso ocorreu por conta de uma má leitura dos dados ou pela invenção desenvolvida.

> *Então essa história de analisar o que a teoria fala para a gente, analisa as demandas do mercado e identifica oportunidades e cria um produto para essa lacuna [...] Ela cria, ela tenta criar, a Coca-Cola tenta, mas não consegue. O sistema de fabricante, não tem essa cabeça, porque fabricante está ali para ganhar dinheiro. Acaba que ela fica refém desse modelo que ao mesmo tempo é bem sucedido. Que é bem sucedido. Viu como ela foi melhor, fala assim, viu como foi melhor não ter lançado, peguei essa grana, botei em Fanta Uva, vendi um milhão de caixas. Você ia vender vinte mil do outro produto, estou vendendo um milhão de caixas que dá muito dinheiro* (R.L).

Pelo que R.L explica, parece que a empresa não consegue lançar novos produtos, porque é muito grande. Segundo M.S, trata-se de um *"hipopótamo"*. Por conta disso, percebemos que a Coca-Cola não sabe trabalhar com pequenas escalas, e, pelo que parece na fala anterior, os franqueados que compõem seu sistema também não. Talvez, por isso, a aquisição de outras empresas seja uma ótima maneira de se manter na liderança do mercado de bebidas e ocupar mercados não ocupados.

A empresa muda sua estratégia por meio do monitoramento do mercado e dos consumidores, aspecto ilustrado pelo posicionamento feito pela companhia que a tirou de uma situação que a classificava como uma empresa de refrigerantes para uma empresa de bebidas. Por meio de diversas pesquisas e monitoramentos de mercado, identificou que o consumo de açúcar estava diminuindo no mundo e que isso refletia uma preocupação maior das pessoas por uma alimentação saudável. No Brasil, uma pesquisa feita pela Fiesp, em 2018, com 3 mil respondentes acima de 16 anos em 12 regiões metropolitanas identificou que oito em cada dez brasileiros optam por uma alimentação mais saudável e que 71% preferem comidas saudáveis, mesmo sendo mais caras. Além desses dados, segundo o Statista (2023), percebemos que o consumo per capita de refrigerante no Brasil, diminuiu 21% em 2021 comparado com o consumo per capita de 2015. Para reforçar essa tendência, a proposta do governo informa que a Organização Mundial de Saúde (OMS) já recomenda o aumento de 20% no preço dos refrigerantes com o objetivo de desestimular o consumo.[298]

Não por acaso, a Coca-Cola começou um movimento de diversificação de portfólio, e podemos definir que essa foi uma estratégia de marketing. A partir de um entendimento do mercado e do comportamento do consumidor, a empresa reorientou sua postura, saindo de uma empresa monoproduto para uma com diversos produtos no mundo inteiro.

A partir dessa identificação de mercado, a Coca-Cola poderia tomar três ações: 1) não fazer nada, o que implicaria perder espaço no mercado de bebidas — seria, conforme Theodore Levitt detalhou em sua teoria,[299] uma miopia em marketing; 2) desenvolver produtos para todas as categorias em crescimento, o que demandaria muito tempo e aprendizado, já que a empresa operava, há mais de cem anos, com um único produto e talvez não tivesse as competências necessárias para desempenhar bem nesses mercados; 3) adquirir empresas que já estivessem ocupando esses mercados emergentes. Dentre as três opções, a empresa optou pela aquisição de empresas, embora entendamos que as três medidas fazem parte das atividades de marketing. Embora nenhum executivo ou ex-funcionário tenha conseguido nos explicar a diferença entre marketing e estratégia empresarial, esse escopo coincide com a definição de marketing abordada na introdução deste trabalho, em que ele é uma estratégia empresarial de otimização de lucros, por meio da adequação da produção e oferta de mercadorias ou serviços às necessidades e preferências dos consumidores, recorrendo a pesquisas de mercado, design, campanhas publicitárias, atendimentos pós-venda etc.

Essa aproximação, entre marketing e estratégia empresarial, converge ainda com o livro de Kotler e Keller, que aponta um escopo de atividades amplo demais, deixando tênue a linha entre marketing e estratégia empre-

---

[298] PROJETO aumenta impostos de sucos e refrigerantes adoçados com açúcar. Agência Câmara, Brasília, 21 fev. 2018. Disponível em: https://www2.camara.leg.br/camaranoticias/noticias/INDUSTRIA-E-COMERCIO/553567-PROJETO-AUMENTA-IMPOSTOS-DE-SUCOS-E-REFRIGERANTES-ADOCADOS-COM-ACUCAR.html. Acesso em: 13 abr. 2019.

[299] LEVITT, 1960.

sarial, aproximando-o da administração.[300] Além disso, se não fossem pelas partes operacional e financeira, deixariam marketing e estratégia como idênticos.

3.4 MARKETING COMO DISCURSO

O discurso da Coca-Cola dirige-se a todos os públicos, em todos os meios e momentos, além de ser planejado e arquitetado com o objetivo de reforçar aspectos essenciais para a construção da imagem que a marca quer ter. Esse discurso, identificado mediante as entrevistas, se aproxima de parte do que foi retratado na teoria de marketing, mas aqui aparece com mais corpo e força do que nas definições referidas pelos autores.

Dado que o discurso será um aspecto tratado como uma função de marketing na prática, o examinaremos sob a perspectiva da autenticidade, da veracidade e da coerência, contrapondo aspectos levantados na teoria, como posicionamento,[301] promoção[302] e *stakeholder*.[303]

Entrevistar ex-funcionários parece ter sido uma boa escolha, pois foi observado que uma das atividades de marketing praticadas pela empresa é encantar o funcionário. Todos pertencem a um grupo de pessoas que sente um enorme orgulho em fazer parte da empresa e ajudar a construir a imagem da marca de uma companhia que investe e se dedica às práticas de marketing. A Coca-Cola tem uma cultura organizacional que engaja seus funcionários a serem defensores da marca e trata cada um como uma mídia que ajudará a reforçar a imagem que a empresa quer ter, não apenas junto aos seus consumidores, mas diante de toda a sociedade. Antes mesmo de conquistar consumidores, a Coca-Cola conquista a afeição de seus funcionários: *"Eu não bebo outro refrigerante, eu não faço propaganda para concorrente"* (B.Q). O ambiente da empresa encoraja os funcionários a pensar na marca como um projeto para a vida que dura 24h, e não apenas o tempo em que se está trabalhando. Podemos perceber essa postura na fala do executivo: *"Eu não entro em um restaurante que não venda Coca-Cola. Eu não vou gerar business para alguém que não gera business para a Coca-Cola."* (T.D).

Esse vínculo é tão forte que se torna uma barreira de saída. Segundo os ex-funcionários, sair da empresa é uma decisão difícil e envolve toda a família.

---

[300] KOTLER; KELLER, 2012.
[301] *Ibidem*; AAKER 2001.
[302] McCARTHY, 1978.
[303] FREEMAN, 1984.

> [...] *inclusive era uma prisão. Porque na hora que você dissesse em casa, acho que eu vou sair do emprego, as pessoas falavam, "tá maluco, sai não, você tem que ficar lá"* [...] *Conseguiu o emprego dos sonhos, não é? É. Tua mãe, se você tem filho, sua filha de seis anos, "minha mãe trabalha na Coca-Cola". E tudo leva para isso* (E.K).

A empresa envolve as pessoas para que se sintam únicas e diferenciadas, e essa conquista vai além do salário. Dinheiro é algo que não deixa resíduo emocional nas pessoas, mas uma série de vantagens quase intangíveis faz muita diferença. Como podemos reforçar pelos depoimentos:

> [...] *eu tenho uma filha e eu era convidado para dar palestra na escolinha dela, as professoras, "ah, teu pai trabalha na Coca-Cola", adoravam. Eu chegava lá cheio de brindes, levava latinha de refrigerante, eu chegava com bolsa térmica, brinde e tal* [...]. *É encantador. É uma empresa que funciona a base de encantamento* (E.K).

A empresa autoriza o funcionário a falar em nome da empresa e levar uma série de brindes. Esse benefício não é mensurável, já que as pessoas se sentem valorizadas e prestigiadas diante do olhar dos outros — por exemplo, na escola da filha, com a licença para falar em nome da Coca-Cola.

Outros benefícios citados pelos funcionários eram: reembolso da armação dos óculos uma vez ao ano, reembolso fralda, ingressos para eventos e convites para espetáculos patrocinados pela empresa. Esses são privilégios que só os funcionários de marketing da Coca-Cola podem ter, e isso vale mais do que salário, porque os promove como alguém importante. Essa análise é reforçada pelos depoimentos de T.D quando diz "[...] *eu sou muito mimado aqui*" ou de M.S que fala "[...] *o salário em si não é maior do que o do mercado, mas os benefícios me fazem sentir importante*". Ou, ainda, quando B.Q comenta que "[...] *estar na Coca-Cola vai além do salário que você ganha, trata-se do valor que você tem para as pessoas e para o mercado*".

Tudo na empresa é grandioso para alimentar a superioridade da marca em todos os aspectos. A Coca-Cola fala de si com muita autoridade e desprovida de qualquer humildade. Notaremos que, no discurso de Coca--Cola, vale mais o parecer do que o ser, embora seja necessário que, mesmo exagerado, esse discurso pareça autêntico.

> [...] *uma reunião da Coca-Cola parece uma reunião da ONU, entra o negro Zulu da África, entra o alemão, entra um indiano, é uma coisa assim, e isso não é um negócio que fica só no mito,*

> não ficava, a Coca-Cola tentava fazer com que houvesse essa troca de conhecimento. Com isso você tem quase que a disposição uma biblioteca de ações, de reações e exemplos, cases e tal (E.K).

Pelo que vimos na história do marketing, esse parece ser a mola impulsionadora do consumo. Ele pode ser entendido como uma ideologia, talvez a principal ferramenta do capitalismo. Qualquer movimento que tente ir contra essa ideologia e, consequentemente, contra o capitalismo são automaticamente absorvidas, e o sistema reverte um movimento que era contra a cultura dominante em um segmento de mercado que será rentabilizado pelas empresas.

Um exemplo disso, mas não relacionado ao caso Coca-Cola, foi movimento contra o consumo de carne, o *veganismo*, uma filosofia de vida em que a não utilização de produtos de origem animal é vista como mais sustentável para o planeta, pela economia de água, além de motivos, como compaixão animal e benefícios para a saúde. Quando o marketing entendeu esse comportamento, desenvolveu toda uma indústria *vegana* que vai de produtos de beleza que não fazem testes em animais, passando por *gourmetizar* produtos, como lasanha de berinjela, *carpaccio* de abobrinha e churrasco de melancia, até desenvolver roupas mais sustentáveis.

Apesar dessa conexão com o capitalismo, assumir essa vocação não parece ser totalmente confortável. Dessa maneira, os discursos dos profissionais que praticam marketing não evocam efusivamente o estímulo ao consumo.

> [É uma] [...] empresa demonizada. Por ser americana, água negra do capitalismo, não tem nenhum tipo de benefício para saúde, como vou te falar, é fluído, é um prazer fluído, não fica nada. É tipo que nem perfume, é um negócio assim meio amaldiçoada, etéreo, é uma coisa etérea. Pô cara, não faz sentido essa empresa, essa empresa não tem nenhum tipo de benefício. Isso é um negócio que está muito cristalizado, é possível que tenha gente lá que nem pense nisso, que esteja vivendo em outro mundo e tal, mas quem tem poder de decisão sabe disso, porque é uma história longa, né (E.K).

Por isso, outra estratégia adotada pela Coca-Cola é trabalhar a imagem da empresa junto à sociedade. Segundo E.K, "[...] *a Coca-Cola tem uma estratégia, além da estratégia ela tem uma estrutura voltada para trabalhar a marca para a sociedade*". Diante dessa informação, algumas ações realizadas pela empresa buscam desenvolver uma imagem positiva diante da sociedade.

> *Duzentas. Por exemplo, tentando demonstrar o quanto que, quantos funcionários trabalham lá, quanto a Coca-Cola emprega e gera de riqueza. O que a Coca-Cola contribui para o Brasil, causas sociais, você pode falar da parte financeira, você pode falar do apoio que a Coca-Cola dá aos empreendedores através de uma escola de merchandising para preparar empreendedores para seus business. Que empreendedores? Ambulante, dono de birosca, dona de quiosque, o pequeno negócio, o pequeno negociante. Então o que a Coca-Cola oferece a eles? Uma sala de aula, um curso, onde vai dando técnicas de como apresentar o produto, de como atender o cliente e tal. Com isso ela está dizendo o quê? Olha, eu estou contribuindo para o empreendedorismo no Brasil, muitas ações... Ah, da coleta da água, como chama isso, não é só coleta da água de chuva, mas também da água que já foi utilizada, faz um reuso. É, reaproveitamento da água, tem um programa. Coca-Cola tinha um cara gerente de meio ambiente e o trabalho dele era justamente buscar oportunidades para a empresa utilizar a expertise que ela tem, ajudando ao país. Então, tratamento de água, era uma coisa que Coca-Cola tem, desenvolveu no mundo todo, então ela conhece no mundo todo. E esse conhecimento era tentado assim voltar para a sociedade para ver o que pode melhorar. Eu citei quatro ou cinco, mas pode citar duzentos (E.K).*

Podemos afirmar que essas são práticas de marketing, já que o é gerar um "boca a boca" positivo para a marca. Para cada pessoa que fala que Coca-Cola é um produto não saudável, existem várias dizendo que a empresa gera empregos. Para cada pessoa que tenta levantar a questão do excesso de açúcar no refrigerante, há várias contando sobre o empenho da empresa para formar pequenos empreendedores por meio de um programa de capacitação oferecido pela empresa; para cada defensor de que o produto deve ficar longe da rotina das famílias brasileiras, há várias contando do trabalho social ou ambiental da marca. De alguma forma, o marketing gerencia uma grande conta corrente em que o saldo precisa estar sempre positivo. Para cada "saque" nessa conta vindo de uma reputação negativa, a empresa precisa gerar ações e argumentos que façam "depósitos" positivos, para que no final as informações positivas superem as negativas.

Talvez o marketing que vemos na Coca-Cola não se aplique a todas as empresas. A companhia possui alto capital financeiro e um investimento que parece ilimitado. Por exemplo, quando M.S narrou a promoção das tampinhas premiadas, afirmou ser um produto muito barato; porém essa constatação talvez não seja válida para uma empresa pequena, uma vez que esse custo pode ser relevante.

A empresa fala de si com muita propriedade e tem claros seus princípios e valores organizacionais divulgados inclusive no site da companhia. Define sua missão como sendo refrescar o mundo em corpo mente e espírito, inspirar momentos de otimismo, por meio de marcas e ações, bem como criar valor e fazer a diferença onde estiver e em tudo que fizer.

"Missão" é um termo usado em marketing e em administração para demonstrar a razão de existir de uma empresa, seu propósito. Ela serve para alinhar todos, inspirar e relacionar os diversos atores da empresa na mesma direção. O propósito da Coca-Cola parece ser bastante grandioso, ousado e romântico, embora seja inspirador para os funcionários, que operam a empresa e fazem esse objetivo acontecer na prática.

A missão é um discurso de marketing que, com os valores da companhia, apresenta aos consumidores e à sociedade sua narrativa como marca. Os valores de Coca-Cola são: inovação, liderança, responsabilidade, integridade, paixão, colaboração, diversidade e qualidade. Todos eles ajudam a entender como a marca quer ser percebida no mercado e a história que pretende contar para as gerações atuais e futuras.

A empresa explica cada um desses valores e os expõe no site da companhia, reforçando nossa teoria de que os valores fazem parte de seu discurso e que cada um deles norteia as ações da companhia para construir uma imagem e percepção que a teoria define como posicionamento.[304]

O primeiro valor se refere à inovação, que a empresa define como:

> [...] buscar, imaginar, criar, divertir: esse é o caminho para a inovação. Desejamos buscar o inesperado, estimular um ambiente onde vale a pena correr os riscos de inovar e de compartilhar ideias.[305]

Como discutimos, muitas ações da companhia reforçam essa ideia de inovação, como as constantes alterações do slogan, que já mudou 47 vezes na história da empresa.

Outro valor indicado é liderança, cujo discurso é

> [...] como líderes, precisamos ter a coragem de construir um futuro melhor, meta que será alcançada fazendo a diferença

---

[304] KOTLER; KELLER, 2012; AAKER, 2001.
[305] SOBRE a Coca-Cola Brasil. *Coca-Cola Brasil*, Rio de Janeiro, [2019]. Disponível em: https://www.cocacola-brasil.com.br/sobre-a-coca-cola-brasil/principios-e-valores. Acesso em: 15 abr. 2019.

como empresa global, com decisões e inspiração certas e influenciando aqueles com quem nos relacionamos.[306]

A estratégia global da companhia de aquisição de empresas para entrar em outros mercados de bebidas, como sucos e água, demonstra que o objetivo e a narrativa de liderança podem ter norteado sua decisão por adquirir em vez de desenvolver produtos para essa categoria. Adquirindo marcas estabelecidas nesses segmentos, a Coca-Cola atingiu posições mais vantajosas no mercado de forma mais rápida. Como comentamos, na maior parte das categorias, a empresa ocupa a liderança ou segundo lugar.[307]

O terceiro valor trata de responsabilidade cuja definição é "[...] devemos ter vocação para agir e honrar nossos compromissos", o que nos parece um valor que não carrega um significado tão expressivo para a marca, já que responsabilidade é premissa para qualquer empresa — e, da forma como é expressa, poderia ser aplicada a qualquer companhia.

Integridade, para a Coca-Cola, significa "[...] ser íntegro significa ser verdadeiro: dizer o que pensamos, fazer o que dizemos e agir corretamente". Percebemos que várias ações de marketing da marca reforçam essa autenticidade e responsabilidade, especialmente aquelas relacionadas a questões ambientais e sociais. A empresa publica anualmente um relatório de sustentabilidade que, já na primeira página, apresenta um discurso de marketing:

> Não vivemos uma era de mudança, mas uma mudança de eras. Coexistimos em um mundo que passa por fortes transformações. O mundo dos próximos anos está sendo desenhado agora. Os impactos negativos precisam ser revertidos e os positivos, fortalecidos. Este não é um relatório de sustentabilidade, é a nossa forma de compartilhar que estamos conscientes e construindo o futuro do nosso negócio para fazer parte das soluções.[308]

Nesse relatório notamos uma narrativa muito bem estruturada para fortificar o compromisso da empresa com a sociedade, o planeta e as pessoas. Todas essas ações são estratégias de marketing que enobrecem o papel social da marca. A Coca-Cola apresenta 20 indicadores de sustentabilidade, o que aproxima ainda de outra função do marketing que é medir, mensurar e controlar o ambiente. Os indicadores são: rotulagem em conformidade,

---

[306] Idem.
[307] EUROMONITOR INTERNATIONAL, 2019.
[308] COCA-COLA BRASIL. *Isso não é um relatório de sustentabilidade*. Rio de Janeiro, jun. 2018. Disponível em: https://www.cocacolabrasil.com.br/content/dam/journey/br/pt/private/pdfs/relatorio-de-sustentabilidade-coca-cola-brasil-2017.pdf. Acesso em: 13 abr. 2019.

multas e acordos legais, consumo energético, descarte de água, volume de reciclagem, certificação Bonsucro (açúcar, conformidade com requisitos ambientais, sociais e de direitos humanos), embalagens menores, uso de água por litro produzido, insumos reciclados, programa de engajamento, produtos de baixa caloria, instalações certificadas, percentual de mulheres na Coca-Cola Brasil, percentual de mulheres no sistema Coca-Cola, satisfação dos clientes, horas de treinamento para mulheres, insumos renováveis, percentual de mulheres nas contratações e investimento em comunidade.

Segundo a empresa, todos esses indicadores servem para medir a conquista de objetivos de desenvolvimento sustentável que a companhia traçou para seu negócio. Esses objetivos são: erradicação da pobreza, fome zero e agricultura sustentável, saúde e bem-estar, educação de qualidade, igualdade de gênero, água potável e saneamento, energia limpa e acessível, trabalho decente e desenvolvimento econômico, indústria, inovação e infraestrutura, redução das desigualdades, cidades e comunidades sustentáveis, consumo e produção responsáveis, ações contra a mudança global, vida na água, vida terrestre, paz, justiça e instituições eficazes e parcerias e meios de implementação. Não por acaso, diversidade também é um valor e significa que a empresa "[...] quer ter uma força de trabalho tão diversa quanto os mercados que atendemos, e criamos oportunidades para alcançar esse objetivo". Como comentaremos adiante, essas ações contribuem para que o que se fala da marca seja positivo diante de todas as questões negativas que possam surgir.

Outros dois valores apontados são paixão e colaboração, que revelam o compromisso "[...] de corpo e alma, devemos criar oportunidades, ter sede de fazer sempre mais e realizar", além de destacar que "[...] acreditamos na força da participação e, por isso, promovemos o talento coletivo. Valorizamos a diversidade, estamos conectados globalmente e dividimos os méritos pelos sucessos". Ao relacionar esses dois valores, notamos claramente que convergem com uma estratégia de marketing apontada anteriormente, de encantar o funcionário e torná-lo envolvido, apaixonado e comprometido a ponto de se tornar uma mídia para a empresa.

O último valor trata de qualidade que a empresa

> [...] considera que não há limites para atingir a excelência nas nossas atividades. Devemos deixar tudo sempre melhor do que estava e estabelecer os mais altos padrões para os nossos produtos, nosso pessoal e nosso desempenho.[309]

---

[309] COCA-COLA BRASIL, 2019

Esse valor também nos parece premissa, como o foi responsabilidade, porque não imaginamos uma empresa que não prese por excelência e qualidade em seus produtos. Embora sejam premissa, o discurso destaca nobreza na sua execução quando usa o termo "altos padrões".

A visão da empresa, que representa em marketing aonde a empresa quer chegar, descreve que a Coca-Cola deve continuar conquistando um crescimento sustentável e de qualidade. Segundo a companhia, essa conquista se dará por meio de pessoas, sendo um ótimo local para trabalhar, onde elas se inspirem para ser o melhor que puderem; de portfólio, para oferecer ao mundo produtos e marcas de bebida com qualidade que antecipem e atendam às necessidades e aos desejos das pessoas; de parceiros com o objetivo de nutrir uma rede vencedora de clientes e fornecedores, para juntos criar valor mútuo e duradouro; do planeta, sendo um cidadão responsável que faça a diferença, ajudando a criar e a apoiar comunidades sustentáveis, lucro para maximizar o retorno em longo prazo para os acionistas, tendo ciência das responsabilidades como um todo e produtividade sendo uma organização altamente eficiente, enxuta e ativa

Aqui a visão da empresa é construída sobre os seis Ps, que em inglês seriam: *people, portfolio, partners, planet, profit* e *productivity*. Não fosse pela tradução de *profit* em lucro, teríamos em português os mesmos seis Ps.

Observamos um romantismo também envolvendo o consumo de Coca-Cola, o discurso dos executivos e o da marca alinhados no sentido de declarar que tomar Coca-Cola vai além do ato de se beber um refrigerante, como podemos identificar nesta declaração de T.D.

> *Nosso desafio é entender como as pessoas passam o tempo em família, como se dão os encontros familiares, o que elas comem, o como bebem, o que levam para beber na casa de um parente, como se sentem levando Coca-Cola e como se sentem levando outro refrigerante.*

A publicidade da Coca-Cola está alinhada com essa magia. Em 2016, a marca apresentou seu 47º slogan: "sinta o sabor". Ela muda constantemente sua forma de se apresentar, que partiu de um conceito baseado nas características do produto, em 1886, quando o slogan era "delicioso e refrescante" ou "beba Coca-Cola", de 1904. Desde 1924, com o slogan "refresque-se", a empresa se anuncia de forma lúdica, apresentando Coca-Cola mais como um jeito de se expressar do que como um produto. "Refresque-se" causa um impacto no consumidor, nesse slogan o ponto de vista do cliente é trazido para a marca, não como um comando "beba", mas como um benefício que o consumidor terá ao usar o produto. Embora ambos sejam imperativos, o verbo refrescar é mais sensacionalista, no sentido de mexer com as sensações do corpo. Algumas outras assinaturas de sucesso foram: "abra a felicidade" (2009), "o lado Coca-Cola da vida" (2006) e "faça isso real" (2003).

Isso significa que a Coca-Cola sempre usou o pensamento mágico da publicidade no seu discurso da marca? Ao analisar os motivos de a marcar ter desenvolvido tantos slogans, parece que mudar é inerente à empresa, porque isso, por si só, já demonstra uma série de valores associada à inovação e à modernidade, lembrando que inovação é um valor relevante para a companhia. De alguma forma, se a empresa estuda tanto o consumidor, falar com ele de maneiras diferentes também parece necessário. Essa ética romântica[310] presente no discurso da marca é uma estratégia de marketing fundamental para sua divulgação não só para os consumidores, mas também para os funcionários.

A afirmação de B.Q reforça que marketing, apesar de ser diferente de vendas, ao ser empregado para aumentar o volume, serve à área de vendas.

> *Na Coca-Cola a gente, na verdade, a indústria de bebida como um todo tem uma peculiaridade muito interessante que é uma indústria que demanda muito volume, porque você tem que fazer um investimento de ativos alto em fábrica e em linhas para operar. Então por ser um negócio muito, financeiramente falando, muito pesado, a gente tem, sempre teve na história um peso de volume muito forte. Eu estou conseguindo entregar os volumes esperados para tal categoria?*

Ao ser perguntado se volume sempre foi a tônica dos indicadores de desempenho de marketing, T.D. apresenta uma resposta interessante.

> *A gente, dentro da indústria de bebidas, fez uma mudança grande entre volume para valor nesses últimos anos. Enxergando que essa dinâmica funciona para coisas como refrigerantes, só que quando você começa expandir outras categorias, a lógica muda também. Você consegue ter gente de sucesso fazendo volumes menores, porque o resultado financeiro é maior. E nesse modelo também amplia muito esse olhar para deixar de falar de volume e passar a falar de valor. Então talvez a minha primeira grande história seja o valor gerado.*

Para ele, a mudança da Coca-Cola de "mono produto" para "multi-produto" trouxe algumas transformações significativas no jeito de operar o

---

[310] CAMPBELL, Colin. *The romantic ethic and the spirit of modern consumerism*. Oxford: Basil Blackwell, 1987.

marketing na companhia. A principal alteração foi colocar pessoas focadas no marketing para trabalhar apenas os novos segmentos. Para o executivo, valor diz respeito à margem; significa que, mais importante do que o volume que se gera, é trazer mais dinheiro para a companhia do que se gasta. Apesar de essa lógica parecer óbvia para empresas com fins lucrativos, o ex-funcionário M.S explica que nem sempre foi assim na Coca-Cola. Para ele, a empresa faz tanto sucesso que, por mais que se gaste, é impossível dar prejuízo. Como se o resultado se desse por um "milagre" ou de forma "automática", conforme pode ser percebido: "[...] *se for um arraso a ação, a gente arrebenta de vender, se for uma ação razoável, ainda assim a gente vende muito*".

> *Eu acho que para bebidas e alimentos de uma forma geral, a forma mais importante que o marketing tem para influenciar na produção é que em última instância as pessoas só comem e bebem o que é gostoso. Não tem erro. Não adianta você ter o produto mais barato, não adianta você ter a embalagem mais prática, não adianta você estar em todos os canais de distribuição, se a pessoa chegar e abrir a garrafa e tomar e falar 'uma bosta', desculpa a palavra, ela não vai tomar de novo. Se a sua estratégia é ser um produto de uma venda só, beleza. Aí você pode fazer todas essas coisas que eu falei antes e não se preocupar com uma recompra. Mas você tem que advogar pela liderança sensorial para comida e bebida, fazer o que vende é essencialmente saber produto mais gostoso e responde uma necessidade de alguém ali (M.S).*

É importante apontar que no marketing não identificamos uma receita ou fórmula. Por mais que se construa um discurso convincente, por meio das ferramentas, não teremos certeza de que ele será bem-sucedido junto aos consumidores.

Para os executivos, o discurso vai "pegar" se for ancorado numa verdade, mas ainda assim não será garantia de sucesso. Esse discurso, mais do que ancorado na verdade e pautado na autenticidade, precisa vir de um olhar muito subjetivo para os dados analisados a fim de revelar algo que estimule o consumidor a desejar, que incentive o consumo. B.Q nos apresenta um exemplo, mais uma vez diferente de Coca-Cola, para ilustrar sua crença:

> *[...] quando Heineken estava começando essa história, eles não tinham dinheiro para fazer o jogo que a AmBev fazia, que a Schincariol fazia, de gastar 30 milhões num carnaval. Não cabia dentro do que eles geravam de receita com o negócio ali. Então simplesmente decidiram não fazer. Sabiam da oportunidade de grana que estava ali, mas não era compatível com o negócio deles.*

> *Terminou o carnaval, na sexta-feira eles botaram um filme no ar, super tradicional o modelo deles, acho que no primeiro intervalo do Jornal Nacional, sobre uma campanha de detox, eles falando, 'olha, a gente sabe', não sei se foi sexta, sei lá, quarta-feira de cinzas, foi quarta-feira de cinzas, 'você passou quatro, cinco dias agora curtindo, se divertindo, mas a gente sabe que você foi muito judiado ali, você tomou muita coisa ali que, então para limpar, a gente tem um programa de detox, são seis passos muito simples', toma uma a cada dia, com moderação, discurso lá de indústria, para você tirar toda essa cerveja ruim que você bebeu nesses últimos dias e voltar para uma vida melhor.*

Durante a entrevista, foi pedido a T.D que comentasse o exemplo da Heineken. *"Acharam um motivo muito bom para falar qual era a verdade deles e criar nas pessoas o estalo, conseguiram conquistar aquela atenção muito bem mapeada ali".* E.K analisa o caso reforçando que *"[...] você não cair na tentação de simplesmente criar as alavancas para produzir demanda que não existe. Mas quem vence no final da corrida é quem conseguiu achar a atençãozinha mais legal ali".*

Percebemos que, além dessa visão diferenciada, que podemos classificar como posicionamento em marketing, necessitamos de uma competência analítica para explicar o que está sendo oferecido pelo mercado e quais alternativas o consumidor está tendo, buscando um *gap*, bem como será necessária uma habilidade criativa para traduzir esse *gap* em um discurso contundente. Essas características lembram o funcionamento de uma agência de publicidade cujos papéis respectivos são planejamento e criação.

A função de achar o ponto de atenção pelo consumidor é do marketing, que precisará, após analisar as informações de mercado, definir não apenas o portfólio de produtos que podem ser explorados, mas também o discurso de cada um desses produtos para conquistar a relevância na cabeça dos consumidores.

Quando questionados sobre como se faz em marketing para chamar atenção do consumidor, os informantes apresentem dois esquemas: os Ps de marketing de McCarthy[311] e o modelo AINDA, como cita M.S:

> *AIDA. Já ouvi falar? Atenção, primeira coisa que eu tenho que fazer é chamar sua atenção. Pá, aí na aula eu dou uma porrada na mesa, pá. Consegui atenção de vocês. Agora interesse, olha, quem está pensando em tomar refrigerante, vou falar de Coca-Cola agora, aí setenta por cento já se ligou, trinta por cento não está interessado e foi embora.*

---

[311] McCARTHY, 1978.

> *Agora desejo, Coca-Cola é deliciosamente refrescante, ela mata sua sede, ela é deliciosa, ela tem sabor, ela te faz bem e tal [...] Opa, virei um desejo de comprar. Falta só uma coisa [...] Na minha mão, em dez minutos acaba a promoção, na minha mão é um real até agora [...] Daqui a pouco vai aumentar, quer comprar? É o processo de vendas, é o processo de marketing. Tem que chamar atenção.*

O modelo AIDA ficou conhecido quando E.K. Strong, em 1920, o citou no artigo "Theories of selling", mas o criador do AIDA foi Elmo Lewis no fim do século XIX. Como abordamos anteriormente, naquele período, houve um incremento das técnicas de vendas para fomentar o consumo, e cada letra do termo "AIDA" representa uma palavra, que, por sua vez, simboliza uma etapa no caminho que o consumidor realiza. O primeiro passo é conseguir a atenção (A) das pessoas, o segundo é gerar interesse (I) nelas, o terceiro é transformar esse interesse em desejo (D), e o quarto passo diz respeito à compra, ou seja, à ação em si (A).

Mesmo depois de todas as tentativas dos executivos de distanciarem marketing de vendas, chegamos a uma referência tautológica, como encontrada na teoria. Apesar de não aproximar marketing de vendas, o discurso faz uso da palavra atenção com muita potência, e descobrimos que atenção tem origem nas técnicas de venda do século XIX.

Outro aspecto percebido nas entrevistas é que todo o discurso de Coca-Cola é muito voltado para o jovem, seu público-alvo, ou *target*:

> *Hábitos de mídia, muito hábito de mídia, jovens, o que os jovens pensam, o que os jovens querem, como os jovens se comportam [...] Jovem, jovem, jovem [...] Por quê? Porque, eu te diria que a base do consumo estava em você conquistar os jovens* (T.D).

O público da Coca-Cola é jovem, porque a empresa tem uma crença de que os jovens influenciam o consumo em todas as faixas etárias, e há grande preocupação com a nova geração de consumidores. Segundo eles, só assim a empresa garante a perpetuidade de seu negócio. Além disso, conforme Rodrigues, alguns estudos em psicologia confirmam que jovens se sentem o centro das atenções em relação às pessoas que o cercam. Kail afirma que "[...] muitos adolescentes sentem que são, na verdade, atores cujo desempenho é observado constantemente pelos colegas, um fenômeno conhecido como 'plateia imaginária'".[312] A par desse tipo de estudo, a publi-

---

[312] KAIL, 2004 *apud* RODRIGUES, Carla Daniel Rabelo. Identidade e publicidade: estímulos e representações do jovem. Rumores, São Paulo, v. 2, n. 4, abr. 2009. p. 5.

cidade faz referência a uma imagem ideal do jovem perante seu entorno. O jovem retratado pela publicidade é aquele em busca de uma autoimagem diante da plateia de amigos.

Para Rodrigues, existem várias estratégias utilizadas para alcançar o público jovem, como empreendimentos identitários incessantes e suas representações.[313] Tudo para simbolizar a busca pelo eu ideal, fazendo-o capitular diante de vários modelos e estereótipos bem estudados pelo mercado. Todo o escopo é trabalhado para que o jovem assuma seu lugar social ao qual será possível falar por meio de anúncios. A Coca-Cola parece estar alinhada com essa teoria, pois, à medida que se comunica com o jovem em uma sociedade que valoriza a juventude, ela acaba atingindo todos os públicos, já que o estereótipo do jovem representa o eu ideal de todas as idades.

Segundo Martín-Barbero, nunca como hoje, a juventude foi identificada como uma novidade permanente que caracteriza o moderno.[314] É nessa identificação que o mercado funciona, por meio de uma dupla operação: por um lado, a juventude é convertida em um tema de consumo, incorporada como peça-chave no consumo de roupas, música, refrigerantes e parafernália tecnológica; por outro lado, é produzida, mediante uma estratégia publicitária gigantesca e sofisticada que transforma as novas sensibilidades na matéria-prima de seus experimentos narrativos e audiovisuais.

Contudo, o jovem se identifica, de acordo com Martín-Barbero, com o moderno não apenas em seu sentido forte, o da inovação, o do novo, mas também no seu sentido fraco, pós ou tardio moderno, que é o que corresponde à percepção de uma realidade iluminada "[…] porque é menos claramente dividida entre verdade, ficção, informação e imagem".[315] Parece que a Coca-Cola está alinhada com esse movimento, visto que, no seu discurso de constante inovação, valoriza e empodera o jovem.

A narrativa da marca é tão relevante que, além de gerenciar essa conta corrente para que o saldo seja positivo, criando um discurso positivo para cada negativo que surge, a empresa recua e se afasta de tudo o que coloca em risco seu discurso. Por exemplo, quando, segundo E.K, a empresa desistiu de insistir em um projeto de lançar uma água mineralizada. Segundo o ex-funcionário, é uma água normal, adicionada de sais minerais e não é melhor do que a água da fonte, mas no Brasil nenhuma fonte tem capacidade

---

[313] RODRIGUES, 2009.
[314] MARTÍN-BARBERO, Jesús. *Jóvenes entre el palimpsesto y el hipertexto*. Barcelona: NED, 2017.
[315] VATTIMO, Gianni. *El fin de la Modernidad*. Barcelona: Gedisa, 1985. p. 158.

para o engarrafamento de água necessário, por isso existem milhares de fontes, sem padrão e com qualidade desconhecida. Se a empresa insistisse em aprovar esse tipo de água, mexeria com a política de estados e municípios, o que geraria a antipatia dos donos de fontes e provavelmente de políticos, que tinham fontes em suas cidades ou estados, por isso decidiu abrir mão do produto para não arranhar sua imagem junto a esse público.

> E aí foi para Brasília. Lobby, não pode deixar, não pode deixar, é lei, procura defeito e tal, a gente indo, indo e indo [...] Desistimos [...] De tão difícil que era. Foi. Assim, ninguém aguentava mais ouvir falar de Bonaqua, ouvir esse projeto, porque deu muito problema, muito, muito, muito problema. Mas foi o tipo do problema que não chegou a ir para opinião pública, estou te dando um outro exemplo, política, né, tremenda influência política (E.K).

Além de desistir e retirar produtos do mercado, a empresa pode mudar suas estratégias de marketing mexendo nos seus Ps de marketing caso algo coloque em risco a reputação da marca:

> Promoção Geloucos, Geloucos eram uns bichinhos de acrílico assim, sabe, eles eram meio deformadinhos, tinham uns monstrinhos, bem simpatiquinhos e colecionáveis. Cara, o negócio foi todo ele pronto, foi para a rua, quando vai para rua, vem um manifesto, um forte manifesto, falando do risco das crianças engolirem aquilo, botar no copo, pensar que é gelo, porque Gelouco e tal [...]. É um negócio assim e a empresa fez o que? Tirou todos os produtos do mercado (M.S).

O discurso da marca precisa estar alinhado a todas as estratégias de marketing; ele não se faz apenas com promoção e publicidade. É necessário imprimi-lo em todas as alavancas que o marketing tiver para oferecer.

"Alavancas" é um termo usado pelos executivos de Coca-Cola, identificado nas entrevistas como estratégias de marketing. "Estratégia" é uma expressão muito encontrada na teoria, que denota racionalidade e organização das técnicas da área. Os executivos descrevem marketing como um conjunto de ferramentas, instrumentos e alavancas que serve ao propósito de incrementar as vendas.

As alavancas não abarcam toda a compreensão do que é marketing encontrada na prática, mas são parte crucial das atividades da área, sendo inclusive a área de maior convergência entre história, teoria e prática. Muitas das alavancas de marketing são parte dos Ps postulados por McCarthy[316] e notadamente identificados na história do surgimento de marketing.

---

[316] McCARTHY, 1978.

T.D sugere que os executivos de Coca-Cola identificam que suas funções em marketing têm início no processo de análise do mercado e do segmento e, em seguida, dos dados que levam à construção de uma solução que maximize o lucro nessa categoria. As soluções, na opinião dos executivos, são alavancas usadas para garantir a melhor ocupação do mercado. Nesse contexto, alavanca representa um conjunto de ações sob o comando do executivo de marketing. Mais uma vez, marketing se aproxima de vendas. Nesse sentido, B.Q explicou que: *"Alavancam o resultado, alavancam a exposição da marca, alavancam a venda"*.

As alavancas fazem parte das ferramentas de marketing e são produto e comunicação. Para eles, o marketing da Coca-Cola divide as atribuições dos quatro Ps com o fabricante, que engarrafa e comercializa o produto, ficando também com a responsabilidade do "p" praça e do "p" promoção no ponto de venda. Segundo o executivo T.D, preço é uma "bola dividida" entre o marketing, que o olha em termos de posicionamento e se há mercado (dizendo se o consumidor paga por aquele valor) para comprar por aquele preço, e o financeiro que avalia a lucratividade e as margens dos produtos. Além de cuidar de praça e promoção no ponto de vendas, segundo os executivos, os distribuidores também executam a venda em si. Para isso, são responsáveis por capacitar a equipe de vendas, preparar o time que vai vender e definir as quantidades que as fábricas devem produzir de acordo com a necessidade de abastecimento do varejo e o volume planejado de vendas.

Foi perguntado ao executivo T.D se as funções do distribuidor, tais como treinar a equipe de vendas, definir o tamanho dessa força de vendas e calcular a quantidade de produtos a serem produzidos, seriam também funções de marketing, ao que respondeu dizendo que sim, com certeza. Não notamos na teoria qualquer aproximação das funções com as definições teóricas de marketing analisadas, embora haja essa atribuição na história, especialmente quando os magazines repensaram todo o processo de vendas.

Para os executivos da Coca-Cola, depois de entender o mercado, por meio da leitura de diversas pesquisas que a empresa adquire, é preciso gerar insights para que o marketing possa operar. A palavra insight, ou *consumer insight*, foi usada diversas vezes pelos executivos e ex-funcionários da empresa. A linguagem de todos é bastante *glamourizada*, o que se notou pelo uso excessivo de palavras em inglês, além do uso de metonímias, o que torna mais abstrato o concreto e mais grandiosas as pequenas ações do dia a dia. *"Uma das funções de marketing é engajar os consumidores, a gente usa muito a palavra engajar*" (T.D). O uso da palavra engajar denota um engrandecimento da atividade básica do marketing, que é trazer ou conquistar novos consumidores. Mais uma vez, o uso específico dessa palavra coloca o consumidor como um agente que está mais comprometido com essa marca do que simplesmente com as marcas que consome — engajar-se vai além do ato de consumir. Veremos a seguir outros usos do termo engajamento que, pela polissemia que apresenta, parece ser muito relevante para as práticas do marketing na Coca-Cola.

Outra afirmação que sublinha esse magnetismo do marketing foi dita por B.Q: "[...] *eu até falaria menos em pesquisa e mais em insights*". Além de a palavra em inglês ser mais limitada porque já classifica que a interpretação seja feita apenas por quem fala a língua, sua tradução pode ficar comprometida, pois o termo abarca uma série de significados nobres. Há um charme nessa narrativa que, quando consolidada, apresenta um vocabulário próprio da área, uma linguagem e um dialeto que só quem está dentro desse grupo pode decifrar.

Essa necessidade de elitização identificada nos profissionais de marketing também foi classificada por Rocha[317] como fenômeno de dramatização dos custos de produção de conteúdo (pelos publicitários), o que representa uma necessidade de demonstrar complexidade que eles dizem ter no seu trabalho. Para aumentar o prestígio da profissão, assim como outros profissionais de diversas áreas, os criativos inserem diversas terminologias técnicas e jargões em ordem de "[...] dramatizar seu desempenho na presença de terceiros [...]. Os publicitários acionam, constantemente, muitos mecanismos para a expressão e dramatização de seu trabalho".[318] Acreditamos encontrar aqui uma dramatização semelhante à que Rocha observou nos publicitários nos profissionais de marketing.

Outra função de marketing que levantamos junto aos executivos é o que chamam de gestão do portfólio. Para eles, o marketing parte dos dados; a partir da leitura deles, fica definido se os produtos que a empresa possui atendem às possibilidades que o mercado oferece.

Com a ampliação do portfólio, a forma de operar a empresa diversificou-se. Na categoria de isotônicos, por exemplo, gastou-se muito dinheiro sem que os resultados de liderança fossem alcançados, por isso, para não drenar margem das categorias bem-sucedidas, decidiu-se acompanhar

---

[317] ROCHA, 1995.
[318] *Ibidem*, p. 49.

margem por segmento para que os gastos não fossem infinitos, sem que a empresa capturasse o máximo de volume ou receita possível para pagar a operação.

Um segundo exemplo foi o lançamento de Coca-Cola Plus Café Expresso. Segundo o executivo B.Q, a empresa descobriu, por meio de suas pesquisas, que os consumidores tomavam Coca-Cola para terem energia. Para B.Q, esse seria um insight relevante, que apresenta um momento de consumo do cliente que a empresa não imaginava. Apesar de ter sido criada para ser um "tônico", a Coca-Cola não foi planejada para dar energia, e o consumidor ressignificou o produto dando a ele um uso diferente daquele desenhado pela empresa. Analisando o portfólio de produtos, perceberam que não tinham produto para energia e desenvolveram Coca-Cola + cafeína usando a assinatura "o gás do seu dia". Com isso, a empresa demonstra na prática algo levantado pela teoria de que marketing começa antes da produção, dado que indicou para a produção que produto deveria ser formulado.

Essa visão, de que o marketing interfere na produção, é unânime entre executivos e ex-funcionários. Todos conseguem citar exemplos de produtos desenvolvidos pela produção cuja orientação veio de marketing. Quando perguntado se lembrava alguma vez em que o marketing tenha interferido na produção, o ex-funcionário M.S respondeu que isso ocorre o tempo todo. *"O tempo todo quem determinava, por isso que eu falo para você, na Coca-Cola não havia dúvidas de quem liderava ali a empresa, é o marketing".*

Em seguida à gestão de portfólio, destacamos a comunicação, que representa o mesmo que McCarthy marcou como um dos seus Ps que é promoção. Para dar ainda mais ênfase, na narrativa da Coca-Cola, promoção denomina-se engajamento. Nas entrevistas, como dissemos, o termo foi muito utilizado. Analisando o material, percebemos enorme congruência com a teoria de McCarthy, bem como de Baker, Grewal e Levy, Boone e Kurtz, McKenna, Richers e Kotler e Keller, que abordam os quatro Ps ao explicar promoção.[319] A promoção representa um conjunto de atividades que envolve a divulgação da marca, da empresa e dos seus produtos. Existem vários tipos de promoção, entre eles: propaganda, publicidade, lobby, promoção de vendas, assessoria de imprensa, relações públicas, entre outros.

Para B.Q, o engajamento vai além de uma campanha publicitária na TV, envolve *sampling*, distribuição gratuita do produto, com a finalidade de

---

[319] McCARTHY, 1978; BAKER, 1987; GREWAL; LEVY, 2011; BOONE; KURTZ, 2009; McKENNA, 1992; RICHERS, 2000; KOTLER; KELLER, 2012.

que seja experimentado pelo consumidor, ou contato com a imprensa para explicar o processo de produção de sucos e a origem das frutas, por exemplo. Esse ponto é interessante sublinhar, uma vez que não identificamos, na teoria e na história, essa transparência em relação aos métodos de produção. Até mesmo a utilização dessa ferramenta pode ser entendida como uma estratégia de marketing. Expor a produção para o consumidor, por meio de assessoria de imprensa e programas de visitas à fábrica, gera um impacto positivo. Mesmo atingindo poucos na visita, de alguma forma, o simples ato de abrir a porta da fábrica faz reverberar uma onda de confiança entre os demais consumidores. Afinal, se não fosse "bem feito", ninguém mostraria.

Entretanto, é preciso lembrar que essa valorização da "transparência" não é exclusividade da Coca-Cola, uma vez que a tendência de mostrar os métodos de produção é realizada na prática de marketing de diversas outras empresas. Em restaurantes, por exemplo, há uma tendência cada vez maior de termos cozinhas abertas ou transparentes para que o consumidor veja o que está consumindo.

A Coca-Cola, por meio de sua prática, nos ensinou que marketing começa mesmo antes da produção quando nos apresenta que seu objetivo inicial é entender o mercado e os consumidores de tal maneira que possa ajudar na construção de um portfólio de produtos para garantir sua presença no mercado em que atua. Nessa atividade de pesquisar, nos apresenta uma perspectiva diferente daquela apontada na teoria de que seu objetivo principal era suprir necessidades não atendidas pelo consumidor.[320] Aqui percebemos que sua função principal é buscar espaços em que a empresa não atua para aumentar a rentabilidade; suprir uma necessidade não atendida pelo consumidor será ótimo, mas, muitas vezes, a empresa cria necessidades não existentes. A partir daí, Coca-Cola desenvolve produtos ou adquire empresas que já os possuem para ocupar as lacunas de mercado e, com isso, expandir sua presença no segmento que atua.

Cada um deles precisa ter um discurso muito bem elaborado para apresentar um propósito, um posicionamento e uma identidade para os produtos. Será por meio dessa identidade que os consumidores se sentirão atraídos e, assim, passarão a consumir. O discurso da marca faz parte das atividades de marketing e começa envolvendo os funcionários nessa narrativa. Quando mais convincente for a narrativa, mais os funcionários se engajarão para representar aquela marca e tornam-se, portanto, mídias que propagam a marca e os produtos que a representam.

---

[320] LEVITT, 1960.

O marketing gerencia esse discurso diante de todos os públicos, tais como clientes, sociedade, governo, fornecedores e até concorrentes. O objetivo é gerenciar um discurso positivo sobre a marca para anular possíveis efeitos negativos do que falam sobre ela. Quanto mais forte e autêntico parecer, melhor para a imagem da marca.

Por fim, o marketing gerencia um escopo bastante amplo de atividades que a Coca-Cola define como alavancas, que intensificam a presença da marca junto aos consumidores e fomentam o consumo dos seus produtos. Sendo assim, se aproximam muito dos Ps de marketing comentados na teoria de McCarthy.

As alavancas se aproximam daquelas levantadas na história do surgimento do marketing e o aproximam de vendas. Ainda que não sejam exatamente iguais, marketing objetiva a venda e usa diversas ferramentas para que isso aconteça. Aqui, se aproxima ainda da publicidade, na medida em que se propaga para que seu discurso e seus produtos sejam conhecidos pelos seus potenciais consumidores.

CONSIDERAÇÕES E POSSÍVEIS DESDOBRAMENTOS

Depois de anos atuando na área de marketing — seja como analista, seja como professora — e inconformada ao perceber a naturalidade com a qual as pessoas diziam que marketing era uma prática de difícil definição, me propus neste livro a compreender o marketing a partir de três abordagens distintas: a primeira mediante uma apreciação histórica, analisando eventos que nos deram pistas de como surgiu o marketing como matriz de pensamento, mesmo antes de se estabelecer como um campo de estudos datado de 1920. Compreender a raiz do seu conceito mostrou-se mais importante do que entender a história contada pela institucionalização do campo.

Em seguida, mergulhamos nos livros de marketing para poder avaliar como os autores o retratam e o definem. Para levantar quais seriam analisados, entrevistei professores doutores da área que apontaram os autores e os livros relevantes, assumidos como objeto de estudo. A seleção contou com 12 obras, que foram lidas e investigadas para entender o que era marketing para os autores do campo e como os conceitos eram transmitidos aos estudantes da área.

Considerando que marketing possui um viés utilitarista e prático, num terceiro momento, por meio de um estudo de caso, ele foi observado na prática. O objetivo foi entender como a Coca-Cola se estrutura nessa área e que papéis o marketing desempenha na empresa. Buscando maior aproximação com o campo de atuação do marketing, foram realizadas quatro entrevistas, duas com atuais executivos de marketing da empresa e duas com ex-funcionários, com o intuito de analisar o que a empresa entende como marketing. Depois desta triangulação — história das práticas culturais do marketing, teoria de marketing e estudo de caso —, foi possível apontar convergências e divergências entre os três âmbitos.

Apesar de muitos acreditarem que o marketing tem existido desde o início do comércio,[321] e de percebermos que a definição de marketing, ao longo dos seus anos de existência, foi se tornando muito ampla, analisando a história, encontramos na modernidade as maiores evidências de que o marketing como matriz de pensamento tenha surgido. Para Philippe Ariès,

---
[321] AMBLER, 2004.

"[...] a modernidade sobrecarregou o acento não na realidade real de cada homem, mas na realidade ideal da sociedade e da espécie",[322] o que criou um ambiente perfeito para se exacerbar o consumo, à medida que o indivíduo está constantemente em busca desta perfeição, tendo o marketing e a publicidade o papel central de estimular a busca constante pela plenitude que se materializa nos objetos comprados e nas experiências vividas.

O consumo passou a ser parte integrante do complexo processo de construção da subjetividade na cultura moderna,[323] fazendo com que o indivíduo, por meio do que consumia, garantisse sua significação no mundo. Segundo Everardo Rocha e Maria Amaral, o ato de consumir é também uma forma de pertencer, dado que se torna "[...] uma das práticas sociais para medir o real da felicidade [que] se materializa na esfera do consumo que vira uma espécie de 'passaporte de igualdade'".[324]

Na genealogia desse sujeito moderno, portanto, reside a formação de um novo mercado consumidor — essa invenção, por si só, já seria uma estratégia de marketing para alavancar o desempenho das indústrias no pós-guerra, significa dizer que o marketing constrói a narrativa do sujeito moderno mediante uma série de ferramentas que transforma a vida social, em que se abandona o hábito de consumir produtos caseiros, adotando os produtos fabricados industrialmente.

Na esfera pública, o crédito ao consumidor atuou na linha da infraestrutura, e a publicidade, por meio dos anúncios, vendia a comodidade dos produtos industriais, conveniência necessária para se adotar um modo de ser mais moderno cuja identidade estava centrada no consumo.

Apesar de Roger S. Mason[325] propor que o nascimento do marketing como disciplina ocorre a partir da sua separação da economia e de o sociólogo francês Gérard Lagneau[326] vincular esse nascimento ao surgimento da publicidade, nesta pesquisa, tivemos uma leitura do marketing como um campo mais amplo, investigando suas implicações culturais como estratégia de expansão do capitalismo industrial, contribuindo, de forma contundente, para criação do consumo de massa e para a consolidação de novos modos de ser. Modos esses que se tornam fundamentais na modernidade, sendo peça essencial na construção da identidade do indivíduo moderno.

---

[322] ARIÈS, 2009, p. 49.
[323] ROCHA; AMARAL, 2009, p. 149.
[324] *Ibidem*, 149.
[325] MASON, 1998.
[326] LAGNEAU, 1981.

Entendemos que a expansão da produção de massa, que gerou uma demanda excedente, precisou de um mercado consumidor para um escoamento. Para "inventar" o consumo, o marketing contribuiu como uma estratégia de formação de gosto, proporcionando uma série de técnicas de vendas e de publicidade que foi fundamental para a expansão e consolidação do consumo de massa.

O marketing foi imperativo na formação do consumo de massa na medida em que contribuiu para que a sociedade aceitasse adotar um novo modo de ser. A partir dessa visão, entendemos o desenvolvimento de práticas planejadas de impulsão do consumo como anterior à massificação trazida pela Revolução Industrial, dado que foi a ferramenta que propiciou a aceitação social de novos costumes e práticas cotidianas.

A invenção do consumo de massa, para nós, é a primeira estratégia de marketing. Ou seja, ele surge como um discurso de um modo de ser mais moderno, que se apoiou em novas técnicas de comercialização para finalmente formar o consumo de massa. Surge como uma estratégia de fomento ao consumo, ou seja, uma série de ações que objetiva vender.

Para difundir essa filosofia do consumo na modernidade, o cartaz, os catálogos de vendas e as lojas de departamento tiveram a função pedagógica de comunicar os novos modos de ser. O cartaz ancorou-se, portanto, entre a arte e a publicidade para que pudesse ser assimilado. Essa ancoragem ajudou a ligar o estranho, no caso o cartaz, a um grupo ou representação social já existente, classificando e nomeando o que até então era desconhecido. A partir daí, toda a discussão em torno do cartaz girou em torno do dilema arte-publicidade, arrebanhando seguidores e críticos, levando para o cartaz os aspectos positivos e negativos já estabelecidos na arte e na publicidade.

Já os primeiros catálogos de vendas por correspondência vieram como forma de disseminar a modernidade e deslocar o consumo da rua para o lar; incluíam ofertas de ferramentas, móveis, alimentação, livros, máquinas de costura, entre outros artigos. Os catálogos tiveram o papel fundamental de levar a cidade para o campo, a loja de departamentos para o comprador e o mundo externo para o lar, expandindo para casa uma atividade até então essencialmente pública, que era o consumo de mercadorias.[327]

Por fim, as lojas de departamento são parte do processo das grandes transformações da Revolução Industrial: produção em massa, serialização, êxodo de populações do campo para a cidade, surgimento da mídia etc. A ruptura com a sociedade tradicional proporcionou ao indivíduo a possibi-

---
[327] KARAM *et al.*, 2016.

lidade de se movimentar em espaços anteriormente exclusivos e restritos à nobreza. A nova ordem construía outros fluxos de produção de mercadorias, de objetos e pessoas cujas possibilidades de trânsito se vinculavam ao capital. Há uma transformação nos códigos, e, nesse momento de transição, as práticas exercidas nas lojas de departamentos assumiram papel pedagógico para um novo conjunto de práticas, estilos e valores.

Notamos que, além de mídias que ensinaram como ser e pertencer a essa sociedade moderna, tanto o cartaz quanto os catálogos e, especialmente, os grandes magazines fazem parte de ações de marketing planejadas e elaboradas para fomentar o consumo. Nesse ponto da história, consideramos que o marketing inventou o consumo por meio destas e de outras técnicas.

Strasser nos apresenta ainda outras ações que tomaremos como estratégias de marketing para transformar a sociedade americana de agrícola para urbana e industrial. Os fabricantes moldavam desejos que se tratava de uma engenharia de natureza simbólica e subjetiva, diferente daquelas operadas até então.[328] Essa engenharia consistia em orquestrar um conjunto de frentes diferentes esferas: tecnológica, estética, psíquica, econômica e organizacional, a fim de alterar a cultura do consumidor, tornando-o sensível aos bens embalados e nomeados por marca.

No segundo capítulo, depois de analisar os autores[329] listados pelos professores — Aaker, Baker, Boone e Kurtz, Churchill Jr. e Peter, Drucker, Ferrell e Hartline, Grewal e Levy, Kotler e Keller, Levitt, McKenna, Richers e Porter —, identificamos como se fala de marketing nos livros e, com isso, pudemos notar a narrativa que constrói sobre ele mesmo. Apontamos muitas similaridades entre as obras; ao invés de encontrar linhas de pensamento divergentes, encontramos uma enorme sobreposição de conceitos e, muitas vezes, até redundância acerca da definição de marketing.

Os autores constituem um campo positivista, em que não parece haver contestação ou embate de ideias. Esses teóricos se dividem por especialidade ou foco de atuação, em que uns estão mais dedicados ao marketing de relacionamento, como McKenna, alguns dominam posicionamento como Aaker, e outros são mais generalistas dando ênfase ao planejamento como sendo a própria execução do marketing.[330]

---

[328] STRASSER, 1989.
[329] AAKER, 2001; BAKER, 1987; BOONE; KURTZ, 2009; CHURCHILL JR.; PETER, 1998; DRUCKER, 1954; FERRELL; HARTLINE, 2010; GREWAL; LEVY, 2011; KOTLER; KELLER, 2012; LEVITT, 1960; McKENNA,1992; RICHERS, 2000; PORTER, 2004.
[330] McKENNA, 1992; AAKER, 2001; KOTLER E KELLER, 2012; FERRELL, 2010.

Podemos deduzir que, no campo de marketing, a conceituação é um saber "pré-conhecido" pelo leitor. Os autores citados por especialistas não se concentraram em postular uma definição para o termo "marketing", que nomeie os estudos do campo. Vários desses autores renomados, incluindo Kotler e Keller e Ferrell, iniciam seus livros já discorrendo sobre a palavra marketing sem conceituá-la. Isso também acontece com autores, como Aaker, Levitt, Boone e Kurtz, Ferrel e Hartline, Richers e McKenna, que não apresentam uma definição explícita em seus livros.[331] Em relação aos conceitos da AMA, das 12 obras, cinco a citam como sendo a definição de marketing, são eles: Grewal e Levy, Ferrel e Hartline, Churchill Jr. e Peter, Richers e Kotler e Keller.[332]

O conceito dos quatro Ps foi referenciado por Baker, Grewal e Levy, Boone e Kurtz, McKenna, Richers, Kotler e Keller, o que representa uma tautologia para o campo.[333] Não há um autor que critique esse esquema, o que parece ser quase um paradigma da área. Kotler e Keller apenas atualizam o conceito dos quatro Ps de McCarthy,[334] incluindo pessoas, processos, programas e performance no que chamou da moderna administração de marketing.

Strasser também levanta eventos nas quatro esferas: produto, preço, promoção e ponto de venda, mas não sabemos se ela usou os quatro Ps como moldura do seu estudo ou se de fato identificou essas dimensões classificando os eventos levantados no seu estudo.[335]

Os Ps, além de convergirem entre teoria e história, confluem com a prática da Coca-Cola, já que nas entrevistas foi possível classificar as alavancas definidas pelos entrevistados como sendo preço, promoção, ponto de venda e preço.

Não há autor que critique os quatro Ps, o que manifesta, mais uma vez, um campo concordante em pensamentos e propostas analíticas, sem debates ou correntes de pensamento. O fato de não estabelecer linhas ideológicas torna o campo demasiado linear, fazendo com que cada autor varie

---

[331] AAKER, 2001; LEVITT, 1960; BOONE; KURTZ, 2009; FERREL; HARTLINE, 2010; RICHERS, 2000; McKENNA, 1992.
[332] GREWAL; LEVY, 2011; FERREL; HARTLINE, 2010; CHURCHILL JR.; PETER, 1998; RICHERS, 2000; KOTLER; KELLER, 2012.
[333] BAKER, 1987; GREWAL; LEVY, 2011; BOONE; KURTZ, 2009; McKENNA; RICHERS, 2000; KOTLER; KELLER, 2012.
[334] McCARTHY, 1978.
[335] STRASSER, 1989.

seu estilo, seus exemplos e sua abrangência, mas convergindo nas questões centrais do marketing, como conceito, profundidade e utilidade. Como dito antes, o marketing só se desdobra por aspectos que dizem respeito à especialização técnica, e não a aspectos de natureza ideológica.

Todos os autores se apoiam no conceito postulado pela AMA para definir marketing apontando para a importância de entender as necessidades do consumidor e para a segmentação de mercado. Todos se aproximam da administração ao abordar estratégia de marketing como algo fundamental para a execução.

Outro ponto que vale ser destacado é que, pelas definições, o campo parece abrangente demais, como diz a célebre frase "Marketing é tudo e tudo é Marketing". O fato de ser uma filosofia empresarial, que alinha todas as partes da empresa e que surge antes da produção e vai além do consumo, torna complexa a definição de um foco de análise e de uma fronteira bem definida para outros campos de conhecimento.

Na análise teórica, identificamos que o marketing parece desejar ouvir as demandas não atendidas do consumidor e direciona a produção, sendo diferente da publicidade e da moda, na medida em que trafega nas duas direções: da produção para o consumo e do consumo para a produção. Significa dizer que, além de aportar significado aos bens para que seja consumido, estuda demandas não atendidas ou potenciais para orientar a produção na constituição dos bens que serão consumidos.

O entendimento da prática da Coca-Cola descortinou essa visão romântica da função "de um constante estudar o mercado e os consumidores" que, na teoria, é apontada com o objetivo de atender a necessidades do consumidor ainda não atendidas. O estudo de caso nos apresentou uma perspectiva de que o entendimento do mercado objetiva, sim, garantir a longevidade da empresa e potencializar seus lucros, à medida que busca novas oportunidades de negócio para a empresa. Apesar disso, o estudo da prática sublinhou o papel do marketing em direcionar a produção para definir os produtos a serem desenvolvidos para garantir sua posição no mercado e maximizar seus lucros.

Aqui, percebemos que sua função principal é buscar espaços nos quais a empresa não atua para aumentar a rentabilidade. Caso haja o atendimento de uma necessidade não atendida, será ótimo; mas, muitas vezes, cria necessidades não existentes. A partir daí, a Coca-Cola desenvolve produtos e adquire empresas que possuem os produtos necessários para ocupar as lacunas de mercado, com isso expande sua presença no segmento que atua.

Cada um deles precisa ter um discurso muito bem elaborado para apresentar um propósito, posicionamento e uma identidade para os produtos, pois será por meio dessa identidade que os consumidores serão atraídos pelos produtos. O discurso da marca faz parte das atividades de marketing e começa envolvendo os funcionários nessa narrativa. Quando mais convincente for a narrativa, mais os funcionários se engajarão para representar a marca, tornando-se mídias que propagam a marcas e os produtos que representam.

O marketing gerencia esse discurso diante de todos os públicos, tais como clientes, sociedade, governo, fornecedores e até concorrentes. O objetivo é gerenciar um discurso positivo sobre a marca para anular possíveis efeitos negativos do que falam sobre ela. Quanto mais forte e autêntico parecer, melhor para a imagem da marca. O bom discurso sempre busca a melhor maneira de falar sobre si, de forma positiva. A empresa se empenha em desenvolver boas narrativas para se explicar e, quanto mais inocente e verdadeiro parecer o discurso, mais perfeito será.

Por fim, o marketing gerencia um escopo bastante amplo de atividades que a Coca-Cola define como alavancas, as quais intensificam a presença da marca junto aos consumidores e fomentam o consumo dos seus produtos. Sendo assim, elas se aproximam muito dos Ps de marketing comentados na teoria de McCarthy.

As alavancas de marketing se aproximam daquelas levantadas na história do surgimento do marketing e o aproximam de vendas. Ainda que não sejam exatamente iguais, marketing objetiva a venda e usa diversas ferramentas para que isso aconteça. Ele se aproxima ainda da publicidade, à medida que se propaga para que seu discurso e seus produtos sejam conhecidos pelos seus potenciais consumidores.

As ideias debatidas neste livro podem abrir espaço para perspectivas de estudos futuros. Primeiramente, desenvolvendo estudos que articulem marketing ao surgimento do consumo de massa, deslocando a perspectiva da área de que marketing surge quando se forma o campo e expandindo suas matrizes para a história pregressa à formação do campo.

Também podemos pensar, em pesquisas que estimulem o debate no campo de marketing e as correntes de pensamento teóricas, em vez da visão atual, formada por especialidade técnicas. Outras pesquisas podem surgir ainda da tentativa de se estabelecer um conceito de marketing diferente dos conceitos da AMA e que não necessariamente dialoguem com os quatro Ps.

A análise do marketing como um discurso pode ser mais bem investigada, já que percebemos diversos estudos sobre a narrativa contida na publicidade, mas ignoramos que marketing pode ser mais amplo que a publicidade e que constrói narrativas no relacionamento com seus funcionários — no site de divulgação da sua marca, nas redes sociais, nos *releases* para a assessoria de imprensa, no ponto de venda entre outros. Esse tipo de análise, pouco comum na área do marketing, seria muito enriquecedora. A metodologia e os problemas trazidos pelo campo da comunicação seriam pertinentes para essa compreensão.

REFERÊNCIAS

AAKER, David Allen. *Administração estratégica de mercado*. 5. ed. Porto Alegre: Bookman, 2001.

ABREU, Katia. Quantas Coca-Colas são vendidas por segundo no mundo? *Super Interessante*, São Paulo, 7 jun. 2016. Disponível em: https://super.abril.com.br/mundo-estranho/quantas-coca-colas-sao-vendidas-por-segundo-no-mundo/. Acesso em: 17 set. 2018.

AJZENTAL, Alberto. *A história do pensamento em marketing*. São Paulo: Saraiva, 2010.

ALMEIDA, Jorge. Sistematizando os pressupostos sobre a hipótese do marketing de contra-hegemonia. *In*: ENCONTRO ANUAL DA ASSOCIAÇÃO NACIONAL DOS PROGRAMAS DE PÓS-GRADUAÇÃO EM COMUNICAÇÃO, 9., 2001, Porto Alegre. *Anais* […]. Porto Alegre: Edipucrs, 2001. p. 1-24. Disponível em: http://www.compos.org.br/data/biblioteca_1420.pdf. Acesso em: 10 jan. 2018.

AMBLER, Tim. The new dominant logic of marketing: views of the elephant. *Centre for marketing working paper*, London, n. 4-903, p. 1-14, nov. 2004. Disponível em: http://facultyresearch.london.edu/docs/04-903.pdf. Acesso em: 2 dez. 2017.

AMERICAN MARKETING ASSOCIATION. *Definition of marketing*, Chicago, jul. 2013. Disponível em: https://www.ama.org/AboutAMA/Pages/Definition-of-Marketing.aspx. Acesso em: 8 fev. 2018.

ARAÚJO, Suzienne Dayse Carvalho. A Coca-Cola e os princípios do marketing: um casamento que deu certo. *In*: CONGRESSO BRASILEIRO DE CIÊNCIAS DA COMUNICAÇÃO, 35., 2012, Fortaleza. *Anais eletrônicos* […]. Disponível em: http://www.intercom.org.br/papers/nacionais/2012/resumos/R7-0236-1.pdf. Acesso em: 13 abr. 2019.

ARIÈS, Philippe. Por uma história da vida privada. *In*: CHARTIER, Roger (org.). *História da vida privada*: da Renascença ao século das luzes. v. 3. São Paulo: Companhia das Letras, 2009. p. 9-25.

BAKER, Michael John (ed.). *Marketing*: theory and practice. London: Macmillan, 1976.

BAKER, Michael John. Biography. *HSTalks*, 2019. Disponível em: https://hstalks.com/expert/2077/prof-michael-j-baker/. Acesso em: 15 abr. 2019.

BAKER, Michael John. *The marketing book*. London: Heinemann, 1987.

BARTELS, Robert. *The history of marketing thought*. 2. ed. Columbus: Grid, 1976.

BEAUVOIR, Simone de. *O segundo sexo*: fatos e mitos. v. 1. Rio de Janeiro: Nova Fronteira, 2003.

BEST global brands 2017 rankings. *Interbrand*, New York, 2017a. Disponível em: https://www.interbrand.com/best-brands/best-global-brands/2017/ranking/. Acesso em: 18 set. 2018.

BOONE, Louis E.; KURTZ, David L. Marketing contemporâneo. 12. ed. São Paulo: Cengage Learning, 2009.

BOONE, Louis E.; KURTZ, David L. Sobre os autores. In: BOONE, Louis E.; KURTZ, David L. Marketing contemporâneo. 12. ed. São Paulo: Cengage Learning, 2009. p. xxxi.

BUCKLIN, Louis. Retail strategy and the classification of consumer goods. *Journal of Marketing*, Chicago, v. 27, p. 50-55, out. 1962. DOI: 10.2307/1248582.

CALAZA, Luciana. Onde as mulheres encontram mais oportunidades para crescer: Coca-Cola Brasil é destaque em ranking de empresas com lideranças femininas. *Coca-Cola Journey*, Rio de Janeiro, 12 dez. 2017. Disponível em: https://www.cocacolabrasil.com.br/historias/onde-as-mulheres-encontram-mais-oportunidades-para-crescer-coca-cola-brasil-destaque-em-ranking-de-empresas-com-liderancas-femininas. Acesso em: 14 abr. 2019.

CAMPBELL, Colin. *The romantic ethic and the spirit of modern consumerism*. Oxford: Basil Blackwell, 1987.

CARRASCOZA, João Anzanello *et al*. A publicidade da Coca-Cola "Happiness Factory" e o imaginário do sistema produtivo na sociedade de consumo. *Comunicação, Mídia e Consumo*, São Paulo, v. 4, n. 11, p. 65-77, nov. 2007. DOI: 10.18568/cmc.v4I1.108.

CARVALHO, Cíntia; HAUBRICH, Gislene Feiten. Da identidade à reputação: um estudo sobre a marca Coca-Cola. *In*: CONGRESSO DE CIÊNCIAS DA COMUNICAÇÃO, 33., 2010, Caxias do Sul. *Anais eletrônicos* [...]. Disponível em: http://www.intercom.org.br/papers/nacionais/2010/resumos/R5-3135-1.pdf. Acesso em: 13 abr. 2019.

CASAQUI, Vander. Publicização da felicidade, entre a produção e o condumo: estratégias comunicacionais da marca Coca-Cola. *In*: CONGRESSO DE CIÊN-

CIAS DA COMUNICAÇÃO, 35, 2012, Fortaleza. *Anais eletrônicos* [...]. Disponível em: http://www.intercom.org.br/papers/nacionais/2012/resumos/R7-0306-1.pdf. Acesso em: 13 abr. 2019.

CHARNEY, Leo; SCHWARTZ, Vanessa (org.). O cinema e a invenção da vida moderna. 2. ed. São Paulo: Cosac Naify, 2004.

CHURCHILL JR., Gilbert A.; PETER, J. Paul. *Marketing*: creating value for customers. 2. ed. Boston: Irwin: McGraw Hill, 1998.

CHURCHILL JR., Gilbert A.; PETER, J. Paul. Sobre os autores. In: CHURCHILL JR., Gilbert A.; PETER, J. Paul (org.). Marketing: criando valor para os clientes. 3. ed. São Paulo: Saraiva, 2012. p. 12.

CLAPHAM, John. *An economic history of modern Britain*. The early railway age: 1820-1850. Cambridge: Cambridge University Press, 1926.

COCA-COLA BRASIL. *Isso não é um relatório de sustentabilidade*. Rio de Janeiro: [s. n.], 2018. Disponível em: https://www.cocacolabrasil.com.br/content/dam/journey/br/pt/private/pdfs/relatorio-de-sustentabilidade-coca-cola-brasil-2017.pdf. Acesso em: 13 abr. 2019.

COCA-COLA lança smartwater no país. ABIR, Brasília, 22 nov. 2018. Disponível em: https://abir.org.br/coca-cola-brasil-lanca-smartwater-no-pais/. Acesso em: 22 mar. 2023.

COCA-COLA volta a Mianmar; só 2 países não vendem a bebida. *Terra*, São Paulo, 11 set. 2012. Disponível em: https://www.terra.com.br/economia/coca-cola-volta-a-mianmar-so-2-paises-nao-vendem-a-bebida,c398e500e9c31410VgnCLD200000bbcceb0aRCRD.html. Acesso em: 26 set. 2018.

COCA-COLA. *Interbrand*, New York, 2017b. Disponível em: https://www.interbrand.com/best-brands/best-globalbrands/2017/ranking/cocacola/. Acesso em: 18 set. 2018.

COCA-COLA. *Mundo das Marcas*, São Paulo, 5 jun. 2014. Disponível em: http://mundodasmarcas.blogspot.com/2006/05/coca-cola-always.html. Acesso em: 17 set. 2018.

COCHOY, Franck. *Une histoire du marketing*: discipliner l'économie de marché. Paris: La Découvert, 1999.

COSTA, Flávia Zimmerle da Nóbrega; LEÃO, André Luiz Maranhão de Souza. Fotoetnográfico da presença imagética da Coca-Cola numa grande região metropolitana brasileira, inspirado no método arqueológico de Michel Foucault. *In*: ENCONTRO DE MARKETING DA ASSOCIAÇÃO NACIONAL DE PÓS-GRADUAÇÃO E PESQUISA EM ADMINISTRAÇÃO, 4., 2010, Florianópolis. *Anais eletrônicos* [...]. Disponível em: http://www.anpad.org.br/~anpad/eventos.php?cod_evento=2&cod_evento_edicao=52&cod_edicao_subsecao=581&cod_edicao_trabalho=11347. Acesso em: 13 abr. 2019.

CRAFTS, Nicholas. Britain's relative economic performance, 1870-1999. London: The Institute of Economic Affairs, 2002.

DARROCH, Jenny *et al*. The AMA definition of marketing and its relationship to a market orientation: an extension of Cooke, Rayburn & Abercrombie. *Journal of Marketing Theory and Practice*, Oxfordshire, v. 12, n. 4, p. 29-38, 2004. DOI: 10.1080/10696679.2004.11658529.

DAVID AAKER. *Wikipedia*, San Francisco, [2019]. Disponível em: https://en.wikipedia.org/wiki/David_Aaker. Acesso em: 21 abr. 2019.

DAWSON, Lesile. Resolving the crisis in marketing thought. *Management International Review*, Munique, v. 19, n. 3, p. 77-84, 1979. Disponível em: https://www.jstor.org/stable/40227473. Acesso em: 27 set. 2018.

DEBORD, Guy. *Société du spetacle*. Paris: Buchet: Chastel, 1967.

DHRUV, Grewal. *Babson College*, 2019. Disponível em: https://www.babson.edu/academics/faculty/faculty-profiles/dhruv-grewal.php. Acesso em: 24 abr. 2019.

DRUCKER, Peter. *Management*: tasks, responsabilities, practices. New York: Harper and Row, 1973.

DRUCKER, Peter. *The practice of management*. New York: Harper & Row, 1954.

DUMONT, Louis. *O individualismo*: uma perspectiva antropológica da ideologia moderna. Rio de Janeiro: Rocco, 1985.

ELIAS, Norbert. *O processo civilizador*: uma história dos costumes. v. 1. Rio de Janeiro: Zahar, 1994.

EUROMONITOR INTERNATIONAL. *Soft drinks in Brazil*: analysis. London: Country report, 2019.

FELIZOLA, Matheus Pereira Mattos. O estudo netnográfico do lançamento da Coca-Cola Life na Argentina e sua relação com o debate ambientalista. *In*: CONGRESSO DE CIÊNCIAS DA COMUNICAÇÃO NA REGIÃO NORDESTE, 36.,

2014, João Pessoa. *Anais eletrônicos* […]. Disponível em: http://portalintercom. org.br/anais/nordeste2014/resumos/R42-0970-1.pdf. Acesso em: 13 abr. 2019.

FERRELL, O. C. *Biografia*. São Paulo: Cengage Learning, 2013c. Disponível em: http://www.cengage.com.br/autores/o-c-ferrell/. Acesso em: 18 abr. 2019.

FERRELL, O. C.; HARTLINE, Michael. Estratégia de marketing. São Paulo: Cengage Learning, 2010.

FREEMAN, Robert Edward. *Strategic management*: a stakeholder approach. Boston: Pitman, 1984.

FREIRE FILHO, João. Mídia, consumo cultural e estilo de vida na pós modernidade. *ECO-PÓS*, Rio de Janeiro, v. 6, n. 1, p. 72-97, jan./jul. 2003. DOI: 10.29146/eco-pos.v6i1.1144.

FREITAS, Grayci Kelli A. de; LEÃO, André Luiz M. de Souza. A elaboração da face em comunidades virtuais de marca: um estudo de caso sobre uma comunidade virtual de consumidores da Coca-Cola. *In*: ENCONTRO DA ASSOCIAÇÃO NACIONAL DE PÓS-GRADUAÇÃO E PESQUISA EM ADMINISTRAÇÃO, 33, 2009, São Paulo. *Anais eletrônicos* […]. Disponível em: http://www.anpad.org.br/admin/pdf/MKT2531.pdf. Acesso em: 13 abr. 2019.

GASKELL, George. Entrevistas individuais e grupais. *In*: BAUER, Martin W.; GASKELL, George (ed.). *Pesquisa qualitativa com texto, imagem e som*: um manual prático. 2. ed. Petrópolis: Vozes, 2002. p. 64-89.

GIDDENS, Anthony. *As consequências da modernidade*. São Paulo: Unesp, 1991.

GORZ, André. *O imaterial*: conhecimento, valor e capital. São Paulo: Annablume, 2005.

GREWAL, Dhruv; LEVY, Michael. *Marketing*. 2. ed. Nova York: McGraw Hill: Irwin, 2011.

GUERRA, Greicy Kelly Martins Silva *et al.* Coca-Cola e o REF PET: uma avaliação sobre a concepção do consumidor em relação à sustentabilidade e seus hábitos de compra na cidade de Bauru. *In*: CONGRESSO BRASILEIRO DE CIÊNCIAS DA COMUNICAÇÃO NA REGIÃO NORTE, 12., 2013, Manaus. *Anais eletrônicos* […]. Disponível em: http://portalintercom.org.br/anais/sudeste2013/resumos/R38-1693-1.pdf. Acesso em: 13 abr. 2019.

GUNDLACH, Gregory. The American Marketing Association's 2004 definition of marketing: perspectives on its implications for scholarship and the role and responsibility of marketing in society. *Journal of Public Policy & Marketing*, Chicago, v. 26, n. 2, p. 243-250, 2007. DOI: 10.1509/jppm.26.2.243.

HIRSCHMAN, Alberto. *As paixões e os interesses*: argumentos políticos a favor do capitalismo antes de seu triunfo. Rio de Janeiro: Paz e Terra, 1979.

JONES, D. G. Brian; MONIESON, David. Early development of the philosophy of marketing thought. *Journal of Marketing*, Chicago, v. 54, n. 1, p. 102-113, jan. 1990. DOI: 10.2307/1252176.

KAISH, Stanley. Cognitive dissonance and the classification of consumer goods. *Journal of Marketing*, Chicago, v. 31, n. 4, p. 28-31, out. 1967. DOI: 10.2307/1249462.

KARAM, Karine *et al.* Cultura midiática e vida moderna: o cartaz, os catálogos e os grands magasins como testemunhos do processo modernizador. *In*: ENCONTRO NACIONAL DE PESQUISADORES EM PUBLICIDADE E PROPAGANDA, 7., 2016, Rio de Janeiro. *Anais eletrônicos* [...]. Rio de Janeiro: PUC-Rio, 2016.

KELLER, Alexandra. Disseminações da modernidade: representação e desejo do consumidor nos primeiros catálogos de venda por correspondência. *In*: CHARNEY, Leo; SCHWARTZ, Vanessa (org.). O cinema e a invenção da vida moderna. 2. ed. São Paulo: Cosac Naify, 2004. p. 185-213.

KEVIN LANE KELLER. *Wikipedia*: the free encyclopedia, 2019. Disponível em: https://pt.wikipedia.org/wiki/Kevin_Lane_Keller. Acesso em: 11 abr. 2019.

KOTLER, Philip; KELLER, Kevin Lane. Administração de marketing. 14. ed. São Paulo: Pearson, 2012.

KURZ, Robert. *Schwarzbuch des kapitalismus*. Franfort-sur-le-Main: Eicboorn, 1999.

LAGNEAU, Gérard. *A sociologia da publicidade*. São Paulo: Cultrix, 1981.

LAS CASAS, Alexandre Luzzi. *Marketing*: conceitos, exercícios, casos. 7. ed. São Paulo: Atlas, 2005.

LAUX, Fabiano Notti *et al.* Marketing de gerações: construção e teste de escala para avaliação da marca de refrigerante Coca-Cola por jovens na fase de transição entre as gerações X e Y. *In*: ENCONTRO DA ASSOCIAÇÃO NACIONAL DE PÓS-GRADUAÇÃO E PESQUISA EM ADMINISTRAÇÃO, 29., 2005, Brasília. *Anais eletrônicos* [...]. Disponível em: http://www.anpad.org.br/~anpad/eventos.

php?cod_evento=1&cod_edicao_subsecao=30&cod_evento_edicao=9&cod_edicao_trabalho=755. Acesso em: 13 abr. 2019.

LÉVI-STRAUSS, Claude. *O pensamento selvagem*. São Paulo: Editora Nacional, 1970.

LEVITT, Theodore. Marketing myopia. *Harvard Business Review*, Brighton, p. 45-56, jul./ago. 1960.

LIMA, Camila de Souza; SANTOS, Luiz Cezar Silva dos. Em nome do pai, do filho e da Coca-Cola: a divina relação entre marca e religião. *In*: CONGRESSO BRASILEIRO DE CIÊNCIAS DA COMUNICAÇÃO, 39, 2016, São Paulo. *Anais eletrônicos* [...]. Disponível em: http://portalintercom.org.br/anais/nacional2016/resumos/R11-1323-1.pdf. Acesso em: 13 abr. 2019.

LOPES, Jéssica Santana; MUCCI DANIEL, Laene. Nação vermelha e branca: análise de um dos rótulos mais conhecidos do mundo. *In*: CONGRESSO BRASILEIRO DE CIÊNCIAS DA COMUNICAÇÃO NA REGIÃO SUDESTE, 19., 2014, Vila Velha. *Anais eletrônicos* [...]. Disponível em: http://www.portalintercom.org.br/anais/sudeste2014/resumos/R43-0196-1.pdf. Acesso em: 13 abr. 2019.

LOUIS E. BOONE. *Wikipedia*: the free encyclopedia. 2019. Disponível em: https://en.wikipedia.org/wiki/Louis_E._Boone. Acesso em: 11 abr. 2019.

MARTÍN-BARBERO, Jesús. *Jóvenes entre el palimpsesto y el hipertexto*. Barcelona: NED, 2017.

MASON, Roger. Breakfast in Detroit: economics, marketing and consumer theory, 1930 to 1950. *Journal of Macromarketing*, Thousand Oaks, v. 18, n. 2, p. 145-152, 1998. DOI: 10.1177/027614679801800206.

MATTOSO, José. *História da vida privada em Portugal*: a Idade Moderna. v. 2. Lisboa: Círculo de Leitores, 2011.

MAUSS, Marcel. *Sociologia e antropologia*. São Paulo: Edusp, 1974. v. 2.

MAYNARD, Harold H. Marketing courses prior to 1910. *Journal of Marketing*, Chicago, v. 5, n. 4, p. 382-384, abr. 1941. DOI: 10.2307/1245554.

McCARTHY, Jerome. *Basic marketing*: a managerial approach. 6. ed. Homewood: Richard D. Irwin, 1978.

McCRACKEN, Grant. *Cultura e consumo*: novas abordagens ao caráter simbólico dos bens e das atividades de consumo. Rio de Janeiro: Mauad, 2003.

McFALL, Liz. *Advertising*: a cultural economy. Londres: Sage Publications, 2004.

McKENDRICK, Neil et al. *The birth of a consumer society and the commercialization of eighteenth-century England*. Bloomington: Indiana Press, 1984.

McKENDRICK, Neil et al. *The birth of a consumer society*: the commercialization of eighteenth-century London: Europa Publications, 1982.

McKENNA, Regis. *Marketing de relacionamento*: estratégias bem-sucedidas para a era do cliente. Rio de Janeiro: Campus, 1992.

MICHAEL Hartline. Florida State University. *College of Business*, Florida, [2019a]. Disponível em: https://business.fsu.edu/person/michael-hartline. Acesso em: 18 abr. 2019.

MICHAEL Porter. *Wikipedia*, [2019b]. Disponível em: https://pt.wikipedia.org/wiki/Michael_Porter. Acesso em: 14 abr. 2019.

MICHAEL, Levy. *Babson College*, Massachusetts, 2019c. Disponível em: https://www.babson.edu/academics/faculty/faculty-profiles/michael-levy.php. Acesso em: 24 abr. 2019.

MILAGRE, Robson Amaral. *Estatística*: uma proposta de ensino para os cursos de Administração de Empresas. 2001. Dissertação (Mestrado em Engenharia de Produção) – Universidade Federal de Santa Catarina, Florianópolis, 2001.

MOSCOVICI, Serge. Representações sociais: investigações em psicologia social. 5. ed. Petrópolis: Vozes, 2007.

ORTIZ, Renato. *Mundialização e cultura*. São Paulo: Brasiliense, 2003.

PACETE, Luiz Gustavo. Mudança de logotipo da Coca-Cola Company teve toque brasileiro. Meio & Mensagem, São Paulo, 7 jan. 2019. Disponível em: https://www.meioemensagem.com.br/home/marketing/2019/01/07/mudanca-de-logotipo-da-coca-cola-company-teve-toque-brasileiro.html. Acesso em: 15 abr. 2019.

PAZ, Octávio. *Os filhos do barro*: do romantismo à vanguarda. Rio de Janeiro: Nova Fronteira, 1984.

PENHA, Emanuel Dheison dos Santos et al. Tem um rato na Coca-Cola?: a lenda urbana que surpreendeu o Brasil. *In*: ENCONTRO DA ASSOCIAÇÃO NACIONAL DE PÓS-GRADUAÇÃO E PESQUISA EM ADMINISTRAÇÃO, 38., 2014, Rio de Janeiro. *Anais eletrônicos* […]. Disponível em: http://www.anpad.org.br/admin/pdf/2014_EnANPAD_EPQ1789.pdf. Acesso em: 13 abr. 2019.

PEREIRA, Carlos; TOLEDO, Geraldo; TOLEDO, Luciano. Considerações sobre o conceito de marketing: teoria e prática gerencial. *Organizações & Sociedade*, Salvador, v. 16, n. 50, p. 519-543, jul./set. 2009. Disponível em: http://www.scielo.br/pdf/osoc/v16n50/07.pdf. Acesso em: 22 maio 2018.

PEREIRA, Cláudia da Silva; MOCARZEL, Marcelo Siqueira Maia Vinagre. Tempo linear e tempo mágico nas propagandas educacionais. *Educação, Cultura e Comunicação*, Lorena, v. 7, n. 14, p. 205-215, jul./dez. 2016. Disponível em: http://unifatea.com.br/seer3/index.php/ECCOM/article/view/491. Acesso em: 2 ago. 2018.

PETERS, Tom. *Thriving on chaos*. New York: Alfred A. Knopf, Inc., 1987.

PHILIP KOTLER. *Wikipedia*: the free encyclopedia, [2019]. Disponível em: https://pt.wikipedia.org/wiki/Philip_Kotler. Acesso em: 10 abr. 2019.

PORTER, Michael. Estratégia competitiva: técnicas para análise de indústrias e da concorrência. Rio de Janeiro: Campus, 2004.

PROJETO aumenta impostos de sucos e refrigerantes adoçados com açúcar. Agência Câmara, Brasília, 21 fev. 2018. Disponível em: https://www2.camara.leg.br/camaranoticias/noticias/INDUSTRIA-E-COMERCIO/553567-PROJETO-AUMENTA-IMPOSTOS-DE-SUCOS-E-REFRIGERANTES-ADOCADOS-COM-ACUCAR.html. Acesso em: 13 abr. 2019.

RAIMAR RICHERS. *Wikipedia*, [2019]. Disponível em: https://pt.wikipedia.org/wiki/Raimar_Richers. Acesso em: 18 abr. 2019.

RANKING aponta as 17 marcas mais lembradas do mundo. *O debate*, Belo Horizonte, 16 maio 2018. Disponível em: https://www.odebate.com.br/mundo-empresarial/ranking-aponta-as-17-marcas-mais-lembradas-do-mundo-16-05-2018.html. Acesso em: 18 set. 2018.

RAPPAPORT, Erika. Uma nova era de compras: a promoção do prazer feminino no West End Londrino 1909-1914. *In*: CHARNEY, Leo; SCHWARTZ, Vanessa (org.). O cinema e a invenção da vida moderna. 2. ed. São Paulo: Cosac Naify, 2004. p. 157-183.

REGIS MCKENNA. *Wikipedia*, [2019]. Disponível em: https://en.wikipedia.org/wiki/Regis_McKenna. Acesso em: 16 abr. 2019.

RESENDE, Leandro de; CRUZ, Kenya Adryene Valadares Moreira. Embalagens sustentáveis e as questões ambientais: uma análise da PET retornável da Coca-Cola. *In*: CONGRESSO DE CIÊNCIAS DA COMUNICAÇÃO NA REGIÃO SUDESTE, 20., 2015, Uberlândia. *Anais eletrônicos* [...]. Disponível em: http://

www.portalintercom.org.br/anais/sudeste2015/resumos/R48-0452-1.pdf. Acesso em: 13 abr. 2019.

RICHERS, Raimar. *Marketing*: uma visão brasileira. São Paulo: Editora Negócio, 2000.

RINGOLD, Debra Jones; WEITZ, Barton. The American Marketing Association definition of marketing: moving from lagging to leading indicator. *Journal of Public Policy & Marketing*, Chicago, v. 26, n. 2, p. 251-260, 2007. DOI: 10.1509/jppm.26.2.251.

ROCHA, Angela; ROCHA, Everardo. Paradigma interpretativo nos estudos de consumo: retrospectiva, reflexões e uma agenda de pesquisas para o Brasil. RAE: Revista de Administração de Empresas, São Paulo, v. 47, n. 1, p. 71-80, jan./mar. 2007. Disponível em: http://www.scielo.br/pdf/rae/v47n1/a07v47n1. Acesso em: 29 set. 2018.

ROCHA, Everardo *et al*. *O paraíso do consumo*: Émile Zola, a magia e os grandes magazines. Rio de Janeiro: Mauad X, 2016.

ROCHA, Everardo. *A sociedade do sonho*. Rio de Janeiro: Mauad, 1995.

ROCHA, Everardo. Culpa e prazer: imagens do consumo na cultura de massa. Comunicação, Mídia e Consumo, São Paulo, v. 2, n. 3, p. 123-138, 2005. Disponível em: http://revistacmc.espm.br/index.php/revistacmc/article/view/29/29. Acesso em: 29 set. 2018.

ROCHA, Everardo. Magia e capitalismo: um estudo antropológico da publicidade. 3. ed. São Paulo: Brasiliense, 2010.

ROCHA, Everardo. O que é mito. São Paulo: Brasiliense, 1996.

ROCHA, Everardo. Representações do consumo: estudos sobre a narrativa publicitária. Rio de Janeiro: Ed. PUC-Rio: Mauad X, 2006.

ROCHA, Everardo; AMARAL, Maria. Consumo e entretenimento: a loja de departamento como espaço de sociabilidade: 1830-1930. *Comunicação, Mídia e Consumo*, São Paulo, v. 6, n. 17, p. 143-160, nov. 2009. DOI: 10.18568/cmc.v6i17.291.

RODRIGUES, Carla Daniel Rabelo. Identidade e publicidade: estímulos e representações do jovem. Rumores, São Paulo, v. 2, n. 4, abr. 2009. DOI: 10.11606/issn.1982-677X.rum.2009.51139.

ROSENBUSH, Steven. Armstrong's last stand, *BusinessWeek*, [s. l.], p. 88-96, 25 fev. 2001.

SANDHUSEN, Richard L. Marketing básico. 2 ed. São Paulo: Saraiva, 2003.

SANTOS, Amanda Gizelly Oliveira dos *et al.* Marketing de relacionamento: estudo do caso "bebendo uma Coca-Cola com". *In*: CONGRESSO DE CIÊNCIAS DA COMUNICAÇÃO NA REGIÃO NORDESTE, 37., 2015, Natal. *Anais eletrônicos* [...]. Disponível em: http://www.portalintercom.org.br/anais/nordeste2015/resumos/R47-0700-1.pdf. Acesso em: 13 abr. 2019.

SANTOS, Tatiani *et al.* O desenvolvimento do marketing: uma perspectiva histórica. *Revista de Gestão USP*, São Paulo, v. 16, n. 1, p. 89-102, jan./mar. 2009. Disponível em: http://www.revistas.usp.br/rege/article/view/36663/39384. Acesso em: 22 jul. 2018.

SHETH, Jagdish *et al. Marketing theory*: evolution and evaluation. New York: John Wiley & Sons, 1988.

SHETH, Jagdish; USLAY, Can. Implications of the revised definition of marketing: from exchange to value creation. *Journal of Public Policy & Marketing*, Chicago, v. 26, n. 2, p. 302-307, 2007. DOI: 10.1509/jppm.26.2.302.

SILVA, Maria Amanda Ferreira da *et al.* Publicidade e afeto no Natal da Coca-Cola: uma análise sobre o uso da semiótica nos filmes publicitários da marca. *In*: CONGRESSO DE CIÊNCIAS DA COMUNICAÇÃO NA REGIÃO NORDESTE, 38., 2016, Caruaru, 2016. *Anais eletrônicos* [...]. Disponível em: http://www.portalintercom.org.br/anais/nordeste2016/resumos/R52-1899-1.pdf. Acesso em: 13 abr. 2019.

SIMMEL, Georg. O indivíduo e a liberdade. *In*: SOUZA, Jessé; ÖELZE, Berthold (org.). *Simmel e a modernidade*. Brasília: UnB, 1998. p. 109-117.

SOBRE a Coca-Cola Brasil. *Coca-Cola Brasil*, Rio de Janeiro, [2019]. Disponível em: https://www.cocacolabrasil.com.br/sobre-a-coca-cola-brasil/principios-e-valores. Acesso em: 15 abr. 2019.

SOUZA JR., José Inácio de; AMARAL, Liana Viana do. Da relação entre Don Draper e o comercial da Coca-Cola "It's the real thing" no final do seriado Mad Men: reflexões sobre publicidade e o cotidiano. *In*: CONGRESSO BRASILEIRO DE CIÊNCIAS DA COMUNICAÇÃO, 38., Rio de Janeiro, 2015. *Anais eletrônicos* [...]. Disponível em: http://portalintercom.org.br/anais/nacional2015/resumos/R10-2436-1.pdf. Acesso em: 13 abr. 2019.

STRASSER, Susan. *Satisfaction guaranteed*: the making of the American Mass Market. Nova York: Pantheon Books, 1989.

STRONG, Edward K. Theories of selling. *Journal of Applied Psychology*, [s. l.], v. 9, n. 1, p. 75-86, 1925.

TALMEYR, Maurice. L'age de l'affiche. *La Revue des Deux Mondes*, Paris, v. 137, n. 1, p. 201-206, set. 1896.

TERBLANCHE, Nic. A century of marketing: achievements, mishaps and future challenges. *Management Dynamics*: Journal of the Southern African Institute for Management Scientists, Bloemfontein, v. 14, n. 4, p. 1-17, jan. 2005.

TERRA, Carolina Frazon. Comunicação interna e mídias sociais: como usar os funcionários conectados a favor da organização. *In*: CONGRESSO BRASILEIRO DE CIÊNCIAS DA COMUNICAÇÃO, 40., 2017, Curitiba. *Anais eletrônicos* [...]. Disponível em: http://portalintercom.org.br/anais/nacional2017/resumos/R12-2634-1.pdf. Acesso em: 13 abr. 2019.

THEODORE LEVITT. *Wikipedia*, San Francisco, [2019]. Disponível em: https://pt.wikipedia.org/wiki/Theodore_Levitt. Acesso em: 10 abr. 2019.

VARGO, Stephen Louis; LUSCH, Robert. Evolving to a new dominant logic for marketing. *Journal of Marketing*, Chicago, v. 68, n. 1, p. 1-17, 2004. DOI: 10.1509/jmkg.68.1.1.24036.

VATTIMO, Gianni. *El fin de la Modernidad*. Barcelona: Gedisa, 1985.

VEIGA-NETO, Alfredo. Algumas raízes da pedagogia moderna. *In*: ZORZO, Cacilda Maria (org.). *Pedagogia em conexão*. Canoas: Editora da Ulbra, 2004.

VERHAGEN, Marcus. O cartaz na Paris fim de século: aquela arte volúvel e degenerada. *In*: CHARNEY, Leo; SCHWARTZ, Vanessa (org.). O cinema e a invenção da vida moderna. 2. ed. São Paulo: Cosac Naify, 2004. p. 127-155.

WEBER, Max. A ética protestante e o espírito do capitalismo. São Paulo: Companhia. das Letras, 2004.

WILKIE, William; MOORE, Elizabeth. Scholarly research in marketing: exploring the "4 eras" of thought development. *Journal of Public Policy & Marketing*, Chicago, v. 22, n. 2, p. 116-146, 2003. DOI: 10.1509/jppm.22.2.116.17639.

ZINKHAN, George; WILLIAMS, Brian. The new American Marketing Association definition of marketing: an alternative assessment. *Journal of Public Policy & Marketing*, Chicago, v. 26, n. 2, p. 284-288, 2007. DOI: 10.1509/jppm.26.2.284.

ROTEIRO DE PERGUNTAS PARA EMPRESAS

1. Quais são as responsabilidades do marketing na sua empresa?
2. É possível avaliar o desempenho de marketing? Como fazem isso?
3. Como está estruturada a área de marketing da sua empresa?
4. Quais são os cargos responsáveis por marketing dentro da organização?
5. Quais habilidades um profissional de marketing precisa ter?
6. Qual formação de cada um dos funcionários da área de marketing?
7. Se pudesse resumir em uma frase qual o principal objetivo de marketing, qual seria?
8. Consegue se lembrar de alguma situação em que o marketing tenha interferido na produção de algum produto? Isto é frequente? Diria que esta é uma função do marketing?
9. Na sua empresa, marketing é responsável integralmente pelo desenvolvimento dos produtos? Se não integralmente, com quem divide esta responsabilidade? No que difere a responsabilidade de marketing da responsabilidade de outras áreas?
10. O quanto marketing é responsável por levar os produtos até os locais de venda e decidir onde vai vender os produtos? Quem mais é responsável por esta atividade?
11. Que área define o preço dos produtos que serão comercializados? Você diria que marketing define o preço dos produtos vendidos? Qual papel de cada um neste processo?
12. O quanto marketing é responsável pelas estratégias de divulgação dos produtos? Divide esta responsabilidade com alguma outra área? Qual?
13. Qual seria o principal objetivo de marketing na empresa?
14. Em que medida o marketing foi responsável pelo momento em que a empresa chegou?
15. Qual área/quais áreas na organização são responsáveis por aumentar a venda dos produtos?

16. Depois que a venda é concretizada, qual a responsabilidade do marketing?
17. Existe diferença entre marketing e publicidade? Qual?
18. Existe diferença entre marketing e vendas? Qual?
19. Como você conceituaria marketing?
20. Existe diferença entre os estudos de marketing e o que realmente marketing realiza na sua empresa?
21. O que pensa quando ouve a seguinte frase: "marketing é uma filosofia empresarial"?
22. De que forma marketing gera valor para o consumidor?
23. Comente a frase: "marketing identifica e atende as necessidades do consumidor"?
24. Marketing é uma arte ou uma ciência?
25. O papel do marketing é criar necessidades?